Finale

Nach gültiger Rechtschreibung 2006

© 2006 Bildungshaus Schulbuchverlage
Westermann Schroedel Diesterweg Schöningh Winklers GmbH,
Braunschweig
www.westermann.de

Das Werk und seine Teile sind urheberrechtlich geschützt.
Jede Nutzung in anderen als den gesetzlich zugelassenen Fällen bedarf der vorherigen schriftlichen Einwilligung des Verlages. Hinweis zu § 52 a UrhG: Weder das Werk noch seine Teile dürfen ohne eine solche Einwilligung gescannt und in ein Netzwerk eingestellt werden. Dies gilt auch für Intranets von Schulen und sonstigen Bildungseinrichtungen.
Auf verschiedenen Seiten dieses Buches befinden sich Verweise (Links) auf Internet-Adressen. Haftungshinweis: Trotz sorgfältiger inhaltlicher Kontrolle wird die Haftung für die Inhalte der externen Seiten ausgeschlossen. Für den Inhalt dieser externen Seiten sind ausschließlich deren Betreiber verantwortlich. Sollten Sie bei dem angegebenen Inhalt des Anbieters dieser Seite auf kostenpflichtige, illegale oder anstößige Inhalte treffen, so bedauern wir dies ausdrücklich und bitten Sie, uns umgehend per E-Mail davon in Kenntnis zu setzen, damit beim Nachdruck der Verweis gelöscht wird.

Druck A[1]/Jahr 2006
Alle Drucke der Serie A sind im Unterricht parallel verwendbar.

Redaktion: Frank Sauer
Herstellung: Nicole Hotopp
Satz: KCS GmbH, Buchholz i. d. N.
Druck und Bindung: westermann druck GmbH, Braunschweig

ISBN 978-3-14-**128020**-3
  alt: 3-14-**128020**-7

FiNALE

Prüfungen 10 Deutsch Gymnasium Nordrhein-Westfalen

Aufgabenbeispiele
Übungen
Basiswissen

Marina Dahmen
Wolfgang Fehr
Helmut Lindzus

westermann

Inhaltsverzeichnis

Wie gehe ich mit Finale um?
Vorbemerkung 6 | Vorstellung der Beispielarbeit 7 | Bewertungskriterien 13
Der Aufbau von *Finale* 17 | Tipps zum Umgang mit *Finale* 18 | Arbeiten
mit *Finale* 19 | Liste der Operatoren 20 | Tipps zur Arbeitsorganisation 22

Aufgabenbeispiele

Teil I (Fundamentum)
Leseverstehen/Reflexion über Sprache   **24**
Aufgabenformate 24 | Basiskompetenzen 24 | Lösungen 44

Teil II (Additum)
                                                                                    Rahmenthema | Aufgabentyp

Literarische Texte   **46**
Epischer Text 46   Lebensraum Stadt | 4a
Theodor Weißenborn, Der Hund im Thyssen-Kanal
Lyrische Texte 52   Lebensraum Stadt | 4a
Theodor Storm, Die Stadt
Georg Heym, Der Gott der Stadt
Epische Texte 56   Vorurteile – Stereotype – Feindbilder | 4b
Tülin Emircan, Entfremdung
Joseph von Eichendorff, Aus dem Leben eines Taugenichts
Epischer Text 61   Vorurteile – Stereotype – Feindbilder | 4b
Federica de Cesco, Spaghetti für zwei

Sachtexte   **68**
Kontinuierliche und diskontinuierliche Sachtexte 68   Lebensraum Stadt | 4b
Lärm macht krank
Diskontinuierliche Sachtexte 74   Lebensraum Stadt | 4b
Grafiken: Bevölkerungsentwicklung
Kontinuierlicher Sachtext 77   Vorurteile – Stereotype – Feindbilder | 4a
Wolfgang Benz, Ausländerfeindlichkeit
Kontinuierliche Sachtexte 81   Vorurteile – Stereotype – Feindbilder | 4b
Werner Bergmann, Was sind Vorurteile?
Laura Cornelius, Kein Eintritt für Ausländer

Texte der Massenmedien   **87**
Medialer Text 87   Vorurteile – Stereotype – Feindbilder/ 4b
Karl Grobe, Ist rechts, wer „Fremdarbeiter" sagt?

Inhaltsverzeichnis

Wiederholen und Üben

Schreiben
Richtig Zitieren 92
Inhaltsangabe – Textwiedergabe 94
Inhaltsangabe zu literarischen Texten 95
Textwiedergabe zu einem Sachtext 99
Argumentieren – Textbasierte Argumentation 101
Argumentatives Schreiben 104 | Textbasierte Argumentation 110

Lesen – Umgang mit Texten und Medien
Lyrische Texte 120
Merkmale lyrischer Texte 120
Sprachliche Bilder und deren Bedeutung 128
Gedichte untersuchen und interpretieren 132
Epische Texte 138
Merkmale epischer Texte 138
Das erzählte Geschehen erfassen und wiedergeben 142
Erzählweisen beschreiben 147
Gattungen und Formen 156
Lösungen beurteilen, Aufgabenstellungen bearbeiten 158
Sachtexte 166
Lesestrategien und -methoden 166
Einen Sachtext analysieren 175
Informationen aus Grafiken entnehmen und auswerten 184
Mediale Texte 188
Analyse von Werbeanzeigen 190 | Analyse von Zeitungstexten 201

Reflexion über Sprache
Basiswissen Grammatik 202
Wortarten 204 | Satz 213

Basiswissen Rechtschreiben 219
Selbstdiagnose: Rechtschreibung 219 | Zeichensetzung 230

Anhang
Register 237
Quellenverzeichnis 239

Wie gehe ich mit Finale um?

Wie du weißt, wird im April 2007 in Nordrhein-Westfalen zum ersten Mal eine **Zentrale Prüfung** am Ende der Jahrgangsstufe 10 durchgeführt. Das gilt nicht nur für die Hauptschulen und Realschulen, sondern auch für die Gymnasien. Jede der genannten Schulformen hat eigene Prüfungsaufgaben mit speziell zugeschnittenem Anforderungsniveau. Gemeinsam ist den Abschlussarbeiten, dass sie sich an den in den Kernlehrplänen genannten **Kompetenzen** orientieren. Identisch für alle Abschlussarbeiten in den Jahrgangsstufen 10 der verschiedenen Schulformen ist auch der zweiteilige Aufbau dieser Arbeiten.
Im ersten Teil dieser Einführung wird dir dieser Grundaufbau an einer **Beispielarbeit** (Schulform Gymnasium), die das Land Nordrhein-Westfalen Anfang 2006 veröffentlicht hat, vorgestellt und erklärt. Dadurch erhältst du einen Überblick darüber, welchen Umfang und welchen Schwierigkeitsgrad die Texte haben und welche **Aufgabenformate** vorkommen können.

Finale ist nicht so angelegt, dass du das ganze Buch von vorne nach hinten durcharbeiten musst. Du kannst gezielt Teile auswählen, um bereits vorhandenes Wissen zu festigen und zu vertiefen bzw. noch bestehende Lücken durch geeignete Informationen und passende **Übungen** zu schließen. Zur besseren Orientierung wird im zweiten Teil der Einführung erläutert, wie *Finale* aufgebaut ist und wie du es am effektivsten benutzen kannst.

Unbedingt lesen solltest du auch das Teilkapitel *Tipps zur Arbeitsorganisation*. Dort werden wichtige Hinweise und gute Anregungen für deine persönliche Vorbereitung auf den **Prüfungstag** gegeben, damit du so entspannt wie möglich und doch voll konzentriert die optimale Leistung erzielen kannst.

Mit dem Kauf von *Finale* hast du auf jeden Fall bereits einen wichtigen Schritt getan, um dich gezielt auf diese Abschlussprüfung vorbereiten zu können.

Wir wünschen dir jedenfalls schon an dieser Stelle viel Erfolg!

Vorstellung der Beispielarbeit

Beginnend mit dem Jahr 2007 werden für Prüfungsarbeiten zwei Rahmenthemen vorgeschrieben, von denen jeweils eins für die gesamte Arbeit ausgewählt wird. Diese Themen müssten dir bekannt sein, da sie im Unterricht vorbereitet werden sollen. Zur Erinnerung:

Der Lebensraum Stadt im 20. Jahrhundert
- Stadt-Land-Kontraste
- Stadt als Bedrohung und Chance

Vorurteile-Stereotype-Feindbilder: Sprachliches und soziales Verhalten, seine Ursachen und Wirkungen
- Die Darstellung von Konflikten mit fremdenfeindlichem Hintergrund in literarischen Texten und Sachtexten
- Die Berichterstattung in den Massenmedien über fremdenfeindliche Vorfälle und ihre Hintergründe

Eine Abschlussarbeit besteht grundsätzlich aus zwei Teilen:

Teil I (Fundamentum)	Im Teil I, dem Fundamentum (= Basis, Grundlagen), werden ausgehend von einer Textvorlage **Basiskompetenzen im Leseverstehen** durch einzelne Teilaufgaben überprüft. Diese Teilaufgaben orientieren sich an den **Aufgabenformaten**, die du schon durch die Lernstandserhebungen in der Jahrgangsstufe 9 kennst. Mehr zu den Aufgabenformaten erfährst du auf den Seiten 10 und 24. Es werden also Basiskompetenzen überprüft, die du im Lauf der Jahrgangsstufen 5–10 erworben haben solltest.
Teil II (Additum)	Im Teil II, dem Additum (= Ergänzung), werden im Anschluss an eine Textvorlage durch eine komplexe Aufgabenstellung Kompetenzen in den Lernbereichen: – *Lesen – Umgang mit Texten und Medien*, – *Schreiben* und – *Reflexion über Sprache* überprüft. (z. B. Analysiere den Text von Max Frisch.) Es werden Aufgaben gestellt, die aus dem Unterricht der Jahrgangsstufen 9 und 10 erwachsen.

NRW.
**Beispielarbeit Deutsch
Gymnasium**

prüfungen.10

Vorurteile – Stereotype – Feindbilder

Teil I (Fundamentum)

Lies zunächst den Text sorgfältig durch und beantworte anschließend die Aufgaben 1 – 26!

Studie widerlegt pauschalen Kriminalitätsvorwurf gegen Ausländer

Forscher lehnen Unterscheidung nach Nationalität ab/Quote der Gewalttaten bei Asylbewerbern niedriger als bei Deutschen

Abschnitt Nr.

(1) HANNOVER, 29. September. Die verbreitete Auffassung, mit dem Zuzug von Ausländern wachse die Kriminalität, lässt sich nicht belegen. Das sagt das Kriminologische Forschungsinstitut Niedersachsen. Es wertete in einer Untersuchung alle im Jahre 1991 von der niedersächsischen Polizei registrierten Delikte aus.

(2) Den Wissenschaftlern fiel auf, dass die Kriminalität ausländischer Arbeitnehmer in Niedersachsen, aber auch im übrigen Westdeutschland in den vergangenen Jahren deutlich abgenommen hat. Innerhalb von fünf Jahren ging die Zahl der Tatverdächtigen aus dieser Bevölkerungsgruppe um fast zehn Prozent zurück.

(3) Besonders gegen Asylbewerber werden oft unberechtigte Vorwürfe erhoben. So zum Beispiel lautete eine Überschrift der *Bild*-Zeitung: „Immer mehr Asylbewerber, immer mehr Verbrechen!" Aber in Wirklichkeit lassen sich viele Vergehen von Asylbewerbern mit denen von Deutschen gar nicht vergleichen: 55 Prozent der tatverdächtigen Asylbewerber begingen einen Verstoß gegen das Asyl- oder das Ausländergesetz. Schon in eine benachbarte Stadt zu fahren kann zum Beispiel eine Straftat sein. Dieses und ähnliche Vergehen können keinem Deutschen angelastet werden. 33,5 Prozent der tatverdächtigen Asylbewerber wurden darüber hinaus kleinerer Vergehen wie zum Beispiel Ladendiebstahl beschuldigt.

(4) Auch der Anteil an der registrierten Gewaltkriminalität liegt der Studie zufolge bei Asylbewerbern deutlich tiefer als bei Deutschen. Von hundert Delikten, die Asylbewerber verübten, waren knapp vier Gewalttaten, bei deutschen Tatverdächtigen hingegen waren es etwa sieben. Außerdem fand das Forschungsinstitut heraus, dass Asylbewerber bei Eigentumsdelikten in der Regel viel geringeren Schaden anrichten als Deutsche. Der bei allen polizeilich erfassten Diebstahls-, Betrugs- und Raubdelikten entstandene durchschnittliche Schaden belief sich auf 551 Mark bei tatverdächtigen Asylbewerbern gegenüber 2798 Mark bei deutschen Tatverdächtigen, errechnete das Institut. [...]

(5) Man sollte künftig bei der Kriminalität nicht zwischen Deutschen und Ausländern unterscheiden. Das empfahl zum Abschluss der Untersuchung der Direktor des Instituts Professor Christian Pfeiffer. Statt dessen solle man unabhängig von der Nationalität unterscheiden zwischen Menschen, die Arbeit, Wohnung und Lebensperspektiven haben, und denjenigen, die sozial weniger gut integriert sind.

Aus: *Frankfurter Rundschau* vom 30. September 1992.
Korrespondent E. Spoo (gekürzt und sprachlich bearbeitet)

Ausländeranteil	
an den Tatverdächtigen 1991	25,9%
an den verurteilten Strafgefangenen 1990	13%
an der Wohnbevölkerung 1991	6,4%

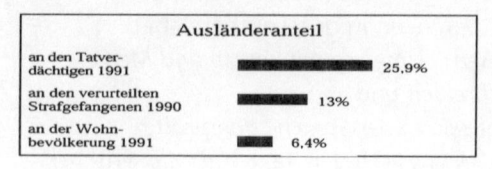

Abb. 1

Umgang mit Finale | Beispielarbeit

Die **Bearbeitungszeit** beträgt im Fach Deutsch 150 Minuten, wobei für Teil I 30 Minuten vorgesehen sind. Das heißt, dass der Schwerpunkt der Prüfungsarbeit auf Teil II liegt, da dafür wesentlich mehr Arbeitszeit zur Verfügung steht. Diese unterschiedliche Gewichtung der beiden Prüfungsteile spiegelt sich auch in der Bewertung wider (→ S. 13 ff.).

Zu diesen 150 Minuten kommen im Fach Deutsch 10 Minuten als Auswahlzeit, da eine Auswahlmöglichkeit zwischen zwei Aufgabenstellungen besteht.

❶ Lies dir zunächst das erste Blatt der Beispielarbeit (Abb. 1) gründlich durch. Dort wird das gewählte Rahmenthema für die ganze Arbeit genannt (hier: Vorurteile – Stereotype – Feindbilder) sowie ein Zeitungstext und ein Schaubild als Grundlage für 26 Fragen präsentiert, die im Rahmen des ersten Teils zu beantworten sind. Besonders den Text und das Schaubild solltest du sehr genau lesen, damit du im Weiteren die Fragen verstehst und zur Probe selbst beantworten kannst.

Aufgaben 1 – 26

Welche der folgenden Aussagen ist richtig? Beziehe dich dabei auf den Text.
Kreuze die richtige Antwort an.

	trifft zu	trifft nicht zu
1) In einem Forschungsinstitut aus Niedersachsen hat man herausgefunden, dass mit dem Zuzug von Ausländerinnen und Ausländern die Kriminalität in Deutschland zunimmt.	☐	☐
2) Untersuchungsergebnisse haben gezeigt, dass die Kriminalität in Deutschland in jedem Jahr ein wenig abnimmt.	☐	☐
3) Man hat herausgefunden, dass die Kriminalität und Ausländerfeindlichkeit eng miteinander zusammenhängen.	☐	☐
4) Es hat sich erwiesen, dass die Behauptung falsch ist, mit dem Zuzug von Ausländerinnen und Ausländern steige die Kriminalität.	☐	☐
5) Laut Statistik muss Behauptungen widersprochen werden, dass die Kriminalität ansteigt, wenn mehr Ausländerinnen und Ausländer nach Deutschland kommen.	☐	☐

Abb. 2

Die Fragen zum ersten Teil beziehen sich nicht nur auf den Text (hier ein Sachtext/medialer Text), sondern auch auf das darunter abgedruckte Schaubild (siehe Abb. 3, S. 10).

Das vorliegende Schaubild ... *Kreuze die richtige Antwort an.*

	trifft zu	trifft nicht zu
6) veranschaulicht nur sehr unzureichend den Ausländeranteil an Tatverdächtigen und verurteilten Strafgefangenen.	☐	☐
7) stellt eine Beziehung her zwischen dem Ausländeranteil an Tatverdächtigen und verurteilten Strafgefangenen und der Wohnbevölkerung.	☐	☐
8) steht in gar keinem Verhältnis zu dem Artikel „*Studie widerlegt pauschalen Kriminalitätsvorwurf gegen Ausländer*".	☐	☐
9) hat die Funktion, auf eine anschauliche Art Untersuchungsergebnisse zu verdeutlichen.	☐	☐
10) bezieht sich auf die statistischen Untersuchungen aus einem sehr begrenzten Zeitraum von zwei Jahren.	☐	☐

11) Überprüfe kritisch, ob das Schaubild geeignet ist, zum Verständnis des Textes beizutragen.
Ich glaube, dass das Schaubild ...

_____

_____

Abb. 3

Bei den in Abb. 2 und 3 gezeigten Fragen 1–5 und 6–10 handelt es sich in dieser Arbeit um **geschlossene Aufgaben** (→ S. 24), die durch Ankreuzen beantwortet werden müssen. Geschlossene Aufgaben heißen sie, weil bestimmte Antworten bereits vorgegeben sind, aus denen ausgewählt werden muss. Demgegenüber handelt es sich bei Aufgabe 11 um eine **offene Aufgabe**, weil sie selbstständig schriftlich beantwortet werden muss.

26) In einer Hausaufgabe werden die Schülerinnen und Schüler einer zehnten Klasse aufgefordert zu diesem Artikel eine kurze Stellungnahme zu formulieren.

Paula:
Am wichtigsten ist für mich der Satz: „[...] bei der Kriminalität nicht zwischen Deutschen und Ausländern [zu] unterscheiden", sondern „zwischen Menschen, die Arbeit, Wohnung und Lebensperspektiven haben, und denjenigen, die sozial weniger gut integriert sind" (Z. 54ff). *Er beweist, dass man Menschen nicht danach beurteilen darf, woher sie kommen. Warum sie kriminell werden, hat mehr damit zu tun, in welchen Verhältnissen sie leben. Wenn man so denkt, kann man wirklich etwas gegen Ausländerfeindlichkeit tun.*

Gerd:
Der Artikel ist schwer, man muss ihn mehrfach lesen. Ich glaube, man kann alles auch einfacher sagen. Die vielen Zahlen sind nicht wichtig, um zu zeigen, dass es nicht richtig ist, alles verantwortlich zu machen. Die Deutschen sind auch nicht besser. Aber das wusste ich schon vorher, weil mein Freund aus Kenia stammt und genauso denkt wie ich.

Michael:
Ich glaube, dass der Text stimmt. Als ich neulich mit der Stadtbahn nach Hause gefahren bin, habe ich von meinem Fenster aus gesehen, wie eine Frau auf dem Bahnsteig umher schrie: „Meine Tasche, meine Tasche!" Sie schlug wild um sich und zeigte mit ihrem Schirm in Richtung der Bahngleise. Ich schaute in dieselbe Richtung und erkannte einen Jungen, der ganz schnell über die Gleise sprang und lose eine Tasche über den Rücken geworfen hatte. „Immer die Ausländer!", schrie die Frau wütend. Sie konnte ihn aber gar nicht so genau gesehen haben. Woher wollte sie wissen, dass er ein Ausländer war?

Welche der Stellungnahmen zu dem vorliegenden Artikel wird deiner Ansicht nach dem Artikel am meisten gerecht? Bitte wähle eine aus und begründe.

Ich wähle die Stellungnahme von _____ aus, weil ...

Abb. 4

Eine Kombination aus den beiden genannten Aufgabenarten stellt die **halboffene Aufgabe** dar, da zunächst eine vorgegebene Aufgabe beantwortet werden muss, um im Anschluss daran eine selbstständige Antwort auszuformulieren. Ein Beispiel für diesen Aufgabentyp zeigt Abb. 4 auf Seite 10. Diese Aufgabenformate sollten dir bereits aus der Lernstandserhebung 9 bekannt sein.

Die Aufgaben des Teils I prüfen nicht nur das inhaltliche Verständnis ab, wie die in Abb. 2 und 3 bzw. fordern zu einer eigenständigen Bewertung auf, wie in Abb. 4, sondern überprüfen auch die Kenntnisse im Bereich der Grammatik. Ein Beispiel für eine solche Aufgabe zeigt Abb. 5.

16) Untersuche die Aussageweise (Modus) des Verbs in den folgenden beiden Sätzen:
- „Die verbreitete Auffassung, mit dem Zuzug von Ausländern **wachse** die Kriminalität ..." (Zeile 3)
- „Statt dessen **solle** man unabhängig von der Nationalität unterscheiden zwischen Menschen, die Arbeit, Wohnung und Lebensperspektiven haben ..." (Zeile 54)

Welcher Modus wird in den beiden Fällen verwendet? *Kreuze (✘) die richtige Antwort an.*

wachse

solle

a) Indikativ (Wirklichkeitsform) ☐
b) Konjunktiv II (Möglichkeitsform) ☐
c) Konjunktiv I (indirekte Rede) ☐
d) Imperativ (Befehlsform) ☐

Abb. 5

Besondere Aufmerksamkeit musst du den **Aufgabenstellungen** widmen, damit du keine Fehler machst, weil du zu flüchtig gelesen hast. In der oben abgebildeten Beispielaufgabe 16 (Abb. 5) ist es z. B. wichtig zu merken, dass es nur eine richtige Antwort gibt, die für *beide* Formen (*wachse* und *solle*) zutrifft, da in der Aufgabenformulierung von „die richtige Antwort" (also Singular und nicht Plural) die Rede ist. Die → Konjunktion *und* in einer Aufgabenformulierung deutet z. B. immer darauf hin, dass sie aus zwei Teilen besteht. Weitere Tipps und Hinweise zum Verstehen von Aufgabenstellungen findest du auf Seite 15 f.

NRW.

Beispielarbeit Deutsch
Gymnasium

prüfungen.10

Teil II (Additum)

1) Analysiere den vorliegenden Text von Max Frisch. Konzentriere deine Analyse ausgehend von dem Titel auf die Bearbeitung der folgenden Aspekte:
- Untersuche die Bedeutung und Funktion des Themas „Vorurteile",
- erfasse und bewerte die Rolle des Erzählers und die Erzählweise,
- beschreibe und deute die sprachliche Gestaltung unter Berücksichtigung der gewählten Textsorte.

2) Prüfe die den Text abschließende Aussage: „Ausgenommen wenn wir lieben".

Max Frisch

Der andorranische Jude

In Andorra lebte ein junger Mann, den man für einen Juden hielt. Zu erzählen wäre die vermeintliche Geschichte seiner Herkunft, sein täglicher Umgang mit den Andorranern, die in ihm den Juden sehen: das fertige Bildnis, das ihn überall erwartet. Beispielsweise ihr Misstrauen gegenüber seinem Gemüt, das ein Jude, wie auch die Andorraner wissen, nicht haben kann. Er wird auf die Schärfe seines Intellektes verwiesen, der sich eben dadurch schärft, notgedrungen. Oder sein Verhältnis zum Geld, das in Andorra auch eine große Rolle spielt: er wusste, er spürte, was alle wortlos dachten; er prüfte sich, ob es wirklich so war, dass er stets an das Geld denke, er prüfte sich, bis er entdeckte, dass es stimmte, es war so, in der Tat, er dachte stets an das Geld. Er gestand es: er stand dazu, und die Andorraner blickten sich an, wortlos, fast ohne ein Zucken der Mundwinkel. Auch in Dingen des Vaterlandes wusste er genau, was sie dachten: sooft er das Wort in den Mund genommen, ließen sie es liegen wie eine Münze, die in ihm den Schmutz gefallen ist. Denn der Jude, auch das wussten die Andorraner, hat Vaterländer, die er wählt, die er kauft, aber nicht ein Vaterland, wie wir, nicht ein zugeborenes, und wiewohl er es meinte, wenn es um andorranische Belange ging, er redete in ein Schweigen hinein wie in Watte. Später begriff er, dass es ihm offenbar an Takt fehlte, ja, man sagte es ihm einmal rundheraus, als er, verzagt über ihr Verhalten, geradezu leidenschaftlich wurde. Das Vaterland gehörte den andern, ein für allemal, und dass er es lieben könnte, wurde von ihm nicht erwartet, im Gegenteil, seine beharrlichen Versuche und Werbungen öffneten nur eine Kluft des Verdachtes; er buhlte um eine Gunst, um einen Vorteil, um eine Anbiederung, die man als Mittel zum Zweck empfand und somit er selber keinen möglichen Zweck erkannte. So wiederum ging es, bis er eines Tages entdeckte, mit seinem rastlosen und alles zergliedernden Scharfsinn entdeckte, dass er das Vaterland wirklich nicht liebte, schon das bloße Wort nicht, das jedes Mal, wenn er es brauchte, ins Peinliche führte. Offenbar konnte er überhaupt nicht lieben, nicht im andorranischen Sinn; er hatte die Hitze der Leidenschaft, gewiss dazu die Kälte seines Verstandes, und diesen empfand man als eine immer bereite Geheimwaffe seiner Rachsucht; es fehlte ihm das Gemüt, das Verbindende; es fehlte ihm, und das war unverkennbar, die Wärme des Vertrauens. Der Umgang mit ihm war anregend, ja, aber nicht angenehm, nicht gemütlich. Es gelang ihm nicht, zu sein wie alle andern, und nachdem er es umsonst versucht hatte, nicht aufzufallen, trug er sein Anderssein sogar mit einer Art von Trotz, von Stolz und lauernder Feindschaft dahinter, die er, da sie ihm selber nicht gemütlich war, hinwiederum mit einer geschäftigen Höflichkeit überzuckerte; noch wenn er sich verbeugte, war es eine Art von Vorwurf, als wäre die Umwelt daran schuld, dass er ein Jude ist – Die meisten Andorraner taten ihm nichts.
Also auch nichts Gutes.
Auf der andern Seite gab es auch Andorraner eines freieren und fortschrittlicheren Geistes, wie sie nannten, eines Geistes, der sich der Menschlichkeit verpflichtet fühlte, sie achteten den Juden, wie sie betonten, gerade wit seiner jüdischen Eigenschaften willen, Schärfe des Verstandes und so weiter. Sie standen zu ihm bis zu seinem Tode, der grausam gewesen ist, so grausam und ekelhaft, dass sich auch jene Andorraner entsetzten, die es nicht berührt hatte, dass schon das ganze Leben grausam war. Das heißt, sie beklagten ihn eigentlich nicht, oder ganz offen gesprochen – sie vermissten ihn nicht – sie empörten sich nur über jene, die ihn getötet hatten, und über die Art, wie das geschehen war, vor allem die Art. Man redete lange davon.
Bis sich eines Tages zeigt, was er selber nicht hat wissen können, der Verstorbene, dass er ein Findelkind gewesen, dessen Eltern man später entdeckt hat, ein Andorraner wie unsereiner –
Man redete nicht mehr davon.
Die Andorraner aber, sooft sie in den Spiegel blickten, sahen mit Entsetzen, dass sie selber die Züge des Judas tragen, jeder von ihnen.
Du sollst dir kein Bildnis machen, heißt es, von Gott. Es dürfte auch in diesem Sinne gelten. Gott als das Lebendige in jedem Menschen, das, was nicht erfassbar ist. Es ist eine Versündigung, die wir, so wie sie an uns begangen wird, fast ohne Unterlass wieder begehen –
Ausgenommen wenn wir lieben

Aus: Max Frisch, „Der andorranische Jude". In: Max Frisch, „Tagebuch 1946 – 1949". © Suhrkamp Verlag Frankfurt am Main, 1950

Abb. 6

Abb. 6 zeigt die vollständige Aufgabe aus dem Teil II der Beispielarbeit. Anders als im Teil I wird hier dein Leseverstehen nicht durch gezielte Fragen überprüft, sondern du sollst bei der Beantwortung der komplexen Aufgabenstellungen deine Kompetenzen im Umgang mit dem ausgewählten Text nachweisen. Das heißt, du musst genau wissen, welche Arbeitsschritte die in der Aufgabenformulierung verwendeten → **Operatoren**: *analysiere, untersuche, erfasse und bewerte, beschreibe und deute* bzw. *prüfe* verlangen. Tipps und Hinweise zu den Operatoren, die in den Aufgabenstellungen zum Teil II vorkommen können, findest du auf S. 20 f.

Bewertungskriterien

Wer überprüft wird, sollte auch wissen, nach welchen Maßstäben und Kriterien seine Leistung beurteilt wird. Wie bei den Lernstandserhebungen in der Klasse 9 werden die Bewertungskriterien nicht von der Lehrerin oder dem Lehrer festgelegt, bei dem du zuletzt Deutschunterricht hattest, sondern ergeben sich für beide Teile der Arbeit aus einem vorgegebenen **Punktsystem**, das mit der zentralen Arbeit den Korrigierenden vorgelegt wird. Neben den Punkten aus beiden Prüfungsteilen, wird die Darstellungsleistung im Fach Deutsch gesondert ausgewiesen.

Grundlage der Gesamtnote, die ebenfalls nach einem vorgegebenen Punkteschlüssel erfolgt, ist also die von dir erreichte **Gesamtpunktzahl**. Die Gesamtpunktzahl setzt sich aus folgenden drei Teilen zusammen:
- Teil 1: Summe der erreichten Punkte, die zu jeder Aufgabe vorgegeben werden (siehe Abb. 7 und 8).
- Teil 2: Summe der Punkte, die vom Korrigierenden für Einzelleistungen bis zu einer vorgegebenen Obergrenze vergeben werden. In Abb. 9 ist zu sehen, dass z. B. für die Wiedergabe des Inhalts maximal 5 Punkte vergeben werden können.
- Teil 3: Summe der Punkte, die du für die Qualität deiner Darstellungsleistung in Teil II erreicht hast. Was unter dem Begriff *Darstellungsleistung* bewertet wird, kannst du der Abb. 10, S. 16, entnehmen.

| Umgang mit Finale | Bewertung |

NRW.
Beispielarbeit Deutsch
Gymnasium

prüfungen.10

Vorurteile – Stereotype – Feindbilder

Teil I (Fundamentum)

1. Lösungen (Punktzahlen in Klammern verweisen auf Bewertungsalternativen)

Aufgabe	Lösungen	Anforderungsbereich mit Angabe der zu erreichenden Punktzahl		
		I	II	III
1)	trifft nicht zu	1		
2)	trifft nicht zu	1		
3)	trifft nicht zu	1		
4)	trifft zu	1		
5)	trifft zu	1		
6)	trifft nicht zu		1	
7)	trifft zu		1	
8)	trifft nicht zu		1	
9)	trifft zu		1	
10)	trifft zu		1	
11)	**Der Prüfling** • nennt für seine Entscheidung mindestens einen nachvollziehbaren Grund. Beispiele a): • „… weil das Schaubild anschaulicher ist", • „… weil es die Zusammenhänge deutlicher zeigt", • „… weil es Aspekte hervorhebt, die im Text nicht so klar werden". Beispiele b): • „… weil die Überschrift nicht klar ist", • „… weil das Zahlenmaterial nicht identisch ist", • „…weil die Angaben mit denen im Text nicht übereinstimmen",		6	

Abb. 7

In der Abb. 7 ist zu erkennen, dass die einzelnen Aufgaben drei verschiedenen **Anforderungsbereichen** zugewiesen werden, je nachdem welchen Schwierigkeitsgrad die Beantwortung hat. Anders als im Teil II können Punkte nicht anteilig vergeben werden. So werden z. B. in Aufgabe 11 entweder 6 oder gar keine Punkte vergeben, je nachdem, ob die erwarteten Begründungen genannt wurden oder nicht.
Abb. 8 zeigt, dass diese Aufgabe dem höchsten Schwierigkeitsgrad zugeordnet ist. Punktzahlen in runden Klammern deuten an, dass Bewertungsalternativen bei dieser Aufgabe möglich sind.

Umgang mit Finale | Bewertung

| 26) | Der Prüfling
• **begründet** seine Auswahl, indem er auf Inhalt/Aussage oder Form des Zeitungstextes Bezug nimmt.
Beispiel:
• zentrale Aussage (Paula), Problem des Vorurteils (Michael), Problem der Verständlichkeit (Gerd)
Der Prüfling
• **begründet** seine Auswahl, indem er auf Inhalt/Aussage und Inhalt/Form der Stellungnahme Bezug nimmt. | | | 6

(2)

oder |

Abb. 8

Auch die zu vergebenden Punktewerte im Teil II werden drei verschiedenen Anforderungsbereichen zugeordnet. Deutlich zu erkennen ist in Abb. 9, dass es sich bei den dort eingetragenen Punkten um Maximalwerte handelt, von denen je nach Qualität der Lösung auch Teilmengen vergeben werden können.

Kriterien für die Erfassung von Teilleistungen (mit Lösungsbeispielen)

2.1 Inhaltliche Leistung

Aufgabe		Anforderung	Anforderungsbereich (mit Angabe der maximalen Punktezahl)		
		Der Prüfling ...	I	II	III
1)	1	**formuliert** eine geeignete Einleitung.		2	
	2	**gibt** den Inhalt knapp und präzise **wieder**.	5		
	3	**entwickelt** seine Deutungsvorstellung.		3	
	4	**erläutert** Erwartungen, die der Titel auslöst, und **setzt** sie in Bezug zu der Deutungsvorstellung.	4		
	5	**untersucht** die Bedeutung und Funktion der Vorurteilsstrukturen, vor allem: • *das „fertige Bildnis", dem alle Juden entsprechen,* • *die dem Bildnis entsprechenden „typischen" Eigenschaften (fehlendes Gemüt, Schärfe des Intellekts, Verhältnis zum Geld, ohne Vaterland),*		18 *(3)* *(6)*	

Abb. 9

Vergleiche noch einmal gründlich die Aufgabenstellung zum Teil II (Abb. 6) mit dem in Abb. 9 als Auszug abgedruckten Punktesystem, um eine Vorstellung von dem zu entwickeln, was in der Beispielarbeit an dieser Stelle erwartet wird. Im Kapitel *Teil II (Additum)* von *Finale* wird an verschiedenen → Textsorten ausführlich gezeigt, welcher Erwartungshorizont an die inhaltliche Leistung und die Darstellungsleistung mit vergleichbaren Aufgaben gebunden ist.

15

Abb. 10 macht deutlich, welche Leistungen sich im Einzelnen hinter dem Bewertungskriterium **Darstellungsleistung** verbergen. Auch wenn die hier zu erreichende Gesamtpunktzahl (maximal 20 Punkte) im Vergleich zu den Punktewerten aus Teil I und vor allem aus Teil II scheinbar gering ausfällt, täuscht das, denn in der Beispielarbeit bedeuten 20 Punkte fast eine Notenstufe. Du solltest also auf jeden Fall auch auf die Art und Weise deiner Darstellung gewissenhaft achten, um keine Punkte zu verschenken.

2.2 Darstellungsleistung

	Der Prüfling ...	Qualitätsdimension maximale Punktzahl
1	strukturiert seinen Text schlüssig und gedanklich klar.	3
2	formuliert die analytischen Ergebnisse geordnet und übersichtlich.	3
3	bezieht beschreibende, deutende und wertende Textteile/Aussagen begründend aufeinander.	3
4	formuliert syntaktisch sicher, variabel und komplex.	3
5	drückt sich präzise und differenziert aus.	3
6	formuliert fachsprachlich richtig und differenziert.	2
7	belegt Aussagen durch angemessenes und korrektes Zitieren.	3
	Summe Darstellungsleistung (max. 20 Punkte):	
	Summe Teil II - einfache Gewichtung - (max. 86 Punkte):	

Abb. 10

Das Jonglieren mit Punkten, Anforderungsbereichen und Gewichtungen soll dich nicht erschrecken. Das ist vor allem ein Problem für die, die deine Arbeit bewerten müssen. Je nach Arbeit gibt es dafür das vorgegebene Punktesystem und einen Umrechnungsschlüssel für die Zuordnung der erreichten Punkte zu den Notenstufen. Um die Sache für dich zu vereinfachen solltest du von folgender Faustregel ausgehen:

- Die Note *ausreichend* setzt das Erreichen von etwa 45 % der Höchstpunktzahl voraus,

- die Note *gut* das Erreichen von etwa 75 % der Höchstpunktzahl,

- die Grenze zwischen den Noten *mangelhaft* und *ungenügend* liegt etwa bei 20 % der Höchstpunktzahl.

Der Aufbau von Finale

Beim ersten Blick auf das Inhaltsverzeichnis hast du sicher schon bemerkt, dass *Finale* aus zwei größeren Teilen besteht, deren inhaltliche Schwerpunkte und Funktionen für deine Vorbereitung zur besseren Orientierung in einer Übersicht vorgestellt werden:

Kapitel	Inhaltliche Schwerpunkte	Funktion für die Vorbereitung
Teil I und Teil II	Aufgabenbeispiele und Aufgabentypen zum Teil I und Teil II der Zentralen Prüfung	• Orientierung durch Überblick • Zuordnung von Basiskompetenzen zu Aufgabentypen • Einschätzung von Erwartungshorizonten • Übungen zu ausgewählten Teilaspekten • Musterlösungen
Wiederholen und Üben	Kompetenzen aus den Lernbereichen: • Schreiben • Umgang mit Texten und Medien – Lyrik – kurze epische Texte – kontinuierliche und diskontinuierliche Sachtexte sowie mediale Texte • Reflexion über Sprache – Basiswissen Grammatik – Basiswissen Rechtschreibung/Zeichensetzung	• Erwerb und Festigung von Sachwissen durch systematische Zusammenstellung der erforderlichen Kompetenzen im Zusammenhang mit den drei Lernbereichen • Klärung der Fachterminologie und Erläuterung an konkreten Beispielen • Übungen zur Vertiefung • Vermittlung von Arbeitstechniken und -methoden

Vielleicht wunderst du dich, dass im Zusammenhang mit dem Lernbereich *Umgang mit Texten und Medien* keine dramatischen Texte in Auszügen besprochen werden, obwohl du dich damit im Unterricht der Klassen 9 und 10 beschäftigt hast. Zum einen ist vieles von dem, was zu anderen Texten vorgestellt wird, auch auf diese Textsorten übertragbar, andererseits sollen hier nur die Textsorten ausführlich behandelt werden, die durch die Vorgaben ausdrücklich für die *Zentrale Prüfung* vorgesehen sind.

Tipps zum Umgang mit Finale

Bei der Sichtung der Beispielarbeit und der Erklärungen sind dir bestimmt schon einige Bereiche aufgefallen, mit denen du auf Anhieb keine Schwierigkeiten gehabt hättest. Vielleicht aber auch Dinge, bei denen sich doch eher ein Gefühl der Unsicherheit einstellte. Um speziell diesen Unsicherheiten zu begegnen, bietet *Finale* vielfältige Informationen und Übungen an, die du durch die Benutzung des *Inhaltsverzeichnisses* und des *Registers* am Ende des Buches leicht finden kannst.

Die Vorbereitung auf die Abschlussprüfung verlangt allerdings noch mehr, da im ersten Teil der Einleitung nur die bisher veröffentliche Beispielarbeit in Auszügen vorgestellt werden konnte. Auf Grund verbindlicher Vorgaben sind aber viele Variationen bei der Erstellung solcher Prüfungsarbeiten für „den Ernstfall" möglich. Folgende Vorgaben werden genannt:

- **zwei verbindliche Rahmenthemen** (➔ S. 7)
- **verbindliche Textsorten**: epische Texte (Kurzgeschichten, Erzählungen), lyrische Texte sowie Sachtexte (kontinuierliche und diskontinuierliche)[1] sowie Texte der Massenmedien (Zeitungen, Zeitschriften)
- **verbindliche Aufgabentypen**:
  - Aufgabentyp **4a**: Einen Sachtext, medialen Text analysieren; einen literarischen Text analysieren und interpretieren
  - Aufgabentyp **4b**: Durch Fragen bzw. Aufgaben geleitet: aus kontinuierlichen und/oder diskontinuierlichen Texten Informationen ermitteln, vergleichen, Textaussagen deuten und abschließend reflektieren und bewerten

Vor dem Hintergrund dieser Vorgaben ist es möglich, ganz unterschiedliche Prüfungsarbeiten zu erstellen, auch wenn der Grundaufbau (Teil I und Teil II) identisch bleibt. Da niemand vorher wissen kann, welche Kombinationen schließlich in der *Zentralen Prüfung* gewählt werden, musst du dich auf alle Möglichkeiten vorbereiten.

Finale ist so angelegt, dass es zu allen möglichen Kombinationsmöglichkeiten aus Textsorten, Rahmenthemen und Aufgabentypen Aufgabenbeispiele, Basisinformationen und Übungen enthält.

---

1 *Im Gegensatz zu kontinuierlichen Sachtexten, die aus einem zusammenhängenden Text bestehen, werden Grafiken, Schaubilder und Tabellen als diskontinuierliche Sachtexte bezeichnet. Häufig kommen beide Formen auch in der Kombination vor, da in vielen Sachtexten Text, Grafiken, Tabelle usw. sich gegenseitig ergänzen.*

Arbeiten mit Finale

Für die Vorbereitung auf die *Zentrale Prüfung* schlagen wir folgende Arbeitsweise vor:
- Um einen Überblick über die verschiedenen Möglichkeiten der Aufgabenstellung zu erhalten, sollest du dir erst einmal die in den Kapiteln *Teil I (Fundamentum)* und *Teil II (Additum)* angebotenen **Aufgabenbeispiele** anschauen, um zu entscheiden, in welchem Bereich für dich der größte Übungsbedarf besteht. Zu diesem Zweck ist es zunächst ausreichend, wenn du dir die Texte gründlich durchliest und die dazugehörigen Aufgabenstellungen überprüfst.

- Wenn du dich entschieden hast, in welchem Bereich für dich der größte Handlungsbedarf besteht, bieten sich grundsätzlich zwei Möglichkeiten zur weiteren Arbeit an:
  a) In Form eines Selbsttests versuchst du, sofort die Aufgaben selbst zu lösen, bevor du dir ansiehst, welche Kompetenzen erforderlich sind und welche Erwartungen mit den Aufgaben verbunden sind.
  b) Nach dem Lesen der Texte und Aufgabenstellungen beschäftigst du dich intensiv mit den **Leistungserwartungen** und den **Übungen**, die zu den Aufgaben jeweils angeboten werden. Zusätzlich kannst du dein Wissen und deine Fertigkeiten durch die Bearbeitung der entsprechenden Kapitel im Teil *Wiederholen und Üben* vertiefen, bevor du eine eigene Lösung der Beispielaufgabe versuchst.

- Das Kapitel *Wiederholen und Üben* lässt sich außerdem wie ein Nachschlagewerk benutzen, wenn du auf das ausführliche Stichwortregister (→ S. 237 f.) am Ende des Buches zugreifst. Solltest du z. B. nicht mehr genau wissen, wie eine *Inhaltsangabe* zu schreiben ist, wie die *indirekte Rede* gebildet wird oder was die *Erzählzeit* von der *erzählten Zeit* in epischen Texten unterscheidet, findest du die entsprechenden Stellen leicht durch das Nachschlagen der jeweiligen Begriffe.

Bei diesen Vorschlägen zur Arbeitsweise mit *Finale* handelt es sich nur um Anregungen, die du nach eigenen Vorstellungen variieren kannst.

Liste der Operatoren

Die Liste der Operatoren gibt an, welche Tätigkeiten bei der Lösung von Prüfungsaufgaben jeweils verlangt werden:

zusammenfassen	die Kernaussagen eines Textes komprimiert und strukturiert darlegen
beschreiben	die Merkmale eines Bildes oder anderen Materials mit Worten in Einzelheiten schildern
wiedergeben	einen bekannten oder erkannten Sachverhalt oder den Inhalt eines Textes unter Verwendung der Fachsprache mit eigenen Worten ausdrücken
formulieren, darstellen	den Gedankengang oder die Hauptaussage eines Textes mit eigenen Worten darlegen
erarbeiten	den Argumentationsgang eines Textes, den Aufbau eines Bildes etc. herausarbeiten und strukturiert darstellen
skizzieren	einen bekannten oder erkannten Sachverhalt oder Gedankengang in seinen Grundzügen ausdrücken
in Beziehung setzen	Zusammenhänge unter vorgegebenen oder selbst gewählten Gesichtspunkten begründet herstellen
analysieren	unter gezielter Fragestellung Elemente, Strukturmerkmale und Zusammenhänge systematisch erschließen und darstellen
vergleichen	nach vorgegebenen oder selbst gewählten Gemeinsamkeiten, Ähnlichkeiten und Unterschiede ermitteln und darstellen
herausarbeiten	aus Aussagen eines Textes einen Sachverhalt oder eine Position erkennen und darstellen
erläutern, erklären	einen Sachverhalt, eine These etc. gegebenenfalls mit zusätzlichen Informationen und Beispielen nachvollziehbar veranschaulichen
belegen	Behauptungen durch Textstellen oder bekannte Sachverhalte nachweisen

einordnen, zuordnen	einen bekannten oder erkannten Sachverhalt in einen neuen oder anderen Zusammenhang stellen oder die Position eines Verfassers bezüglich einer bestimmten Religion, Konfession, Denkrichtung etc. unter Verweis auf Textstellen und in Verbindung mit Vorwissen bestimmen
erörtern	die Vielschichtigkeit eines Beurteilungsproblems erkennen und darstellen, dazu Thesen verfassen bzw. aufstellen, Argumente formulieren und dabei eine begründete Schlussfolgerung erarbeiten
beurteilen bewerten Stellung nehmen	zu einem Sachverhalt unter Verwendung von Fachwissen und Fachmethoden sich begründet positionieren (Sach- bzw. Werturteil)
sich auseinandersetzen mit	ein begründetes eigenes Urteil zu einer Position oder einem dargestellten Sachverhalt entwickeln
begründen	eigene Aussagen durch Argumente stützen und nachvollziehbare Zusammenhänge herstellen
Stellung nehmen / eine Erwiderung formulieren aus der Sicht von ...	eine unbekannte Position, Argumentation oder Theorie aus der Sicht einer bekannten Position kritisieren oder in Frage stellen und ein begründetes Urteil abgeben
gestalten entwerfen	sich kreativ (z. B. fiktives Gespräch oder Visualisierung) mit einer Fragestellung auseinandersetzen
interpretieren	einen Text oder ein anderes Material (Bild, Karikatur, Tondokument, Film etc.) sachgemäß analysieren und auf der Basis methodisch reflektierten Deutens zu einer schlüssigen Gesamtauslegung gelangen
prüfen überprüfen	eine Meinung, Aussage, These, Argumentation nachvollziehen, hinterfragen und auf der Grundlage erworbener Fachkenntnisse begründet beurteilen

Tipps zur Arbeitsorganisation

Die hier zusammengestellten Tipps beziehen sich auf drei unterschiedliche Phasen der Vorbereitung auf die *Zentrale Prüfung:*

A Phase des gezielten Übens (Beginn einige Monate vor der Prüfung)
B Phase der vertiefenden Wiederholung (Beginn ca. 2–3 Wochen vor der Prüfung)
C Prüfungsphase (Beginn am letzten Tag vor der Prüfung)

A Phase des gezielten Übens
- Bereits in der Jahrgangsstufe 9 solltest du genau die Aufgaben der Lernstandserhebung beobachten, da die Aufgabenformate und -typen sehr ähnlich sind. Solltest du sie nicht mehr haben, können deine Lehrerin oder dein Lehrer bestimmt für dich die Aufgabenzettel besorgen.
- Du solltest nicht zu spät mit der Vorbereitung beginnen. Am günstigsten und effektivsten ist, wenn du deine Vorbereitung auf den Prüfungstag parallel zum Unterricht in der Jahrgangsstufe verlaufen lässt. <u>Konzentrierte Aufmerksamkeit im Unterricht ist meistens die beste Vorbereitung!</u>
- Vergiss nicht den Stoff zu wiederholen, den ihr zu den beiden Rahmenthemen (→ S. 7) im Unterricht durchgenommen habt.
- Spätestens im Januar solltest du einen Arbeitsplan für die vertiefende Wiederholung aufstellen. Dieser Plan sollte zeitlich so gestaffelt sein, dass zuerst die Themenbereiche ausführlich bearbeitet werden, bei denen du den größten Handlungsbedarf festgestellt hast.
- Achte auf eine sinnvolle Verteilung der Übungsphase im Verlauf der Vorbereitungphase. Mehrere regelmäßige und kürze Übungsphasen sind erwiesenermaßen günstiger als wenige und dafür sehr umfangreiche.

B Phase der vertiefenden Wiederholung
- Wiederhole wichtige Arbeitstechniken und -methoden:
  - Aufgabenstellungen richtig verstehen: Welche Arbeitsschritte erfordern bestimmte Operatoren? (→ S. 20 f.)
  - einen Text inhaltlich zusammenfassen (→ S. 94 ff.)
  - Strategien zur Informationsentnahme (→ S. 166 ff.)
  - wichtige rhetorische Figuren und ihre Funktion (→ S. 196)
  - wesentliche Merkmale lyrischer und epischer Texte sowie kontinuierlicher und diskontinuierlicher Sachtexte (→ S. 120 ff.)

- Überprüfe Aufgaben, die du zur Übung bereits in Phase A gelöst hast, und überarbeite sie gegebenenfalls, da dies einen hohen Lerneffekt hat. **Überarbeiten** meint nicht nur die Verbesserung inhaltlicher Details, sondern vor allem auch die Qualität des Ausdrucks. Zur Überarbeitung gehört ebenso die Kontrolle der sprachlichen Richtigkeit. Lass eventuell deine schriftlichen Ausführungen von einem anderen gegenlesen, der sicher im Ausdruck und in der Rechtschreibung ist.
- Sorge speziell in den letzten Tagen vor der Prüfung für ausreichend Entspannung und Schlaf. Wenn der Prozessor überhitzt und der Arbeitsspeicher ausgelastet ist, sinkt auch beim besten PC die Leistung deutlich!

C Am Tag der Prüfung
- Sorge für ausreichenden Schlaf vor dem Prüfungstag.
- Überlege dir schon am Tag vorher, was du an diesem Tag anziehen willst. Wähle die Kleidung aus, die bequem ist und in der du dich besonders wohl fühlst.
- Überprüfe spätestens am Tag zuvor deine Schreibutensilien, damit nicht eine fehlende Tintenpatrone zu vermeidbarem Stress führt. Zur Arbeit mitbringen solltest du: *Füller bzw. Kugelschreiber* und *Ersatzstift*, *Bleistift*, *Textmarker* in verschiedenen Farben, *Radiergummi*, *Anspitzer* und *Lineal*.
- Nimm etwas zum Essen und zum Trinken mit, denn die Bearbeitungszeit beträgt gut 150 Minuten.
- Studiere zu Beginn der Bearbeitungszeit sehr gründlich die Vorschläge und Aufgabenstellungen, bevor du eine endgültige Entscheidung triffst. Lass dich also nicht allein vom ersten flüchtigen Eindruck lenken.
- Erstelle eine Gliederung und einen Zeitplan für die Bearbeitung des zweiten Prüfungsteils, damit dir genügend Zeit für die Erledigung aller Arbeitsschritte bleibt.
- Plane ausreichend Zeit (mindestens 10 Minuten) für die Kontrolle der sprachlichen Richtigkeit ein, da die Darstellungsleistung gesondert bewertet wird.

Aufgabenbeispiele | Teil I | Leseverstehen/Reflexion über Sprache

Leseverstehen/Reflexion über Sprache

Aufgabenformate

Im ersten Teil der schriftlichen Leistungsüberprüfung werden Basiskompetenzen im Leseverstehen überprüft. Die Art der Aufgaben entspricht den Aufgabenformaten im ersten Teil der Lernstandserhebungen in der Jahrgangsstufe 9.

Die Aufgaben, die im ersten Teil zu einem Text gegeben werden, können offen, halboffen oder auch geschlossen sein.

a	Offene Aufgaben	Eine Frage muss selbstständig schriftlich beantwortet werden.	(vgl. Aufgabe 8, S. 34)
b	Geschlossene Aufgaben	Zu einer Frage werden bestimmte Antworten bereits vorgegeben, sodass die richtige Antwort bzw. die richtigen Antworten ausgewählt oder zwischen richtig und falsch unterschieden werden muss.	(vgl. Aufgabe 2, S. 27)
c	Halboffene Aufgaben	Dabei handelt es sich um eine Mischform aus a) und b). Zunächst muss eine geschlossene Aufgabe (b) beantwortet werden und im Anschluss daran ist eine weitere Aufgabenstellung im Sinne einer offenen Aufgabe (a) zu lösen. Das kann z. B. eine schriftliche Begründung für die zuvor getroffene Entscheidung sein.	(vgl. Aufgaben 3/4, S. 28)

Basiskompetenzen

Die Aufgaben im Teil I der Leistungsüberprüfung beziehen sich vor allem auf Basiskompetenzen in den Lernbereichen *Lesen – Umgang mit Texten und Medien* und *Reflexion über Sprache*. Fragen und Aufgaben zum Lernbereich *Lesen – Umgang mit Texten und Medien* überprüfen in erster Linie das inhaltliche Verständnis des Textes. Fragen und Aufgaben zum Lernbereich

Reflexion über Sprache beziehen sich stärker auf die Wirkung der sprachlichen und gedanklichen Gestaltung. Da im Verlauf des Teils *Aufgabenbeispiele* sehr ausführlich Aufgaben und Übungen zu den Basiskompetenzen im Lernbereich *Lesen – Umgang mit Texten und Medien* angeboten werden, konzentrieren wir uns hier vor allem auf mögliche Fragen und Aufgaben zum Lernbereich *Reflexion über Sprache*:

Im Lernbereich *Reflexion über Sprache* sollen am Ende der Jahrgangsstufe 10 folgende **Basiskompetenzen** vorhanden sein:

- Kenntnisse in Bezug auf Funktion, Bedeutung und Funktionswandel von Wörtern; entsprechende Beobachtungen am Text reflektieren und bewerten können. Dazu gehört vor allem: *Formen poetischen und öffentlichen Sprachgebrauchs unterscheiden, Erscheinungen des Sprachwandels kennen und bewerten (z. B. Bedeutungswandel, fremdsprachliche Einflüsse) sowie Fachvokabular bei der Sprachanalyse korrekt verwenden.*
- Kenntnisse im Bereich der Syntax (Satzbau) anwenden können. Dazu gehört vor allem: *Wirkungen von Satzbau-Varianten, Gliedsatz-Varianten unterscheiden und ausprobieren.*
- Fähigkeit, zwischen begrifflichem und bildlichem Sprachgebrauch unterscheiden zu können. Dazu gehört vor allem: *ausgewählte rhetorische Mittel kennen und richtig anwenden* (→ Liste S. 196)
- Kenntnisse zu Sprachvarianten. Dazu gehört vor allem: *Standard-, Fach-, Umgangs-, Jugend-, Frauen-, Männersprache, Dialekte.*
- Einblick in die Sprachentwicklung. Dazu gehört vor allem: *Bedeutungswandel von Begriffen, sprachliche Trends, political correctness.*

Auf den folgenden Seiten werden Aufgaben und Fragen zum Text *Allmorgendlich* von Michaela Seul gestellt, mit denen im Rahmen des Teils I der Leistungsüberprüfung die Kompetenzen im Lernbereich *Reflexion über Sprache* überprüft werden können. Der Text ist dem Rahmenthema *Vorurteile – Stereotype – Feindbilder: Sprachliches und soziales Verhalten, seine Ursachen und Wirkungen* zuzuordnen.

Allmorgendlich   Michaela Seul

Jeden Morgen sah ich sie. Ich glaube, sie fiel mir gleich bei der ersten Fahrt auf. Ich hatte meinen Arbeitsplatz gewechselt und fuhr vom Ersten des Monats an mit dem Bus um 8.11 Uhr.
Es war Winter. Jeden Morgen trug sie den kirschroten Mantel, weiße, pelzbesetzte Stiefel, weiße Handschuhe, und ihr langes, dunkelbraunes, glattes Haar war zu einem ungewöhnlichen, aber langweiligen Knoten aufgesteckt. Jeden Morgen stieg sie um 8.15 Uhr zu und ging mit hocherhobenem Kopf auf ihren Stammplatz, vorletzte Reihe rechts, zu.
Das Wort mürrisch passte gut zu ihr. Sie war mir sofort unsympathisch. So geht es mir oft: Ich sehe fremde Menschen, wechsle kein Wort mit ihnen, fühle Ablehnung und Ärger bei ihrem bloßen Anblick. Ich wusste nicht, was mich an ihr so störte, denn ich fand sie nicht schön; es war also kein Neid.
Sie stieg zu, setzte sich auf ihren seltsamerweise immer freien Platz, holte die Zeitung aus ihrer schwarzen Tasche und begann zu lesen. Jeden Morgen ab Seite drei. Nach der dritten Station griff sie erneut in die Tasche holte ohne den Blick von der Zeitung zu wenden zwei belegte Brote hervor. Einmal mit Salami und einmal mit Mettwurst. Lesend aß sie. Sie schmatzte nicht, und trotzdem erfüllte mich ihr essender Anblick mit Ekel. Die Brote waren in einem Klarsichtbeutel aufbewahrt, und ich fragte mich oft, ob sie täglich einen neuen Beutel benutzte oder denselben mehrmals verwendete.
Ich beobachtete sie ungefähr zwei Wochen, als sie mir gegenüber das erste Mal ihre mürrische Gleichgültigkeit aufgab. Sie musterte mich prüfend. Ich wich ihr nicht aus. Unsere Feindschaft war besiegelt. Am nächsten Morgen setzte ich mich auf ihren Stammplatz. Sie ließ sich nichts anmerken, begann wie immer zu lesen. Die Stullen packte sie allerdings erst nach der sechsten Station aus.
Jeden Morgen vergrämte sie mir den Tag. Gierig starrte ich zu ihr hinüber, saugte jede ihrer mich persönlich beleidigenden, sich Tag für Tag wiederholenden Hantierungen auf, ärgerte mich, weil ich vor ihr aussteigen musste und sie in den Vorteil der Kenntnis meines Arbeitsplatzes brachte.
Erst, als sie einige Tage nicht im Bus saß und mich dies beunruhigte, erkannte ich die Notwendigkeit des allmorgendlichen Übels. Ich

war erleichtert, als sie wieder erschien, ärgerte mich doppelt über sie, den Haarknoten, der ungewöhnlich und trotzdem langweilig war, den kirschroten Mantel, das griesgrämige Gesicht, die Salami, die Mettwurst und die Zeitung.
Es kam so weit, dass sie mir nicht nur während der Busfahrten gegenwärtig war; ich nahm sie mit nach Hause, erzählte meinen Bekannten von ihrem unmäßigen Schmatzen, dem Körpergeruch, der großporigen Haut, dem abstoßenden Gesicht. Herrlich war es mir, mich in meine Wut hineinzusteigern; ich fand immer neue Gründe, warum ihre bloße Gegenwart mich belästigte.
Wurde ich belächelt, beschrieb ich ihre knarzende Stimme, die ich nie gehört hatte, ärgerte mich, weil sie die primitivste Boulevardzeitung las und so fort. Man riet mir, einen Bus früher, also um 8.01 Uhr zu fahren, doch das hätte zehn Minuten weniger Schlaf bedeutet. Sie würde mich nicht um meinen wohlverdienten Schlaf bringen!
Vorgestern übernachtete meine Freundin Beate bei mir. Zusammen gingen wir zum Bus. SIE stieg wie immer um 8.15 Uhr zu und setzte sich auf ihren Platz. Beate, der ich nie von IHR erzählt hatte, lachte plötzlich, zupfte mich am Ärmel und flüsterte: „Schau mal, die mit dem roten Mantel, die jetzt das Brot isst, also ich kann mir nicht helfen, aber die erinnert mich unheimlich an dich. Wie sie isst und sitzt und wie sie schaut.

Aufgaben

1. Der Erzähler nennt nicht den Namen der Frau im Bus, sondern spricht nur von „sie" und später auch „ihr".
   Wie nennt man die Wortart, die er zur Bezeichnung benutzt?

___

2. Kreuze die Aussage zum Satzbau des Textes an, die deiner Meinung nach richtig ist.

a	Der Text besteht ausschließlich aus Satzreihen.	○
b	Im Text wechseln Abschnitte, in denen überwiegend Satzreihen verwendet werden, mit Abschnitten, in denen längere Satzgefüge verwendet werden.	○

c	Bis auf wenige Ausnahmen besteht der Text aus Satzgefügen.	○
d	Satzreihen und Satzgefüge wechseln sich im Text regelmäßig ab.	○

3. Gib die Zeitformen der Prädikate in den folgenden drei Sätzen an:

Satz	Zeitform des Prädikats
„Jeden Morgen *sah* ich sie."	
„… ihre knarzende Stimme, die ich nie *gehört hatte* …"	
„Man *riet* mir …"	

4. Der Text ist weitgehend im Präteritum geschrieben. Begründe diese Entscheidung des Schreibenden.

_____
_____
_____
_____

5. „So geht es mir oft: Ich sehe fremde Menschen, wechsle kein Wort mit ihnen, fühle Ablehnung und Ärger bei ihrem bloßen Anblick."
   – Dieser Satz stellt im Text eine Ausnahme dar, da in ihm das Präsens verwendet wird. Begründe die Sonderstellung dieses Satzes im Text.

_____
_____
_____
_____

Übung

Wenn du Schwierigkeiten mit der Bestimmung von Wortarten oder Zeitformen hast, solltest du diese noch einmal wiederholen. Entsprechende Hilfen findest du im Kapitel → *Basiswissen Grammatik*, S. 202 ff., sowie in deinem Deutschbuch.

„Jeden Morgen sah ich sie. Ich glaube, sie fiel mir gleich bei der ersten Fahrt auf. Ich hatte meinen Arbeitsplatz gewechselt und fuhr vom Ersten des Monats an mit dem Bus um 8.11 Uhr.
Es war Winter. Jeden Morgen trug sie den kirschroten Mantel, weiße, pelzbesetzte Stiefel, weiße Handschuhe, und ihr langes, dunkelbraunes, glattes Haar war zu einem ungewöhnlichen, aber langweiligen Knoten aufgesteckt. Jeden Morgen stieg sie um 8.15 Uhr zu und ging mit hocherhobenem Kopf auf ihren Stammplatz, vorletzte Reihe rechts, zu."

① Bestimme zur Übung im oben abgedruckten Textauszug die → Wortarten. Gibt es Wortarten, die sehr häufig verwendet werden? Gibt es Wortarten, die nur wenig oder gar nicht verwendet werden?

② Welches → Tempus wird verwendet? Verändere den Textauszug, indem du ein anderes Tempus wählst und überprüfe, wie sich die Wirkung verändert.

„Das Wort mürrisch passte gut zu ihr. Sie war mir sofort unsympathisch. So geht es mir oft: Ich sehe fremde Menschen, wechsle kein Wort mit ihnen, fühle Ablehnung und Ärger bei ihrem bloßen Anblick. Ich wusste nicht, was mich an ihr so störte, denn ich fand sie nicht schön; es war also kein Neid. Sie stieg zu, setzte sich auf ihren seltsamerweise immer freien Platz, holte die Zeitung aus ihrer schwarzen Tasche und begann zu lesen."

③ Beschreibe den Satzbau in diesem Textauszug möglichst genau, indem du → Haupt- und Nebensätze sowie → Satzreihen und → Satzgefüge unterscheidest.

④ Der Erzähler verwendet im Text des Öfteren → parataktischen Satzbau. Welche Wirkung erreicht er damit? Verändere entsprechende Textpassagen, indem du aus Parataxen Satzgefüge bildest. Auf diese Weise lässt sich die unterschiedliche Wirkung gut erkennen.

> **INFO**
>
> Im Gegensatz zur **Satzreihe**, die **Hauptsätze** miteinander verbindet (Komma möglich, aber nicht vorgeschrieben), handelt es sich beim **Satzgefüge** um eine Kombination eines Hauptsatzes mit einem oder mehreren **Nebensätzen** (Komma vorgeschrieben).
> **Nebensätze** teilt man in zwei Gruppen ein: die **Gliedsätze** und die **Attributsätze**. Gliedsätze stehen an der Stelle eines Satzgliedes, Attributsätze sind Teil eines Satzgliedes.
> Satzreihen sind **parataktisch** gebaut, d. h., es liegt eine **Nebenordnung** der Teilsätze vor. Bei Satzgefügen spricht man vom **hypotaktischen** Satzbau, d. h., es liegt eine **Unterordnung** der Teilsätze vor.
> Weitere Infomationen zum Wiederholen und Üben findest du im Kapitel *"Basiswissen Grammatik", S. 202 ff.)*

Rein äußerlich   *Detlef Marwig*

Sie wäre nicht tragisch, die Geschichte, meint Irene, da sie ja nur mit ihrem Äußeren zu tun habe, meint sie.
Sie ist 1,52 klein, schwarzäugig und -haarig und würde auf dem Balkan und dem Vorderen Orient vermutlich kaum auffallen. Dennoch ist sie
5   Deutsche und, wie ihre Eltern einst nachweisen mussten, arisch.
„Aber das ist mir egal", sagt sie.
Im Supermarkt packt und zeichnet sie Fisch- und andere Konserven, Teigwaren und Feinkost aus, ordnet sie in Regale ein und hilft gelegentlich supermarktfremden Kunden bei der Suche. Sie ist eine Halbtagskraft.
10 Die zweite Hälfte des Tages schaltet sie um auf Hausfrau.
„Einer muss es ja machen", sagt sie.
Mit Putzeimern, Aufnehmern und dergleichen geht sie nicht um.
„Dafür werde ich zu schlecht bezahlt", sagt sie.
Auch mit den Kassiererinnen hat sie nichts zu tun.
15 „Wir bleiben unter uns, wir Halbtagskräfte", sagt sie.
Es begann damit, dass Irene so schön vor sich hin döste, denn der Laden war leer, und gepackt hatte sie.
Da rief eine der Kassiererinnen, blond und blauäugig: „He, Sie!"

„He Sie! bin ich nicht", sagt Irene, und sie blieb deshalb sitzen. Das brachte die Kassiererin auf, und Empörung klang in ihrer Stimme mit, als sie einige Phon lauter quer durch den Laden brüllte: „He Sie!!"
„Ich dachte, die hat durchgedreht, das kann man nämlich schnell an der Kasse", sagt Irene. Aber sie blieb sitzen, denn wer sich aufregt, regt sich auch wieder ab, meint sie.
Die Kassiererin packte wilde Empörung, die ihrer Stimme ungeahnte Durchschlagkraft verlieh.
„He Sie, holen Sie sofort Wasser und machen Sie Lauge. Ich will hier putzen", rief sie, und dann schrie sie einige böse Worte über die, die „ausse Karpaten kommen und sich hier mausig machen."
Sie ging ins Lager.
„Da hört man das Geschrei nicht so laut", sagt sie.
Da kam die Filialleiterin zu ihr und bat um Aufklärung. Die verweigerte Irene ihr nicht. Worauf die Filialleiterin zur Kassiererin ging und die aufklärte.
„Da war die dann ruhig", sagt Irene.
Kurz vor Feierabend kam die Kassiererin dann zu Irene und war ein wenig verlegen.
„Entschuldigen Sie, bitte entschuldigen Sie vielmals", sagte sie, ich habe geglaubt, Sie wären die kleine Türkin."
„Ich habe entschuldigt", sagte Irene, „was kann sie schließlich dafür, dass ich so aussehe."

Aufgaben

1. Im Verlauf des Textes wird sowohl Präsens als auch Präteritum als Erzähltempus verwendet. Markiere im Text Passagen, in denen überwiegend das Präsens bzw. das Präteritum verwendet wird: Präsens = einfach unterstreichen; Präteritum = doppelt unterstreichen.
2. Begründe den Wechsel vom Präteritum zum Präsens.

Aufgabenbeispiele | Teil I | Leseverstehen/Reflexion über Sprache

3. „Da rief eine der Kassiererinnen, blond und blauäugig: „He, Sie!" (Z. 19) – Welche der folgenden Aussagen trifft am besten die Bedeutung, die dieser Satz im Kontext des Textes besitzt.
4. Während die eine Hauptfigur des Textes namentlich genannt wird (Irene), wird von der anderen nur als „die Kassiererin" gesprochen. Begründe diesen Unterschied.

a	Der Erzähler beschreibt die Kassiererin als eine hübsche Frau.	O
b	Der Erzähler hebt hervor, dass die Kassiererin eindeutige äußere Merkmale besitzt, die sie als Deutsche ausweisen.	O
c	Der Erzähler betont durch die erwähnten äußeren Merkmale, dass die Kassiererin nicht besonders schlau ist.	O
d	Der Erzähler will durch die Verwendung des Wortes „blauäugig" andeuten, dass die Kassiererin etwas unüberlegt handelt.	O

5. Beschreibe die Wirkung der im Text wörtlich wiedergegebenen Aussage „ausse Karpaten kommen und sich hier mausig machen." (Z. 29). Achte dabei auf Rechtschreibung und Satzbau.

_____

_____

_____

_____

_____

_____

6. „Ich habe entschuldigt", sagte Irene, „was kann sie schließlich dafür, dass ich so aussehe." (Z. 40 f.) – Entscheide mit Blick auf den Kontext, welche der folgenden Aussagen dem Sinn der Bemerkung am besten gerecht wird.

a	Irene versteht am Ende, warum die Kassiererin sich so aufgeregt hat.	○
b	Irene weiß selbst nicht genau, warum sie die Entschuldigung angenommen hat.	○
c	Irene kritisiert ironisch die Vorurteile der Kassiererin.	○
d	Irene fühlt sich aufgrund ihres Aussehens verantwortlich für das Missverständnis.	○

7. „Die Kassiererin packte wilde Empörung …" (Z. 25 f.) – Kreuze zunächst an, um welche rhetorische Figur es sich deiner Meinung nach handelt und erkläre dann, welche Wirkung diese Figur hat.

Vergleich	○	_____
Klimax	○	_____
Personifikation	○	_____

33

8. Überlege zum Schluss deiner Auseinandersetzung mit dem Text, wie die knappe Überschrift zu verstehen ist. Begründe deine Meinung.

_____
_____
_____
_____

Üben

Umstellprobe, Weglassprobe, Ergänzungsprobe und Ersatzprobe sind gute Methoden, um die Besonderheiten der sprachlichen Gestaltung eines Textes richtig zu beurteilen.

Umstellprobe

Kurz vor Feierabend kam die Kassiererin dann zu Irene und war ein wenig verlegen.
Die Kasserin kam *kurz vor Feierabend* dann zu Irene und war ein wenig verlegen.

Bei der Umstellprobe werden einzelne → Satzglieder eines Satzes umgestellt. Durch die Umstellprobe kann ermittelt werden, aus wie vielen Satzgliedern ein Satz besteht. Mit Ausnahme der Frage- und Imperativsätze kann immer nur ein Satzglied vor dem Prädikat (bzw. dem ersten Teil des Prädikats) stehen.

Weglassprobe

Da rief eine der Kassiererinnen, *blond und blauäugig*: „He, Sie!"
Da rief eine der Kassiererinnen: „He, Sie!"

Dass Weglassen eines Satzgliedes oder auch eines Nebensatzes macht manchmal deutlich, wie wichtig oder unwichtig diese Bestandteile für den Kontext und damit für das Verständnis sind.

Ergänzungsprobe
Auch mit den Kassiererinnen hat sie nichts zu tun. *Auch mit den Kassiererinnen hat sie meistens nichts zu tun.*
Die Ergänzung einzelner Satzglieder kann deutlich machen, auf welche Angaben im Text ganz bewusst verzichtet worden ist.
Ersatzprobe
Sie ist 1,52 klein, schwarzäugig und -haarig und würde auf dem Balkan … *Sie ist 1,52 groß, schwarzäugig und -haarig und würde auf dem Balkan …*
Bei der Ersatzprobe werden Satzglieder durch vergleichbare ausgetauscht. Dabei wählt man Satzglieder, die ähnliche oder sogar konträre Bedeutungen haben, die aber zum Prädikat des Satzes passen.

„Kurz vor Feierabend kam die Kassiererin dann zu Irene und war ein wenig verlegen."	
Zu Irene kam kurz vor Feierabend dann die Kassiererin und war ein wenig verlegen.	
Die Kassiererin kam kurz vor Feierabend zu Irene und war ein wenig verlegen.	
Ein wenig verlegen kam kurz vor Feierabend dann die Kassiererin zu Irene.	

1. Probiere aus, wie sich der Schwerpunkt der Aussage jeweils verschiebt, wenn man den Ausgangssatz oben umstellt. Diese Methode ist gut geeignet, um herauszuarbeiten, welche Wirkung mit der Gestaltung des Ausgangssatzes beabsichtigt ist.

2. Wende einzelne dieser Methoden auch auf andere Sätze des Textes an und schreibe sie in dein Heft.

Jugendliche lernen Demokratie

Zuständige der Stadt kümmern sich um Mädchen und Jungen, die in die rechte Szene abrutschen

Es gibt zahlreiche Jugendliche, die z. B. wegen eines falschen Freundeskreises oder durch dumpfe Parolen von Rechts-Rock-Bands in die militante Neonaziszene abrutschen.

„Demokratie live" kümmert sich seit einigen Jahren um diese Kinder, um ihnen die Rückkehr in die Gesellschaft zu ermöglichen. Das Projekt ist entstanden, weil der allgemeine Wunsch bestand, sich mit rechten Jugendlichen in sozialer Gruppenarbeit zu beschäftigen. Die Zuständigen sollten mit ihnen über die Nazidiktatur reden, um sie wieder auf den geraden Weg zu bringen.

Gegründet wurde dieses Projekt mit der Jugendgerichtshilfe. Auch heute geht es noch darum, nicht den moralischen Zeigefinger zu heben, sondern Jugendlichen neue Perspektiven aufzuweisen. Oft ist es so, dass diese nirgendwo Verständnis erfahren haben und daher nicht wissen können, was es heißt, Toleranz auszuüben.

„Demokratie live" beteiligt sich auch an Schulprojekten. Die Mitglieder arbeiten mit Partnerstädten zusammen und besitzen Kontakte zum Ausland. Es finden Fahrten statt zu jüdischen Gedenkstätten oder zum Europäischen Parlament in Straßburg, um Aufklärungsarbeit zu leisten, und zwar für jeden, der daran interessiert ist.

Marco Saur, Marcel Ritter, Klasse 10 f, Gesamtschule Wanne-Eickel

Aufgaben

1. Bei Zeitungstexten werden grundsätzlich zwei Kategorien journalistischer Stilformen unterschieden. Kreuze an, zu welcher Kategorie der vorliegende Zeitungstext gehört:

a	informierende, sachbetonte Formen	○
b	meinungsäußernde, wertende Formen	○

2. Welche Aussage zum Aufbau des Zeitungstextes trifft zu? Kreuze an.

Der Zeitungstext entspricht den Aufbauprinzipien für die Stilform *Nachricht*		
voll ○	mit Einschränkungen ○	überhaupt nicht ○

Begründe deine Meinung:

_____

_____

_____

_____

3. Ergänze folgende Tabelle zum Zeitungstext:

Informationskern	
Erläuternde Details	
Ergänzende, weniger wichtige Einzelheiten	

Schlagzeile	
Untertitel	

4. Für den Text sind andere Überschriften denkbar. Kreuze die Überschrift an, die nicht zum Zeitungstext passt, und begründe deine Meinung.

a	Projekt „Demokratie live" hilft rechtsradikalen Jugendlichen	○
b	Neue Perspektiven für Jugendliche	○
c	Jugendliche lernen Toleranz auszuüben	○

Begründung:

___

5. Bis auf die Aussage „dumpfe Parolen" (Z. 9) ist die Sprache des Textes sehr sachlich gehalten. Erkläre, wie diese Formulierung zu verstehen ist. Überprüfe die Bedeutung, indem du das Adjektiv durch andere bedeutungsverwandte Adjektive ersetzt.

___

6. Im Text werden zweimal einfache Anführungszeichen verwendet. Kreuze an, welche Funktion sie in diesem Text haben.

a	Hervorhebung wichtiger Textstellen	○
b	Hinweis auf Akzentsetzung beim Lesen	○
c	Kennzeichnung des Namens	○

Üben

Für die Auseinandersetzung mit Zeitungstexten (→ S. 201), die im Teil I der Leistungsüberprüfung als Textgrundlage gewählt werden können, ist es wichtig, dass du sie auf Grund spezifischer Merkmale der jeweiligen journalistischen Stilform zuordnen kannst. Stil, Aufbau und sprachliche Gestaltung werden durch die jeweilige Stilform wesentlich bestimmt.

Journalistische Stilformen	
Nachricht	Unter dem Begriff *Nachricht* werden die *Meldung* und der *Bericht* zusammengefasst. *Nachricht* ist auch der umfassende Begriff für Sachinformation.
Meldung (ca. 15–20 Zeilen)	Die Meldung ist eine knappe Notiz zu einem Ereignis, sie enthält in kurzer Form die wichtigsten Informationen. Die 7 W-Fragen werden in der Regel beantwortet.
Bericht (ca. 60 Zeilen)	Der Bericht gibt ausführlicher als eine Meldung Tatsachen, Ereignisse und deren Ablauf wieder. Im Vorspann werden die Fragen: wer, was, wann und wo beantwortet, auf die anderen W-Fragen (warum, wie, wozu, mit welchen Folgen) geht der Hauptteil ein. Der Bericht enthält keine persönlichen Meinungen, bietet aber im Gegensatz zur Meldung mehr Hintergrundinformationen und Zusammenhänge.

Reportage (ca. 120 Zeilen)	Die Reportage schildert ein Ereignis aus persönlicher Sicht, sie will den Leser bis zum Ende fesseln. Sinneseindrücke werden beschrieben, um dem Leser das Gefühl zu geben, er wäre dabei gewesen. Der Reporter versucht, das Geschehen möglichst anschaulich zu beschreiben. Es werden zusätzlich Hintergrundinformationen geliefert, die Zusammenhänge deutlich machen sollen.
Interview	Im Interview wird die Befragung einer Person oder Personengruppe durch einen Journalisten wiedergegeben.
Kommentar	In einem Kommentar nimmt der Journalist zu wichtigen und aktuellen Themen Stellung und bewertet Ereignisse. Der Autor liefert Argumente für seine eigene Sicht und will zur kritischen Auseinandersetzung mit dem Thema anregen.
Kritik (Rezension)	Kritiken beziehen sich überwiegend auf kulturelle Ereignisse, z. B. die Premiere eines Filmes. Der Journalist fasst den Inhalt kurz zusammen und bewertet ihn nach seiner persönlichen Einschätzung – positiv oder negativ.

❶ Die oben genannten journalistischen Stilformen werden grundsätzlich in zwei Kategorien unterschieden. Ergänze die Tabelle:

informierende, sachbetonte Formen	
meinungsäußernde, wertende Formen	

Im Lernbereich *Reflexion über Sprache* wird durch Aufgaben und Fragen auch überprüft, ob du das zur Analyse nötige Fachvokabular beherrscht. Neben der Kenntnis der zuvor genannten Bezeichnungen für journalistische Stilformen benötigst du im Zusammenhang mit Zeitungstexten folgende Grundbegriffe, um das Layout (die grafische Gesamtgestaltung) beschreiben zu können:

Aufgabenbeispiele | Teil I | Leseverstehen/Reflexion über Sprache

Aufmacher	Keine Mehrheit für Regierungspläne
Dachzeile	
Schlagzeile	**Bundesrat kippt Trittins**
Autorenzeile	**Dosenpfand**
Spitzmarke (Ort)	WR-Nachrichtendienste
Hinweis auf Texte zum Thema im Innenteil	

Berlin. Bundesumweltminister Jürgen Trittin (Grüne) ist gestern mit seinem Pflichtpfand auf alle Getränkedosen im Bundesrat gescheitert.

Damit tritt ab dem kommenden Jahr nach geltendem Recht eine reduzierte Dosenpfand-Regelung in Kraft, voraussichtlich nur auf Bier und Mineralwasser. Das kündigte Trittin unmittelbar nach der Entscheidung im Bundesrat an. Genau diese Spaltung des Marktes hatte die Regierung mit der neuen Regelung verhindern wollen.

Die Länder hatten zuvor in einer spannenden Abstimmung einen Antrag von Rheinland-Pfalz angenommen. Dieser sieht eine Selbstverpflichtung der Wirtschaft zur Stabilisierung des Mehrwegsystems anstatt eines Dosenpfandes vor. Ob Berlin diesem Antrag folgen wird, erscheint nun sehr fraglich.

Der Bundesrat billigte weitere Neuerungen:
• Das Kindergeld wird zum 1. Januar 2002 auf mehr als 300 Mark für das erste und zweite Kind angehoben.
• Das Rabattgesetz wird gestrichen. Damit darf auf Ladentheken künftig unbegrenzt gefeilscht werden.
• Das Kassenwahlrecht wird geändert. Versicherte können ihre Kasse mit einer Frist von acht Wochen kündigen.

Kommentar Seite 2
Bericht auf den Seiten Politik und Wirtschaft

❷ Überprüfe dein Fachvokabular, indem du möglichst präzise Aufbau und Gestaltung ausgewählter Zeitungsartikel aus Tageszeitungen beschreibst.

INFO

Im Zusammenhang mit den meinungsäußernden und wertenden journalistischen Stilformen kommt es besonders darauf an, dass gedankliche Strukturen und deren sprachliche Verknüpfung richtig erkannt werden. Grundsätzlich ist dabei zu unterscheiden, ob es sich bei einzelnen Aussagen um eine **These** bzw. **Behauptung**, eine **Begründung** zur These oder um belegende **Beispiele** handelt.
Die Beurteilung einer → Argumentation hängt ganz wesentlich davon ab, wie viele Argumente zu einem Sachverhalt genannt werden und ob sie vollständig sind.

Alltäglicher Rassismus

Schwarze sind als „äußerlich erkennbare Minderheit" in Deutschland besonders häufig und in besonderem Ausmaß mit Rassismus konfrontiert. Dies stellte der Bericht der Europäischen Kommission gegen Rassismus und Intoleranz (ECRI) 2003 fest. Unter den mehr als hundert Todesopfern rechter Gewalt seit 1990 befinden sich fünfzehn dunkelhäutige Opfer und etwa ebenso viele aus der Türkei und Südeuropa (die Angaben der Bundesregierung – bis März 2003 39 anerkannte Todesfälle – und die von Zeitungen und Vereinen – mindestens 99 Fälle – gehen allerdings weit auseinander; vgl. „Frankfurter Rundschau" vom 6. März 2003). Bekannt wurden einige Fälle brutalster Gewaltanwendung: Alberto Adriano aus Mozambique starb am 14. Juni 2000 in Dessau an den Folgen rechter Gewalt; Farid Guendoul zog sich, von Rechtsextremisten verfolgt, am 13. Februar 1999 in Guben tödliche Verletzungen zu. Die Täter stammten aus Skinhead- und Neonazigruppen wie der „Weißen Offensive" oder den „White Aryans", deren Namen schon auf ihren programmatischen Rassismus hinweisen.

Fälle offener Gewalt bilden jedoch nur die Spitze des Eisbergs eines alltäglichen Rassismus. Schwarze Bürgerinnen und Bürger beklagen, dass man sie nicht respektiert, sondern mit ihnen wie mit Kindern redet, sich überrascht zeigt, wenn sie gut Deutsch können, ungeniert mit dem Finger auf sie zeigt oder herabsetzende Gesten macht. Sie berichten von „nicht böse gemeinten" Fragen wie „Sie haben doch sicher Rhythmus im Blut bei Ihrer Abstammung" und Wünschen, einmal durch die dunklen Locken des Gegenübers fahren zu dürfen (Die Zeit vom 7. September 2000). Härter äußert sich die feindselige Stimmung in offenen Beleidigungen (wie „Nigger" oder „Bimbo") und Benachteiligungen, die Farbige

---

Behauptung: *Schwarze werden in Deutschland in besonderem Ausmaß mit Rassismus konfrontiert.*

1. Begründung: *Häufigkeit der Gewalt gegen schwarze Bürgerinnen und Bürger*

Beispiele: *Zahlen und Fakten zu gewalttätigen Übergriffen in Deutschland seit 1990*

bei der Wohnungs- und Arbeitssuche, in Geschäften, Diskotheken, Behörden, Krankenhäusern und öffentlichen Verkehrsmitteln über sich ergehen lassen müssen. Die Übergriffe reichen bis hin zu Schikanen und Gewalt durch die Polizei und andere Behörden, die Schwarze manchmal von vornherein wie Kriminelle behandeln, wobei dieser Machtmissbrauch zumeist unbekannt oder ungesühnt bleibt. Es hat vom Europarat und den Vereinten Nationen wiederholt Kritik an den Übergriffen der deutschen Polizei auf Ausländer gegeben (vgl. die Dokumentation der Aktion Zivilcourage, Polizeiübergriffe auf Ausländerinnen und Ausländer in Deutschland 2000–2003). Die Beleidigten oder gar Angegriffenen beklagen, dass man ihnen nur selten zu Hilfe kommt.

③ Ergänze Markierungen und Legenden im Text, um den gedanklichen Aufbau des Textauszugs zu verdeutlichen.

④ Der Text enthält drei → Thesen zu Formen des alltäglichen Rassismus. Erkläre, durch welche sprachlichen Besonderheiten zu erkennen ist, dass es sich um Thesen handelt.

Zum Beleg von Begründungen sollten in argumentativen Texten **Beispiele** angeführt werden, z. B. als allgemein gültig vorausgesetzte Aussagen und Sachverhalte, aktuelle Daten und Fakten, Zitate aus renommierten Zeitschriften und Büchern, persönlich Erlebtes …

⑤ Überprüfe im Text, welche Art von Beispielen verwendet werden.

INFO

Werbeanzeigen aus Zeitungen oder Illustrierten können im Teil I der *Zentralen Prüfung* auch als medialer Text ausgewählt werden. Ein besonderer Schwerpunkt der Fragen betrifft dabei die Sprache des Bildes und das Text-Bild-Verhältnis. Nähere Informationen dazu findest du im Kapitel *Mediale Texte* (→ S. 190 ff.).

Aufgabenbeispiele Teil I Leseverstehen/Reflexion über Sprache

Lösungen

Lösungen zu Michaela Seul *Allmorgendlich*, S. 26 f.

Aufgabe 1	Pronomen
Aufgabe 2	Aussage b) ist zutreffend
Aufgabe 3	a) Präteritum b) Perfekt c) Präteritum
Aufgabe 4	Der Text beschreibt im Rückblick eine bereits zurückliegende Begebenheit, die durch die Einsicht im Schlusssatz beendet wird.
Aufgabe 5	Im Gegensatz zum übrigen Text, der über Vergangenes berichtet, beschreibt dieser Satz eine Aussage, die für den Erzähler immer zutreffend ist.
Aufgabe 6	„belegte Brote", „Brot" = sachliche Beschreibung des Wesentlichen; „Stulle" – eher umgangssprachliche Formulierung, die Schlichtheit bzw. Derbheit der Speise stark in den Vordergrund stellt.

Lösungen zu Detlef Marwig *Rein äußerlich*, S. 30 f.

Aufgabe 1	Präsens = Zeile 1–15; Zeile 27 ; Zeile 31 Präteritum = Zeile 16–26, Zeile 28–30; Zeile 32–34
Aufgabe 2	Präsens wird verwendet, wenn der Erzähler über seine Begegnung mit Irene berichtet. Präteritum wird verwendet, wenn direkt über die zurückliegende Auseinandersetzung zwischen Irene und der Kassiererin berichtet wird.
Aufgabe 3	Aussage b) trifft zu.
Aufgabe 4	Irene wird als ein Charakter mit menschlichen Eigenschaften dargestellt, während die Kassiererin ein Typus ohne spezifische Persönlichkeitsmerkmale bleibt.
Aufgabe 5	Inhalt, verkürzter Satzbau und fehlerhafte bzw. lautmalende Rechtschreibung („ausse" für „aus den") hinterlassen den Eindruck, dass es sich um eine niveaulose und umgangssprachliche Äußerung handelt.
Aufgabe 6	Aussage c) ist zutreffend.
Aufgabe 7	Es handelt sich um eine Personifikation.

Aufgabe 8	Die Überschrift betont einerseits, wie stark man nach rein äußerlichen Merkmalen beurteilt wird, weist andererseits aber auch darauf hin, wie sehr Vorurteile an Äußerlichkeiten gebunden sind.

Lösungen zu *Jugendliche lernen Demokratie*, S. 36

Aufgabe 1	Aussage a) ist zutreffend.
Aufgabe 2	„mit Einschränkungen" ist zutreffend, da der Text zwar im Wesentlichen der Textsorte *Nachricht* enspricht, aber auch eine meinungsäußernde Passage enthält (vgl. Z. 21–29).
Aufgabe 3	*Schlagzeile* = Jugendliche lernen Demokratie; *Untertitel* = Zuständige der Stadt kümmern sich um Mädchen und Jugen, die in die rechte Szene abrutschen; *Informationskern* = Gründung des Projekts „Demokratie live" mit der Jugendgerichtshilfe; *Erläuternde Details* = Hilfe für die Rückkehr rechter Jugendlicher in die Gesellschaft, Gespräche über Nazidiktatur; *Ergänzende Einzelheiten* = Fahrtenprogramm
Aufgabe 4	Aussage b) ist zutreffend, da es nicht um neue Perspektiven für alle Jugendlichen geht, sondern um neue Perspektiven für eine bestimmte Gruppierung (rechtsradikale Jugendliche)
Aufgabe 5	„dumpf" ist gemeint im Sinne von „einfältig" bzw. „dumm und gefährlich"; das Adjektiv „dumm" würde z. B. nicht auf die Gefährlichkeit verweisen
Aufgabe 6	Aussage c) ist zutreffend.

Aufgabenbeispiele | Teil II | Literarische Texte

Epischer Text

Rahmenthema: Der Lebensraum Stadt im 20.Jahrhundert

Aufgabentyp 4a
Einen literarischen Text analysieren und interpretieren

Aufgaben

① Gib das erzählte Geschehen des folgenden Textes in eigenen Worten wieder und benenne Thematik und Textsorte.

② Untersuche die Erzählweise des Textes und beschreibe die besonderen erzählerischen und sprachlichen Mittel.

③ Interpretiere die hier gegebene Darstellung der Beziehung von Mensch und Tier im Lebensraum Stadt.

Der Hund im Thyssen-Kanal *Theodor Weißenborn*

Es regnete. Die Stadt lag versunken in strähnendem Grau, schwere Wolkenballen lagerten bleiern über ihrem Häusermeer und verhüllten den Himmel. Der Wind hatte den Schleier aus Staub und Ruß, der wie eine Nebeldecke über den Dächern gehangen hatte, tief in die Straßen
5 hinabgedrückt. Er stob über die Parkplätze, peitschte die Scheiben der Autos mit Tropfen und Staubkörnern und trieb das schmutzige Nass rillend und quirlend vor sich her über die dampfenden Asphaltbahnen der Fahrwege. Trotz dem Regen brodelte der Verkehr in den Straßen kaum weniger lebhaft als gewöhnlich. Aber die hastenden Menschen
10 und die jagenden Maschinen vermochten nicht, dem Tag auch nur ein weniges von seiner Trostlosigkeit zu nehmen.
In der Halle einer Unterführung, nicht weit vom Stinnes-Platz, kauerte ein Hund. Er hockte zitternd an der Kante des Bürgersteigs neben dem Rinnstein und stempelte den Boden mit seinen nassen Pfoten. Er trieb
15 sich schon seit zwei Wochen in der Nähe des Stinnes-Platzes herum und kauerte in der Halle seit den frühen Morgenstunden.
Am Tage der Eröffnung der Industrieschau war der Mensch, der es gut mit ihm meinte, mit ihm in die Stadt gekommen. Der Hund wusste nicht, dass es am ersten Tag jener großen Ausstellung gewesen aber,

aber er erinnerte sich an die bunten Tücher, die überall in der Luft geflattert hatten, an den großen Plätzen und in den mit Menschen und stählernen Tieren überfüllten Straßen, und er trug noch den unaufhörlich gellenden Lärm in den Ohren, der aus den hier und da an den Hauswänden hängenden Blechkästen gekommen war.
In der Nähe des Stinnes-Platzes hatten sie die Straße überqueren wollen. Da, plötzlich war eines der langgestreckten stählernen Tiere auf blitzschnellen runden Füßen herangeglitten, hatte ein wütendes Geheul ausgestoßen, mit den Zähnen geknirscht – und den Menschen, der es gut mit ihm meinte, angefallen und mit dem breiten, silberstarrenden Maul verschlungen.
Darauf hatte es wenige Augenblicke reglos verharrt und war dann zurückgeschlichen, als ob es seine Tat bereue. Aber aus seinen Fängen war Blut getropft, und der Mensch, der es gut mit ihm meinte, hatte zusammengekrümmt und friedlich am Boden gelegen, hatte nicht gerufen, hatte sich nicht bewegt und hatte nur immerzu den Koffer festgehalten. Gleichzeitig waren mit einemmal viele fremde Menschen zusammengelaufen, hatten den am Boden Liegenden beiseite getragen, jemand hatte ihm den Koffer abgenommen und hatte den Hund, der das nicht zulassen wollte, mit einem Tritt verjagt.
Am nächsten Morgen war der vertraute Geruch des Menschen, der es gut mit ihm meinte, überdeckt von Ruß und Benzindünsten, und der Hund war allein in den überall lauernden Gefahren. Er kauerte nun verwahrlost und halbverhungert in der Unterführung, winselte und sah auf die Schuhe der Vorübergehenden.
Gegen Mittag ließ der Regen nach, und er trottete hinaus ins Freie. Er lief durch Eppendorf, über die Wedauer Straße und kam in das Industrieviertel der Stadt. Er wurde verwirrt durch die hohen Mauern, die schrillen Geräusche des ihn umtosenden Verkehrs, das Dröhnen der Maschinen, das in der Luft lag, aber er lief beharrlich weiter. Bei Hansen & Co. wusste er ein hohes Gebäude, aus dem jeden Tag um die Mittagszeit viele kleine Menschen mit Mappen auf dem Rücken kamen. Sie streichelten ihn manchmal und fütterten ihn mit Brot. Er setzte sich an das eiserne Tor, spähte durch die Gitterstäbe und wartete, dass man komme und ihm etwas gebe. Der Regen hatte sein Fell durchnässt, die Haare klebten, seine Pfoten waren wund und schmutzig. Er hatte sich sehr verändert. – Da läutete eine Glocke. Die kleinen Menschen liefen

herbei – aber sie zischten, als sie ihn sahen, trampelten mit den Füßen auf den Boden, klatschten in die Hände, scheuchten ihn vor sich her. Sie wollten ihn nicht wiedererkennen.
60 Er zitterte und winselte in der nassen Kälte und versuchte zu bellen. Da traf ihn ein Stein. Eines der Kinder hatte ihn geworfen. Er trollte sich aufjaulend ein paar Schritte zurück, begann aber sogleich, sich winselnd und kriechend wieder zu nähern.
Da schien eine geheime Verschwörung unter den kleinen Menschen
65 zu entstehen. In stillem Übereinkommen standen sie unbeweglich und beobachteten ihn aus neugierigen, erwartungsvoll lauernden Augen. Und dann bückten sie sich jäh und rafften Steine zusammen, so viele, wie jedes von ihnen in einer Hand fassen konnte. Da begriff er. Im selben Augenblick machte er kehrt und fing an zu laufen. Und auch
70 die Meute hinter ihm setzte sich in Bewegung. Er lief und lief auf seinen wunden Pfoten, Steine prasselten um ihn herum auf das Pflaster, einige trafen ihn.
Auf einer Brücke am Thyssen-Kanal stand, an das Pflaster angelehnt, ein Mann mit einer flachen Mütze und einem blauen Arbeitsanzug.
75 Der Hund hörte hinter sich das Johlen der Meute und lief in höchster Angst auf den Mann zu, um bei ihm Schutz zu suchen. Aber der Mann grinste und stieß das Tier, eben als es an ihm hochspringen wollte, mit einem schweren Fußtritt unter dem Geländer der Brücke hinweg. Der Hund jaulte schrill auf und stürzte hinab in das schmutzige, gärende
80 Wasser. Er schwamm und suchte das Ufer zu erreichen. Er erreichte es auch. Aber das Ufer war mit einer steilen Betonmauer eingefasst, an der seine haltsuchenden Pfoten wieder und wieder abglitten. Die Mauer war sehr lang. Da sank er zum ersten Mal unter.
Er tauchte wieder auf, seine Bewegungen waren matt, einen Augenblick
85 lang sah er die Brücke, dann sank er zum zweite Mal unter.
Nach seinem dritten Auftauchen trieb er ruhig an der Oberfläche des Wassers dahin. Seine verzweifelten Bewegungen hatten aufgehört, das Wasser um in herum hatte sich geglättet, und der Mann auf der Brücke grinste und zündete sich eine Zigarette an.
90 Der Strom nahm das Wasser des Kanals auf und trieb den Hund als ein winziges Knäuel hinaus aus der Stadt, die noch immer unter dem Schleier von Staub und Ruß begraben lag. Er führte ihn hinweg von den rauchenden Schloten und trug ihn auf seiner glitzernden Oberfläche

sicher und geborgen in das Land. In der Nähe von Meggenheim wurde
sein Körper ans Ufer geschwemmt, wo er in einem Binsengebüsch hängen
blieb. Dicht dabei lag der kleine Kai, auf dem man zu den Fährbooten
gelangte. Das Kind des Kahnwächters spielte auf dem Bohlensteg, erblickte das Tier und sagte zu seinem Vater: „Da! Ein Hund!"
„Er wird aus der Stadt getrieben sein", erwiderte der Kahnwächter
gleichmütig.
„Armer Hund!" fügte das Kind hinzu. Aber der Hund hörte es nicht mehr.
Mit toten, starr geöffneten Augen hing er in dem Binsengebüsch, und
die Wellen wiegten ihn hin und her, zu derselben Zeit, als der Mann
auf der Brücke des Thyssen-Kanals den fünften Zigarettenstummel ins
Wasser warf und sich zum Gehen wandte.

Kompetenzbezug

- **Lesen – Umgang mit Texten**
  - die erzählte Handlung erfassen und wiedergeben
  - die Figuren-, Raum- und Zeitdarstellung bestimmen
  - die Sprache (z. B. die Bildsprache mit Metaphern) verstehen und beschreiben
  - die Besonderheiten der Textsorte (hier: Kurzgeschichte) beachten
  - über den Inhalt des Textes nachdenken

- **Schreiben**
  - den Inhalt (hier: die erzählte Handlung) des Textes strukturiert und zusammenfassend darstellen
  - Textbeschreibungen und -deutungen begründen
  - sachlich angemessen und flexibel schreiben

- **Reflexion über Sprache**
  - Formen des literarischen Sprachgebrauchs (hier: Art und Weise des Erzählens) erkennen und für die Beschreibung und Interpretation nutzen
  - Besonderheiten der Textwiedergabe kennen und berücksichtigen
  - Gedanken in der argumentativen Darstellung verknüpfen

Leistungserwartungen

- **Verstehensleistung**
  Zu Aufgabe 1:
  Die erzählte Handlung geht aus den im Text gegebenen Darstellungen hervor. Dabei sind folgende Elemente wichtig:
  - Die Trostlosigkeit einer Großstadt wird beschrieben, der ein Hund hilflos ausgeliefert ist.
  - Es wird erzählt, wie dieser Hund seinen Herrn verloren hat.
  - Auf der Suche nach Futter durchquert der Hund die Stadt und wird von Kindern verjagt.
  - Ein Mann stößt ihn in den Thyssen-Kanal, wo er ertrinkt.
  - Das tote Tier wird von der Strömung fortgetragen bis es in einem Gebüsch hängen bleibt.
  - Ein Kind entdeckt und bedauert ihn.

Zu Aufgabe 2:
Die besonderen sprachlichen und erzählerischen Mittel zur Darstellung der Handlung und des Geschehens müssen erkannt und bestimmt werden.
- Die Stadt wird im ersten Teil mittels zahlreicher Verben und Adjektive als abstoßende, feindliche Welt beschrieben, z. B. „strähnendem Grau", „lagerten bleiern", „trieb das schmutzige Nass rillend und quirlend", „die hastenden Menschen und die jagenden Maschinen".
- Bei der Beschreibung des Hundes häufen sich Wiederholungen, z. B. „kauerte" (dreimal), „winseln" (dreimal), „jaulen" (zweimal).
- Bei der Beschreibung der Natur fallen Personifizierungen auf, z. B. „der Strom ... trieb den Hund", „er trug ihn".
- Das Geschehen wird weitgehend in der Perspektive des Hundes erzählt, was vor allem bei der Schilderung des Unfalls auffällt, wo eine bildliche Formulierung (→ Metapher) für das Fahrzeug die Sicht des Tieres deutlich macht („eines der langgestreckten stählernen Tiere auf blitzschnellen runden Füßen"). Am Schluss der Erzählung wird vor allem in die Perspektive des Kindes gewechselt.

Zu Aufgabe 3:
- Die Menschen in der Stadt beachten den Hund nicht, sie sind Teil der beschriebenen „Trostlosigkeit" der Stadt.
- Die Stadt bietet dem einsamen Hund keinen Raum zum Leben.

- Die Kinder, bei denen der Hund Nahrung sucht, kennen nur das „Kuscheltier" Hund, „er hatte sich sehr verändert", „sie wollten ihn nicht wiedererkennen", als ein Kind einen Stein wirft, werden auch die anderen zur „Meute", die das Tier hetzt.
- Der Mann, der den Hund schließlich in den Kanal stößt, sieht ihn nur als Sache, als Gegenstand. Der Mann wird als gleichgültig und brutal dargestellt.
- Nur ein Kind hat mit dem Tier Mitleid („armer Hund").
- Die Gründe für das Verhalten werden nicht ausgesprochen, aber die Leser müssen sich aufgefordert fühlen, selbst diese zu suchen und dabei das Leid des Tieres zu bedauern.

• **Argumentationsleistung**
Die Textbeschreibung sollte von einer Beurteilung oder eigenen Stellungnahme getrennt werden und möglichst sachbezogen die Textgestaltung beschreiben. Aussagen über diese Textgestaltung (z. B. sprachliche und erzählerische Mittel) sollten mit Belegen (Zitaten, Nennung von Textstellen, paraphrasierende Wiedergabe) gestützt und abgesichert werden. Interpretationen sollten widerspruchsfrei und schlüssig entwickelt und dargestellt werden. Alle interpretierenden Aussagen sollten begründet werden.

• **Darstellungsleistung**
Titel, Thematik und Textsorte sollten in einem einleitenden „Basissatz" genannt werden. Als Thematik ist die Darstellung eines rücksichtslosen Umgangs mit einem Tier zu sehen. Geschehen und Handlung sollten in eigenen Worten wiedergegeben werden. Dabei sollte sich die Wiedergabe nicht zu eng an Aufbau und Wortlaut der Vorlage orientieren.
Die Darstellung sollte in einer sachlichen, allgemein verständlichen Sprache sowie mit entsprechenden Fachbegriffen formuliert sein. Dabei sind die Regelungen in Rechtschreibung, Zeichensetzung und Grammatik zu beachten.

Aufgabenbeispiele | Teil II | Literarische Texte

Lyrische Texte

Rahmenthema: Der Lebensraum Stadt im 20.Jahrhundert

Aufgabentyp 4a
Einen literarischen Text analysieren und interpretieren

Aufgabe
In den folgenden Gedichten wird das Verhältnis der Menschen zur Stadt thematisiert. Arbeite die Unterschiede und Gemeinsamkeiten in der Darstellung dieses Verhältnisses heraus.

Die Stadt *Theodor Storm*

Am grauen Strand, am grauen Meer
Und seitab liegt die Stadt;
Der Nebel drückt die Dächer schwer,
Und durch die Stille braust das Meer
5   Eintönig um die Stadt.

Es rauscht kein Wald, es schlägt im Mai
Kein Vogel ohn Unterlass;
Die Wandergans mit hartem Schrei
Nur fliegt in Herbstesnacht vorbei
10 Am Strande weht das Gras.

Doch hängt mein ganzes Herz an dir,
Du graue Stadt am Meer;
Der Jugend Zauber für und für
Ruht lächelnd doch auf dir, auf dir,
15 Du graue Stadt am Meer.

Aufgabenbeispiele | Teil II | Literarische Texte

Der Gott der Stadt *Georg Heym*

Auf einem Häuserblocke sitzt er breit.
Die Winde lagern schwarz um seine Stirn.
Er schaut voll Wut, wo fern in Einsamkeit
Die letzten Häuser in das Land verirrn.

5 Vom Abend glänzt der rote Bauch dem Baal,
Die großen Städte knien um ihn her.
Der Kirchenglocken ungeheure Zahl
Wogt auf zu ihm aus schwarzer Türme Meer.

Wie Korybanten-Tanz dröhnt die Musik
10 Der Millionen durch die Straßen laut.
Der Schlote Rauch, die Wolken der Fabrik
Ziehn auf zu ihm, wie Duft von Weihrauch blaut.

Das Wetter schwelt in seinen Augenbrauen.
Der dunkle Abend wird in Nacht betäubt.
15 Die Stürme flattern, die wie Geier schauen
Von seinem Haupthaar, das im Zorne sträubt.

Er streckt ins Dunkel seine Fleischerfaust.
Er schüttelt sie. Ein Meer von Feuer jagt
Durch eine Straße. Und der Glutqualm braust
20 Und frisst sie auf, bis spät der Morgen tagt.

Kompetenzbezug

- **Lesen – Umgang mit Texten**
  - das dargestellte Thema (hier: Beschreibungen der Städte) erfassen und wiedergeben
  - die Sprache (z. B. die Bildsprache mit Metaphern) verstehen und beschreiben
  - die Besonderheiten der Form des Textes (hier: Gedichte) beachten
  - über den Inhalt der Texte nachdenken

- **Schreiben**
  - den Inhalt (hier: Darstellung der Städte) des Textes strukturiert und zusammenfassend darstellen
  - Textbeschreibungen und -deutungen begründen
  - sachlich angemessen und flexibel schreiben

- **Reflexion über Sprache**
  - Formen des poetischen Sprachgebrauchs (hier Art und Weise der Beschreibung der Städte) erkennen und
  - für die Beschreibung und Interpretation nutzen
  - Gedanken in der argumentativen Darstellung verknüpfen

Leistungserwartungen

- **Verstehensleistung**
  Das jeweilige Verhältnis zur Stadt geht aus den in den Texten gegebenen Darstellungen hervor. Dabei sind folgende Aspekte wichtig:
  - *Gemeinsamkeiten:* In beiden Gedichten geht es um das Leben in der Stadt, in beiden Fällen wird sie personifiziert: Im ersten Gedicht wird sie wie eine Person angesprochen („du"), im zweiten in der Person des Gottes der Stadt verkörpert. Auch in der sprachlichen Form sind Gemeinsamkeiten zu erkennen. In beiden Gedichten finden sich regelmäßige → Vers- und Reimformen und in beiden werden → Personifikationen und Bilder zur Darstellung genutzt.
  - *Unterschiede:* Die Reimform des ersten Gedichts folgt dem Schema abaab, cdccd ... usw., die des zweiten Gedichts dem Schema abab, cdcd ... ist also alternierend bzw. ein Kreuzreim. Im Vergleich wird deutlich, dass im ersten Fall ein Reim als Klang jeweils eine Strophe bestimmt bzw. sich durchsetzt. Dies kann auf die besondere Bedeutung der Stadt für das → lyrische Ich bezogen werden.

  Im ersten Gedicht spricht ein → lyrisches Ich von seinem Verhältnis zu der beschriebenen Stadt. Die Stadt wird durch ihre ungeschützte Lage nicht begünstigt, die sie umgebende Natur erscheint als hart, aber nicht als zerstörerisch. Diese Stadt wird als grau und eintönig bezeichnet, dennoch aber hat sie einen „Zauber der Jugend", der sie liebenswert und (zumindest für das lyrische Ich) sympathisch macht. Das lyrische Ich spricht die Stadt mit „Du" an, das Verhältnis zwischen Ich und Stadt erscheint so wie eine persönliche Beziehung zwischen Menschen. Die Beschreibungen dieses Verhältnisses bekommen so auch den Charakter einer Liebeserklärung („doch hängt mein ganzes Herz an dir").

Im zweiten Gedicht wird ein Gott beschrieben, der die Städte beherrscht. So ist auch nicht von einer besonderen, individuellen Stadt die Rede, sondern von großen Städten, die vor dem Gott knien. Ein lyrisches Ich ist nicht erkennbar und Menschen werden nur als „Millionen" angesprochen, die die Städte bevölkern. Das Verhältnis zwischen Mensch und Stadt ist im Vergleich mit dem anderen Gedicht ohne persönlichen Bezug, es kann sogar als entpersönlicht aufgefasst werden. Die Menschen gehen in den Städten unter, sie sind nicht als Einzelne erkennbar, sondern nur als Menge, die durch die Straßen der Städte tobt, ohne Bewusstsein („Korybanten"). Die Menschen sind somit das Gefolge des Gottes, der dadurch auch das Leben in einer (Groß- und Industrie-)Stadt verkörpert. Das wird vor allem dort deutlich, wo der Rauch der Fabrikschornsteine mit Weihrauch verglichen wird: Die Menschen huldigen mit ihrem Tun diesem Gott, der die Stadt beherrscht und sich an die Stelle der noch (von ihm) unbeherrschten Natur setzen möchte („Er schaut voll Wut, wo fern in Einsamkeit/Die letzten Häuser in das Land verirrn."). Die Macht dieses Gottes ist gewaltig und seine Herrschaft erscheint gewaltvoll, was vor allem in der letzten Strophe angesprochen wird. Dort werden etwa Stürme beschrieben, die wie Geier vom Kopf des Gottes aus nach Beute Ausschau halten.

Wie der natürliche Wechsel etwa von Tag und Nacht von diesem Gott verdrängt und durch seine Gewalt ersetzt wird, zeigen die metaphorischen Beschreibungen in der vierten und fünften Strophe. Wenn der Gott der Stadt vor allem als Personifizierung der Industrie und der Industriearbeit verstanden werden kann, dann kann man sagen, dass diese nun alle natürlichen Abläufe zerstört hat und das Leben der Menschen in der Stadt völlig unterworfen hat. In der Darstellung des Verhältnisses von Mensch und Stadt kann demnach Kritik an der Herrschaft der Industrie erkannt werden, aber auch so etwas wie Faszination von der Macht der industriellen Entwicklung.

- **Argumentationsleistung** vgl. S. 51

- **Darstellungsleistung**
In einer passenden Einleitung sollten die Gedichte mit Autoren, Titel und Themen angesprochen werden. Als Thematik ist die Darstellung von Ansichten und Erfahrungen einer Stadt zu sehen. Für den Vergleich sollten jeweils Gemeinsamkeiten und Unterschiede der Gedichte dargestellt werden. Des Weiteren vgl. auch S. 51.

Aufgabenbeispiele | Teil II | Literarische Texte

Epische Texte

Rahmenthema: Vorurteile – Stereotype – Feindbilder:
Sprachliches und soziales Verhalten, seine Ursachen und Wirkungen

Aufgabentyp 4b
Durch Fragen bzw. Aufgaben geleitet: aus kontinuierlichen und/oder diskontinuierlichen Texten Informationen ermitteln, Informationen vergleichen, Textaussagen deuten und abschließend reflektieren und bewerten

Aufgaben

1. Beschreibe die Gemeinsamkeiten der beiden Texte und erläutere die Bedeutung, die *Aus dem Leben eines Taugenichts* für das „Du" in der Erzählung *Entfremdung* hat.

2. Beschreibe die Erzählweise und die verwendeten Erzähltechniken des Textes *Entfremdung*.

3. Erörtere mögliche Gründe für die hier deutlich werdenden Erfahrungen von Ausländern in unserer Gesellschaft.

Entfremdung   *Tülin Emircan*

Im Jahr 1979 sind Ausländer aufgefordert worden, ihr Leben in Deutschland zu beschreiben. Dabei sind Berichte, Erzählungen und Gedichte entstanden. Die folgende Erzählung stammt von einer 1961 in Deutschland geborenen Türkin.

Ich weiß, dass Du nicht schläfst, ich höre Dich in Deinem Zimmer auf und ab gehen. Du bist verzweifelt, verzweifelt und müde. Dennoch findest Du keinen Schlaf. Du bist nicht mehr derselbe. Ich erinnere mich noch an Dein übermütiges Lachen, als wir aus dem Zuge stiegen. Du
5   warst gespannt auf Deutschland. Deine Begeisterung war uns, die wir uns fürchteten, willkommen. Wir hatten Angst, Angst vor der Sprache und Angst vor den Menschen. Du hast nur über uns gelacht.

Die Anforderungen, die der Sprachkurs stellte, waren nicht hoch. Und
doch hast Du Tag und Nacht gearbeitet. Du meintest, dass es endlich
an der Zeit sei, den „Taugenichts" auf Deutsch zu lesen. Als ich Dich
kennen lernte, lag das Buch schon auf Deinem Nachttisch. Auch Dich
zog es hinaus in die Fremde, fort von Deines Vaters Mühle.
Deine Bücher waren es, die Dich betrogen haben. Sogar Eichendorff
hat Dich zum Narren gehalten. Dass Deutschland in Dir einen Fremden
sehen würde, daran hattest Du nicht gedacht. Die Menschen haben sich
von Dir abgewendet. Auch Dein Lachen haben sie überhört. Vom Leben
wollen sie nichts mehr wissen, sie haben aufgehört, nach Schönheit zu
streben. Dir war, als ob Du mit jedem Tag dahinstürbest.
Du fuhrst zurück in die Heimat, und trotzdem war uns beiden nicht
wohl dabei. Wir hatten uns nicht geirrt. Zwei Wochen später standest
Du an der Tür. Du hattest beschämt den Blick gesenkt. Als ich Dich
bat, mich anzusehen, sagtest Du nur: „Lieber Fremder in der Fremde
als Fremder im eigenen Land".

Aus dem Leben eines Taugenichts   *Joseph von Eichendorff*

*In der 1826 erschienenen Novelle wird der junge Sohn eines Müllers in die
Ferne geführt. Seine Reise geht über Wien nach Italien und wieder zurück in
die Heimat. Der folgende Auszug ist der Anfang der Erzählung:*

Das Rad an meines Vaters Mühle brauste und rauschte schon wieder
recht lustig, der Schnee tröpfelte emsig vom Dache, die Sperlinge zwit-
scherten und tummelten sich dazwischen; ich saß auf der Türschwelle
und wischte mir den Schlaf aus den Augen; mir war so recht wohl in
dem warmen Sonnenscheine. Da trat der Vater aus dem Hause; er hatte
schon seit Tagesanbruch in der Mühle rumort und die Schlafmütze
schief auf dem Kopfe, der sagte zu mir: „Du Taugenichts! da sonnst du
dich schon wieder und dehnst und reckst dir die Knochen müde, und
lässt mich alle Arbeit allein tun. Ich kann dich hier nicht länger füttern.
Der Frühling ist vor der Tür, geh auch einmal hinaus in die Welt und
erwirb dir selber dein Brot."
„Nun", sagte ich, „wenn ich ein Taugenichts bin, so ist's gut, so will
ich in die Welt gehen und mein Glück machen." Und eigentlich war
mir das recht lieb, denn es war mir kurz vorher selber eingefallen, auf

15 Reisen zu gehn, da ich die Goldammer, welche im Herbst und Winter immer betrübt an unserm Fenster sang: „Bauer, miet' mich, Bauer miet' mich!" nun in der schönen Frühlingszeit wieder ganz stolz und lustig vom Baume rufen hörte: „Bauer, behalt deinen Dienst!"
Ich ging also in das Haus hinein und holte meine Geige, die ich recht
20 artig spielte, von der Wand, mein Vater gab mir noch einige Groschen Geld mit auf den Weg und so schlenderte ich durch das lange Dorf hinaus. Ich hatte recht meine heimliche Freude, als ich da alle meine alten Bekannten und Kameraden rechts und links, wie gestern und vorgestern und immerdar, zur Arbeit hinausziehen, graben und pflügen
25 sah, während ich so in die freie Welt hinausstrich. Ich rief den armen Leuten nach allen Seiten recht stolz und zufrieden Adies zu, aber es kümmerte sich eben keiner sehr darum.

Kompetenzbezug

- **Lesen – Umgang mit Texten**
  - die erzählten Handlungen erfassen und wiedergeben
  - die Figuren-, Raum- und Zeitdarstellung bestimmen
  - die Sprache (z. B. die Bildsprache mit Metaphern) verstehen und beschreiben
  - die Besonderheiten der Textsorte (hier: Erzählung und Kurzgeschichte) beachten
  - über den Inhalt des Textes nachdenken

- **Schreiben**
  - den Inhalt (hier: die erzählte Handlung) der Texte strukturiert und zusammenfassend darstellen
  - Textbeschreibungen und -deutungen begründen
  - sachlich angemessen und flexibel schreiben

- **Reflexion über Sprache**
  - Formen des literarischen Sprachgebrauchs (hier: Art und Weise des Erzählens) erkennen und für die Beschreibung und Interpretation nutzen
  - Besonderheiten der Textwiedergabe kennen und berücksichtigen
  - Gedanken in der argumentativen Darstellung verknüpfen

Aufgabenbeispiele | Teil II | Literarische Texte

Leistungserwartungen
- **Verstehensleistung**
Zu Aufgabe 1:
Die erzählten Handlungen gehen aus den in den Texten gegebenen Darstellungen hervor. Dabei sind folgende Elemente wichtig: In beiden Texten wird die Freude auf die Reise und die damit verbundene Veränderung des Lebens angesprochen und deutlich gemacht. In *Aus dem Leben eines Taugenichts* wird der Beginn der Reise als unvermittelter Aufbruch des Taugenichts im Ton eines Märchens erzählt. Es ist die Fahrt ins Leben mit unbekanntem Ziel: der Taugenichts will in die Welt gehen und sein Glück machen. Der Ich-Erzähler freut sich auf diese Fahrt, die ihn von seinem alten Leben zu Hause, aber auch von alltäglicher Mühe und Arbeit wegführt.
Nach der Erstarrung des Winters ist bei den Menschen und in der Natur das Leben erwacht und bildet die farbige Kulisse für den Aufbruch. Das dieser auch eine Trennung von dem Vater und der Heimat bedeutet, wird nicht erwähnt oder bedacht. Die Fortbewegung der Reise wird mit der des Mühlrades kontrastiert, das sich zwar (wieder) dreht, aber nicht vom Fleck kommt. Die Freude des Aufbruchs und der Erwartung kommt vor allem im Lied zum Ausdruck, die Zufälle auf dem Weg gehorchen einem übergeordneten, aber nicht durchschaubaren Zusammenhang.
Der Ich-Erzähler charakterisiert sich selber durch die unbefangene, naive Art seines Erzählens. Der Vater und die Kameraden bilden Kontrastfiguren zum Taugenichts, da sie Arbeit und regelmäßiges Tun am gleichen Ort verkörpern. Aus der Sicht des Ich-Erzählers ist deren Tätigkeit entweder „lustig", ein „Rumoren" oder eine sich immer wiederholende Arbeit auf dem Feld. Die Natur ist Auslöser und Rahmen für den Aufbruch zugleich: Schneeschmelze, Frühling und das Zwitschern der Vögel sind zudem Ausdruck für die Stimmung des Ich-Erzählers, der selbst vom Dienst beim Bauern oder Vater nichts wissen will. Wenn der Taugenichts die Sprache der Vögel (und der Natur) zu verstehen meint, wird (für die Leser) erkennbar, wie er das Lied des Vogels im Sinne seiner Wünsche und Bedürfnisse interpretiert.
Vor allem die positive Aufbruchstimmung aus der Erzählung vom Taugenichts ist es, was die große Bedeutung für das „Du" aus dem Text von Emircan ausmacht. Der Satz: „Auch Dich zog es hinaus in die Fremde, fort von Deines Vaters Mühle", bezieht sich auf diesen Aspekt. Beide, das Du und der Taugenichts, wollen weg von Zuhause und hoffen auf ein anderes, besseres Leben an einem anderen Ort.

Die Erfahrung, fremd geblieben zu sein, auch wenn man Sprache und Kultur des anderen Landes versteht, haben die Figuren aus der Erzählung *Entfremdung* machen müssen. Nun stehen sie zwischen zwei Welten: Sie haben die Verbindung zur alten Heimat verloren und sind Fremde in der neuen geblieben. Die Distanz zwischen Heimat und Fremde wird in diesem Text ausdrücklich hervorgehoben und als Motiv des Reisens thematisiert. Allerdings wird die Fremde, also Deutschland, als Ort der Sehnsucht nun selbst zum Problem, indem sie eben die Erwartungen der Reisenden nicht erfüllt. Die Fremde bleibt fremd und kann nicht angeeignet werden. Das Ziel der Sehnsucht verwandelt sich in einen Ort der Angst, gerade durch die Andersartigkeit (der Sprache und der Menschen) dort. Dies gilt schließlich auch für die alte Heimat, die einem fremd geworden und in der man nun selbst Fremder ist.

Zu Aufgabe 2:
Die → Erzählperspektive entspricht der eines Ich-Erzählers, der selbst Teil des erzählten Geschehens ist. Der → Erzählstandort ist ohne große räumliche und zeitliche Distanz, der Erzähler steht auch innerlich nah am Geschehen. Die Zeitbehandlung ist stark raffend, in kurzer → Erzählzeit werden Jahre, vielleicht sogar Jahrzehnte umfasst. Der → Erzähler nimmt eine mitfühlende, teilnehmende Haltung ein, dennoch überblickt er kommentierend die Zusammenhänge des Geschehens.

Zu Aufgabe 3:
Offensichtlich hat keine Integration stattgefunden. Leben und Arbeiten in Deutschland haben nicht dazu geführt, ein Gefühl der Zugehörigkeit zu entwickeln. Isolation und Nebeneinanderleben ohne Austausch oder Interesse füreinander können als Gründe angeführt werden.

- **Argumentationsleistung** vgl. S. 51 und 55

- **Darstellungsleistung**
In einer passenden Einleitung sollten die Texte mit Autoren, Titel und Themen angesprochen werden. Als Thematik sind die Darstellung von Erwartungen beim Aufbruch in ein anderes Land sowie die Beschreibung der Enttäuschungen im fremden Land zu sehen. → Geschehen und → Handlung sollten in eigenen Worten wiedergegeben werden. Dabei sollte sich eine Wiedergabe nicht zu eng an Aufbau und Wortlaut der Vorlage orientieren. Des Weiteren vgl. auch S. 51 und 55.

Aufgabenbeispiele | Teil II | Literarische Texte

Epischer Text

Rahmenthema: Vorurteile – Stereotype – Feindbilder:
Sprachliches und soziales Verhalten, seine Ursachen und Wirkungen

Aufgabentyp 4b
Durch Fragen bzw. Aufgaben geleitet: aus kontinuierlichen und/oder diskontinuierlichen Texten Informationen ermitteln, Informationen vergleichen, Textaussagen deuten und abschließend reflektieren und bewerten

Aufgabe

In der Fachkonferenz Deutsch soll darüber entschieden werden, ob diese Erzählung in der Jahrgangsstufe 9 besprochen werden soll. Du nimmst als Schülervertreter/-in an dieser Konferenz teil: Schreibe eine Stellungnahme zu dieser Frage, indem du auf Thematik, Erzählweise und Wirkung dieses Textes eingehst.

Spaghetti für zwei *Federica de Cesco*

Heinz war bald vierzehn und fühlte sich sehr cool. In der Klasse und auf dem Fußballplatz hatte er das Sagen. Aber richtig schön würde das Leben erst werden, wenn er im nächsten Jahr seinen Töff bekam und den Mädchen zeigen konnte, was für ein Kerl er war. Er mochte
5 Monika, die Blonde mit den langen Haaren aus der Parallelklasse, und ärgerte sich über seine entzündeten Pickel, die er mit schmutzigen Nägeln ausdrückte. Im Unterricht machte er gerne auf Verweigerung. Die Lehrer sollten bloß nicht auf den Gedanken kommen, dass er sich anstrengte.
10 Mittags konnte er nicht nach Hause, weil der eine Bus zu früh, der andere zu spät abfuhr. So, aß er im Selbstbedienungsrestaurant, gleich gegenüber der Schule. Aber an manchen Tagen sparte er lieber das Geld und verschlang einen Hamburger an der Stehbar. Samstags leistete er sich dann eine neue Kassette, was die Mutter natürlich nicht wissen
15 durfte. Doch manchmal – so wie heute – hing ihm der Big Mac zum Hals heraus. Er hatte Lust auf ein richtiges Essen. Einen Kaugummi im Mund, stapfte er mit seinen Cowboystiefeln die Treppe zum Restaurant hinauf. Die Reißverschlüsse seiner Lederjacke klimperten bei jedem Schritt. Im Restaurant trafen sich Arbeiter aus der nahen Möbelfabrik.

61

20 Schüler und Hausfrauen mit Einkaufstaschen und kleinen Kindern, die Unmengen Cola tranken, Pommes frites verzehrten und fettige Fingerabdrücke auf den Tischen hinterließen.
Viel Geld wollte Heinz nicht ausgeben; er sparte es lieber für die nächste Kassette. „Italienische Gemüsesuppe" stand im Menü. Warum nicht?
25 Immer noch seinen Kaugummi mahlend, nahm Heinz ein Tablett und stellte sich an. Ein schwitzendes Fräulein schöpfte die Suppe aus einem dampfenden Topf. Heinz nickte zufrieden. Der Teller war ganz ordentlich voll. Eine Schnitte Brot dazu, und er würde bestimmt satt.
Er setzte sich an einen freien Tisch, nahm den Kaugummi aus dem
30 Mund und klebte ihn unter den Stuhl. Da merkte er, dass er den Löffel vergessen hatte. Heinz stand auf und holte sich einen. Als er zu seinem Tisch zurückstapfte, traute er seinen Augen nicht: Ein Schwarzer saß an seinem Platz und aß seelenruhig seine Gemüsesuppe!
Heinz stand mit seinem Löffel fassungslos da, bis ihn die Wut packte.
35 Zum Teufel mit diesen Asylbewerbern! Der kam irgendwo aus Uagadugu, wollte sich in der Schweiz breitmachen, und jetzt fiel ihm nichts Besseres ein, als ausgerechnet seine Gemüsesuppe zu verzehren! Schon möglich, dass sowas den afrikanischen Sitten entsprach, aber hierzulande war das eine bodenlose Unverschämtheit! Heinz öffnete den Mund,
40 um dem Menschen lautstark seine Meinung zu sagen, als ihm auffiel, dass die Leute ihn komisch ansahen. Heinz wurde rot. Er wollte nicht als Rassist gelten. Aber was nun? Plötzlich fasste er einen Entschluss. Er räusperte sich vernehmlich, zog einen Stuhl zurück und setzte sich dem Schwarzen gegenüber. Dieser hob den Kopf, blickte ihn kurz an
45 und schlurfte ungestört die Suppe weiter. Heinz presste die Zähne zusammen, dass seine Kinnbacken schmerzten. Dann packte er energisch den Löffel, beugte sich über den Tisch und tauchte ihn in die Suppe, Der Schwarze hob abermals den Kopf. Sekundenlang starrten sie sich an. Heinz bemühte sich, die Augen nicht zu senken. Er führte mit leicht
50 zitternder Hand den Löffel zum Mund und tauchte ihn zum zweiten Mal in die Suppe. Seinen vollen Löffel in der Hand, fuhr der Schwarze fort, ihn stumm zu betrachten. Dann senkte er die Augen auf seinen Teller und aß weiter. Eine Weile verging. Beide teilten sich die Suppe, ohne dass ein Wort fiel. Heinz versuchte nachzudenken. „Vielleicht hat
55 der Mensch kein Geld, muss schon tagelang hungern. Dann sah er die Suppe da stehen und bediente sich einfach. Schon möglich, wer weiß?

Vielleicht würde ich mit leerem Magen ähnlich reagieren? Und Deutsch kann er anscheinend auch nicht, sonst würde er da nicht sitzen wie ein Klotz. Ist doch peinlich. Ich an seiner Stelle würde mich schämen. Ob Schwarze wohl rot werden können?"
Das leichte Klirren des Löffels, den der Afrikaner in den leeren Teller legte, ließ Heinz die Augen heben. Der Schwarze hatte sich zurückgelehnt und sah ihn an. Heinz konnte seinen Blick nicht deuten. In seiner Verwirrung lehnte er sich ebenfalls zurück. Schweißtropfen perlten auf seiner Oberlippe, sein Pulli juckte, und die Lederjacke war verdammt heiß! Er versuchte, den Schwarzen abzuschätzen. „Junger Kerl. Etwas älter als ich. Vielleicht sechzehn oder sogar schon achtzehn. Normal angezogen: Jeans, Pulli, Windjacke. Sieht eigentlich nicht wie ein Obdachloser aus. Immerhin, der hat meine halbe Suppe aufgegessen und sagt nicht einmal danke! Verdammt, ich habe noch Hunger!"
Der Schwarze stand auf. Heinz blieb der Mund offen. „Haut der tatsächlich ab? Jetzt ist aber das Maß voll! So eine Frechheit! Der soll mir wenigstens die halbe Gemüsesuppe bezahlen!" Er wollte aufspringen und Krach schlagen. Da sah er, wie sich der Schwarze mit einem Tablett in der Hand wieder anstellte. Heinz fiel unsanft auf seinen Stuhl zurück und saß da wie ein Ölgötze. „Also doch: Der Mensch hat Geld! Aber bildet der sich vielleicht ein, dass ich ihm den zweiten Gang bezahle?"
Heinz griff hastig nach seiner Schulmappe. „Bloß weg von hier, bevor er mich zur Kasse bittet! Aber nein, sicherlich nicht. Oder doch?" Heinz ließ die Mappe los und kratzte nervös an einem Pickel. Irgendwie wollte er wissen, wie es weiterging.
Der Schwarze hatte einen Tagesteller bestellt. Jetzt stand er vor der Kasse und – wahrhaftig – er bezahlte! Heinz schniefte. „Verrückt!", dachte er. „Total gesponnen!"
Da kam der Schwarze zurück. Er trug das Tablett, auf dem ein großer Teller Spaghetti stand, mit Tomatensauce, vier Fleischbällchen und zwei Gabeln. Immer noch stumm, setzte er sich Heinz gegenüber, schob den Teller in die Mitte des Tisches, nahm eine Gabel und begann zu essen, wobei er Heinz ausdruckslos in die Augen schaute. Heinz' Wimpern flatterten. Heiliger Strohsack! Dieser Typ forderte ihn tatsächlich auf, die Spaghetti mit ihm zu teilen! Heinz brach der Schweiß aus. Was nun? Sollte er essen? Nicht essen? Seine Gedanken überstürzten sich. Wenn der Mensch doch wenigstens reden würde! „Na gut. Er aß die

Hälfte meiner Suppe, jetzt esse ich die Hälfte seiner Spaghetti, dann sind wir quitt!" Wütend und beschämt griff Heinz nach der Gabel, rollte die Spaghetti auf und steckte sie in den Mund. Schweigen. Beide verschlangen die Spaghetti. „Eigentlich nett von ihm, dass er mir eine Gabel brachte", dachte Heinz. „Da komme ich noch zu einem guten Spaghettiessen, das ich mir heute nicht geleistet hätte. Aber was soll ich jetzt sagen? Danke? Saublöde! Einen Vorwurf machen kann ich ihm auch nicht mehr. Vielleicht hat er gar nicht gemerkt, dass er meine Suppe aß. Oder vielleicht ist es üblich in Afrika, sich das Essen zu teilen? Schmecken gut, die Spaghetti. Das Fleisch auch. Wenn ich nur nicht so schwitzen würde!"

Die Portion war sehr reichlich. Bald hatte Heinz keinen Hunger mehr. Dem Schwarzen ging es ebenso. Er legte die Gabel aufs Tablett und putzte sich mit der Papierserviette den Mund ab. Heinz räusperte sich und scharrte mit den Füßen. Der Schwarze lehnte sich zurück, schob die Daumen in die Jeanstaschen und sah ihn an. Undurchdringlich. Heinz kratzte sich unter dem Rollkragen, bis ihm die Haut schmerzte. „Heiliger Bimbam! Wenn ich nur wüsste, was er denkt!" Verwirrt, schwitzend und erbost ließ er seine Blicke umherwandern. Plötzlich spürte er ein Kribbeln im Nacken. Ein Schauer jagte ihm über die Wirbelsäule von den Ohren bis ans Gesäß. Auf dem Nebentisch, an den sich bisher niemand gesetzt hatte, stand – einsam auf dem Tablett – ein Teller kalter Gemüsesuppe.

Heinz erlebte den peinlichsten Augenblick seines Lebens. Am liebsten hätte er sich in ein Mauseloch verkrochen. Es vergingen zehn volle Sekunden, bis er es endlich wagte, dem Schwarzen ins Gesicht zu sehen. Der saß da, völlig entspannt und cooler, als Heinz es je sein würde, und wippte leicht mit dem Stuhl hin und her.

„Ah ...", stammelte Heinz, feuerrot im Gesicht. „Entschuldigen Sie bitte. Ich ..."

Er sah die Pupillen des Schwarzen aufblitzen, sah den Schalk in seinen Augen schimmern. Auf einmal warf er den Kopf zurück, brach in dröhnendes Gelächter aus. Zuerst brachte Heinz nur ein verschämtes Glucksen zustande, bis endlich der Bann gebrochen war und er aus vollem Halse in das Gelächter des Afrikaners einstimmte. Eine Weile saßen sie da, von Lachen geschüttelt. Dann stand der Schwarze auf, schlug Heinz auf die Schulter.

> „Ich heiße Marcel", sagte er in bestem Deutsch. „Ich esse jeden Tag hier. Sehe ich dich morgen wieder? Um die gleiche Zeit?"
> Heinz' Augen tränten, sein Zwerchfell glühte, und er schnappte nach Luft.
> 135 „In Ordnung!", keuchte er. „Aber dann spendiere ich die Spaghetti!"

Kompetenzbezug

- **Lesen – Umgang mit Texten**
  - die erzählte Handlung erfassen und wiedergeben
  - die Figuren-, Raum- und Zeitdarstellung bestimmen
  - die Sprache des Textes verstehen und beschreiben
  - die Besonderheiten der Textsorte (hier: Kurzgeschichte) beachten
  - über den Inhalt des Textes nachdenken

- **Schreiben**
  - den Inhalt (hier: die erzählte Handlung) des Textes strukturiert und zusammenfassend darstellen
  - Textbeschreibungen und -deutungen begründen
  - sachlich angemessen und flexibel schreiben

- **Reflexion über Sprache**
  - Formen des literarischen Sprachgebrauchs (hier: Art und Weise des Erzählens) erkennen und für die Beschreibung und Interpretation nutzen
  - Besonderheiten der Textwiedergabe kennen und berücksichtigen
  - Gedanken in der argumentativen Darstellung verknüpfen

Leistungserwartungen

- **Verstehensleistung**
  In der Erzählung *Spaghetti für zwei* von Federica de Cesco wird von einem Vierzehnjährigen, Heinz, erzählt, der in der Mittagspause eine Mahlzeit in einem Imbiss einnehmen möchte und dabei glaubt, ein anderer mit schwarzer Hautfarbe esse seine Suppe. Heinz ist innerlich sehr aufgebracht, aber er teilt sich nun Suppe und Spaghetti mit dem Schwarzen (Marcel). Erst danach wird ihm klar, dass er seine eigene Suppe am Nebentisch stehen gelassen und sich im Platz vertan hat. Damit wird ihm auch bewusst, dass er Marcel zu Unrecht verdächtigt hatte. Beide lachen

schließlich über dieses Versehen und verabreden sich für den nächsten Tag zum Essen.
Das Geschehen wird fast ausschließlich aus der Sicht von Heinz in der 3. Person Singular erzählt. Der Erzähler tritt über weite Strecken ganz hinter die Figur von Heinz und beschreibt die Situation beim Mittagessen sowie das Verhalten der Beteiligten aus seiner Sicht. Als Leser erhält man Einblick in die Gedanken und Gefühle von Heinz, und man beurteilt die Entwicklung auf der Grundlage der Einschätzungen, die Heinz vornimmt. Erst als Heinz seinen Irrtum bemerkt, können auch die Leser die wirklichen Zusammenhänge erkennen, und das Verhalten von Heinz und Marcel erscheint für sie ebenfalls in ganz anderem Licht. Die Annahmen und Einschätzungen von Heinz stellen sich als falsch oder zumindest als sehr voreilig heraus. Das, was Heinz während des Essens durch den Kopf geht, könnten so auch die Gedanken der Leser sein, die sie in einer solchen Situation hätten. Die emotionalen Reaktionen von Heinz, vor allem sein Unwillen und die Ablehnung des anderen, beruhen auf voreiligen Schlüssen. Er erkennt schließlich selbst (und die Leser mit ihm), dass seine Vorstellungen vom Verhalten des ihm fremd Erscheinenden der Grundlage entbehren und mit der Realität nichts zu tun haben. Seine vorschnellen Urteile sind ihm peinlich und er versucht sich zu entschuldigen.
Die überraschende Wendung der Geschichte ist zugleich deren Höhepunkt, die Spannung löst sich an der Stelle, wo Heinz sein Versehen bemerkt. Die Situation entspannt sich deutlich und geht in ein gemeinsames Lachen von Heinz und Marcel über, und im Rückblick erscheint die ganze Entwicklung als außerordentlich komisch.

- **Argumentationsleistung**

Die Textbeschreibung sollte zunächst von einer Beurteilung oder eigenen Stellungnahme getrennt werden und möglichst sachbezogen die Textgestaltung beschreiben. Aussagen über diese Textgestaltung (z. B. sprachliche und erzählerische Mittel) sollten mit Belegen (Zitaten, Nennung von Textstellen, paraphrasierende Wiedergabe) gestützt und abgesichert werden. Interpretationen sollten widerspruchsfrei und schlüssig entwickelt und dargestellt werden. Alle interpretierenden Aussagen sollten begründet werden.
Die geforderte → Stellungnahme müsste den Inhalt, die Erzählweise und die Wirkung des Textes beschreiben und in die → Erörterung einbeziehen. Dabei müsste dann das Für und Wider dargestellt und zu einer Entscheidung geführt werden.

Für die Geschichte spricht die beschriebene Art und Weise des Erzählens. Wie sehr Einschätzungen des Verhaltens anderer, besonders aber von Fremden oder fremd Erscheinenden, auf vorschnellen Urteilen und Reaktionen beruhen, wird damit gut deutlich gemacht. Die Erzählung ist zudem leicht zu lesen und ohne weiteres verständlich. Die erzählte Handlung ist zudem gut auf das Verhältnis von Fremden (oder vermeintlich Fremden) aus dem Ausland und Inländern zu beziehen. Die Ängste vieler Menschen, dass die Fremden ihnen etwas wegnehmen könnten, spiegeln sich in den Reaktionen von Heinz. Dass es möglich ist, das Essen zu teilen und mit gemeinsamem Lachen auf Missverständnisse zu reagieren, ist dann eine einfache und gute Lösung.

Allerdings, und dies spricht auch gegen die Erzählung, ist gerade diese einfache Lösung eine, die in der Realität so einfach nicht zu praktizieren sein wird.

- **Darstellungsleistung**
  In einer passenden Einleitung sollte der Text mit Autor, Titel und Thema angesprochen werden. Als Thematik ist die Darstellung des Umgangs mit Vorurteilen zu sehen.
  Geschehen und Handlung sollten in eigenen Worten wiedergegeben werden. Die Wiedergabe sollte sich nicht zu eng an Aufbau und Wortlaut der Vorlage orientieren.
  Die Darstellung sollte in einer sachlichen, allgemein verständlichen Sprache sowie mit entsprechenden Fachbegriffen formuliert sein. Dabei sind die Regelungen in Rechtschreibung, Zeichensetzung und Grammatik zu beachten.

Aufgabenbeispiele | Teil II | Sachtexte

Kontinuierliche und diskontinuierliche Sachtexte

Rahmenthema: Der Lebensraum Stadt im 20.Jahrhundert

Aufgabentyp 4b

Durch Fragen bzw. Aufgaben geleitet: aus kontinuierlichen und/oder diskontinuierlichen Texten Informationen ermitteln, die Informationen vergleichen, Textaussagen deuten und abschließend reflektieren und bewerten

Aufgaben

1. Entnimm dem Text und den Grafiken Informationen, Aussagen und Hinweise über Lärmbelästigung und ihre gesundheitlichen Folgen.

2. Stelle in eigenen Worten die Aspekte der Lärmbelästigung und ihre gesundheitlichen Folgen für den Menschen in einem zusammenhängenden Text dar.

3. Erörtere anschließend die These: Lärm ist eine der größten und gleichzeitig am meisten unterschätzten Umweltbelastungen für die Menschen.

Lärm macht krank   *Unbekannter Verfasser*

Eine Studienauswertung im Forschungsverbund Lärm & Gesundheit im Auftrag der WHO belegt: Bei Menschen, die durch Lärmbelästigung unter Schlafstörungen leiden, steigt das Risiko für Allergien, Herzkreislauferkrankungen, Bluthochdruck und Migräne erheblich.

Neben dem Sehen ist das Hören ein weiteres wichtiges Sinnesorgan, denn das Gehör ist für unser soziales Miteinander unerlässlich. Wer schlecht hört, kann auch schlecht mit anderen kommunizieren. Dadurch wird die Möglichkeit, soziale Kontakte aufzunehmen und zu
5 pflegen eingeschränkt – Vereinsamung und Isolation können drohen. Der Hörsinn warnt und alarmiert uns außerdem, wenn Gefahren auftauchen. Aber: das Gehör ist bedroht. Unsere Umwelt ist heute nicht mehr still: Straßenverkehrslärm, Fluglärm, selbst der allgegenwärtige

Gewerbe- oder Nachbarschaftslärm schallt auf unsere Ohren. Inzwischen prasseln nahezu rund um die Uhr Geräusche auf uns ein – und das kann auf Dauer krank machen.

Doppelte Gefahr

Dabei sind zwei Gefahren zu unterscheiden, nämlich die Schäden am Gehör selbst und die psychischen Auswirkungen einer dauernden Lärmbelästigung. Die Fakten sprechen eine deutliche Sprache: Tinnitus[1] und Schwerhörigkeit sind zur Volkskrankheit geworden. Das Beunruhigende daran: Bereits 15 Prozent der Jugendlichen hören bereits so schlecht wie 50jährige. Pro Jahr gibt es 6.000 neue Fälle von „lärmbedingter Schwerhörigkeit", die als Berufskrankheit anerkannt werden. Die psychischen Folgen sind teilweise noch weit reichender: Konzentrationsmangel, Kreislauferkrankungen, Bluthochdruck, Lernbehinderungen bei Kindern, Schlafstörungen oder psychiatrische Erkrankungen bis hin zum Herzinfarkt.

Das Problem

Die krankmachende Wirkung von Lärm ist nicht so einfach zu beurteilen wie bei einer Infektionskrankheit, bei der die Ursache gefunden und mit einem Erregerbefund nachweisbar ist. Die gesundheitsbeeinträchtigende Wirkung von Lärm ist – von den Hörschäden einmal abgesehen – meistens ein langer, schwer überschaubarer Prozess, der von zahlreichen anderen Faktoren mit beeinflusst werden kann.

Was ist Lärm eigentlich?

Unsere Augen können wir schließen – unsere Ohren nicht. Lärm aus dem Weg zu gehen ist deshalb nicht immer einfach. Lärm ist ein unerwünschter, unangenehmer oder schädlicher Schall. Schall als physikalische Größe ist genau messbar – Lärm jedoch ist eine ganz individuelle Angelegenheit. Dabei spielen Größen wie Empfindlichkeit sowie die innere Beurteilung, was als Lärm empfunden wird, eine entscheidende Rolle. Wichtig ist außerdem, ob der Lärm permanent vorkommt oder ob er nur vorübergehend auf unser Gehör prasselt. Die Schmerzgrenze 80 Dezibel kann auf Dauer krank machen.

[1] *Tinnitus   krankhaftes Ohrgeräusch*

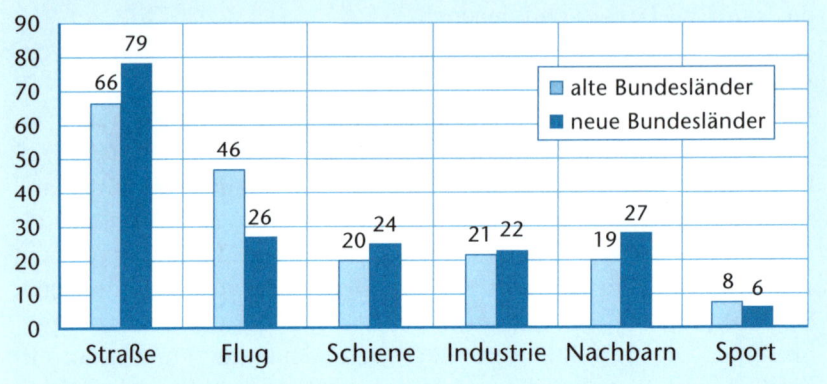

Tabelle 1
Belästigung der Bevölkerung durch Lärm in % (1999)

Bereich	alte Bundesländer	neue Bundesländer
Straße	66	79
Flug	46	26
Schiene	20	24
Industrie	21	22
Nachbarn	19	27
Sport	8	6

Lärm, insbesondere Straßenverkehrslärm, ist für rund 70 Prozent der deutschen Bevölkerung ein schwer wiegendes Problem. Ziel muss eine Lärmminderung unter die Grenze der Gesundheitsschädlichkeit von 65 dB(A) sein. Über 65 dB(A) steigt das Risiko von Herz-Kreislauf-Erkrankungen um 20%. Aus der Zahl der Lärmbetroffenen über 65 dB(A) ergibt sich, dass der Straßenverkehr jedes Jahr 2000 bis 3000 Lärmtote in Deutschland verursacht.

Tabelle 2

Lautstärke	
1 Dezibel	Hörschwelle – der Mensch kann Geräusche wahrnehmen
10 Dezibel	Raschelndes Blatt
60 Dezibel	Normales Geräusch
80 Dezibel	Verkehrsreiche Straße, Autobahn
85 Dezibel	Die Schallwellen können die Gehörzellen schwächen und bei dauernder Belastung zerstören.
90 Dezibel	Schwerer Lkw
110 Dezibel	Diskothek
120 Dezibel	Schallwellen werden als Schmerz empfunden
130 Dezibel	Flugzeuglärm

Tabelle 3
Umwelt- und Verkehrslärm
Berechnete Geräuschbelastung der Bevölkerung (alte Länder) durch Straßen- und Schienenverkehr

Mittelungspegel	Anteil der Bevölkerung (%), belastet durch			
	Straßenverkehr im Jahr		Schienenverkehr im Jahr 1999	
[dB(A)]	tags	nachts	tags	nachts
> 45–50	16,4	17,6	12,4	15,5
> 50–55	15,8	14,3	14,9	10,8
> 55–60	18,0	9,3	10,4	6,2
> 60–65	15,3	4,2	6,2	2,7
> 65–70	9,0	2,9	2,3	0,9
> 70–75	5,1	0,2	0,7	0,4
> 75	1,5	0,0	0,1	0,1

Kompetenzbezug

- **Lesen – Umgang mit Texten**
  - Informationen aus Texten entnehmen (Anwendung von Lesemethoden)
  - Informationen aus Tabellen und Grafiken entnehmen (Analyse von Grafiken und Tabellen)
  - vorhandenes Wissen (z. B. im Unterricht erarbeitetes Wissen über das Leben in der Stadt) mit neuem Wissen aus den vorgelegten Texten, Grafiken und Tabellen verknüpfen

- **Schreiben**
  - erarbeitete Informationen zu einem eigenen Text zusammenstellen (einen informativen Text verfassen)
  - zu einer These begründet Stellung beziehen, eine eigene Position beziehen und entfalten (einen argumentativen Text verfassen)

- **Reflexion über Sprache**
  - mit Hilfe sprachlicher Verfahren die gedanklichen Verknüpfungen in eigenen Texten deutlich machen (Gliederung der Texte, Verwendung von Fachvokabular, Nutzung von Verbindungswörtern)
  - eigene Texte mit Hilfe von Überarbeitungsstrategien korrigieren sowie Rechtschreibung, Zeichensetzung und Grammatik sicher verwenden

Leistungserwartungen
- **Verstehensleistung**
Zu Aufgabe 1/2:
- Aus dem Text können folgende Informationen, Hinweise und Aussagen über Lärmbelästigung und ihre Folgen entnommen und in einem Text mit eigenen Worten wiedergegeben werden:

Unter Lärm versteht man ein unerwünschtes Geräusch, das einerseits physikalisch messbar ist, andererseits aber subjektiv unterschiedlich empfunden wird. Die physikalische Messgröße ist Dezibel. Bei 120 Dezibel liegt die Schmerzgrenze für das menschliche Ohr, Werte ab 80 Dezibel können den Menschen krank machen.

Die Hörfunktion des Menschen ist durch die ständige Lärmbelästigung in allen Lebensbereichen bedroht (Straßenverkehrslärm, Fluglärm etc.). Lärmbelästigung kann zu verschiedenen Krankheitsbildern beim Menschen führen: neben Störungen der Hörfunktionen insbesondere Schlafstörungen, Herzkreislauferkrankungen, Allergien, Bluthochdruck und Migräne. Man muss zwischen zwei Folgeerscheinungen durch die Lärmbelästigung unterscheiden: Störungen des Hörorgans zeigen sich in Krankheitsbildern wie Schwerhörigkeit und Tinnitus, von denen auch Jugendliche betroffen sind. Und psychische Störungen sind Folgen der Lärmbelästigung, die sich in Konzentrationsmangel, Kreislauferkrankungen bis hin zum Herzinfarkt zeigen können.

- Aus den Grafiken können folgende Informationen und Hinweise entnommen werden:
Tabelle 1: Die Belastung durch Straßen- und Schienenverkehr ist für die Bevölkerung in Ost und West im Jahr 1999 am stärksten, wobei in den alten Bundesländern der Fluglärm eine weitaus höhere Belastung darstellt als in den neuen Bundesländern. Die Belästigung durch Schienenverkehr, Industrie und Nachbarn liegt insgesamt unter 30 %, die Belästigung durch Sport unter 10 %.

Aufgabenbeispiele | Teil II | Sachtexte

Tabelle 2: Insbesondere Flugzeuglärm, aber auch Diskothekenbesuche sind gefährlich für das Hörorgan des Menschen, da der Geräuschpegel hier die Schmerzgrenze von 120 Dezibel übersteigt. Aber auch die dauerhafte Belastung durch den Lärm verkehrsreicher Straßen kann Gehörzellen schwächen und zu Erkrankungen führen.
Tabelle 3: Mehr als 15 % der Bevölkerung wird tagsüber durch Verkehrslärm belastet, der über dem Messwert eines Normalgeräusches liegt. Die entsprechende Geräuschbelästigung für den Schienenverkehr liegt demgegenüber unter 3 %.

Das Material wirft die Frage auf, ob Lärm nicht eine der größten und am meisten auftretenden Umweltbelastungen für die Menschen ist und was man dagegen unternehmen kann.

- **Argumentationsleistung**
  Zu Aufgabe 3:
  Die These kann mit folgenden Argumenten aus dem persönlichen Hintergrundwissen gestützt werden:
  Die Lärmbelästigung findet heute nahezu in allen Lebensbereichen statt (Kaufhaus, Restaurant, Arztpraxen); viele Menschen nehmen den Geräuschpegel gar nicht mehr wahr.
  Insbesondere Jugendliche lassen sich durch Musik über größere Zeiträume beschallen, Kopfhörer ermöglichen eine große Lautstärke (MP3-Player).
  Fluglärm und Verkehrslärm nehmen durch eine höhere Verkehrsdichte ständig zu (z. B. Billigflieger).
  Es kann darauf hingewiesen werden, dass es inzwischen zahlreiche Maßnahmen gibt, um die Bevölkerung vor Lärmbelästigungen zu schützen: Lärmschutzwände, Geschwindigkeitsregelungen in der Nacht, Durchfahrverbote für LKWs, Ruhezonen in Zügen etc.

- **Darstellungsleistung**
  – Informationen in eigenen Worten strukturiert und sachlich zusammenfassen
  – eine eigene Position mit entsprechenden Argumenten entfalten
  – eine sachliche, allgemein verständliche Sprache sowie entsprechende Fachbegriffe verwenden
  – die Regelungen in Rechtschreibung, Zeichensetzung und Grammatik beachten

Aufgabenbeispiele | Teil II | Sachtexte

Diskontinuierliche Sachtexte

Rahmenthema: Der Lebensraum Stadt im 20. Jahrhundert

Aufgabentyp 4b
Durch Fragen bzw. Aufgaben geleitet: aus kontinuierlichen und/oder diskontinuierlichen Texten Informationen ermitteln, die Informationen vergleichen, Textaussagen deuten und abschließend reflektieren und bewerten

Aufgaben

① Entnimm den Grafiken Informationen, Aussagen und Hinweise über die Bevölkerungsentwicklung Braunschweigs zwischen 1945 und 2005.

② Stelle in eigenen Worten die Bevölkerungsentwicklung in Braunschweig und ihre Ursachen in einem zusammenhängenden Text dar.

③ Erörtere anschließend die These: Die Bevölkerungsentwicklung einer Stadt hängt in erster Linie von der Geburten- und Sterberate der Bevölkerung ab.

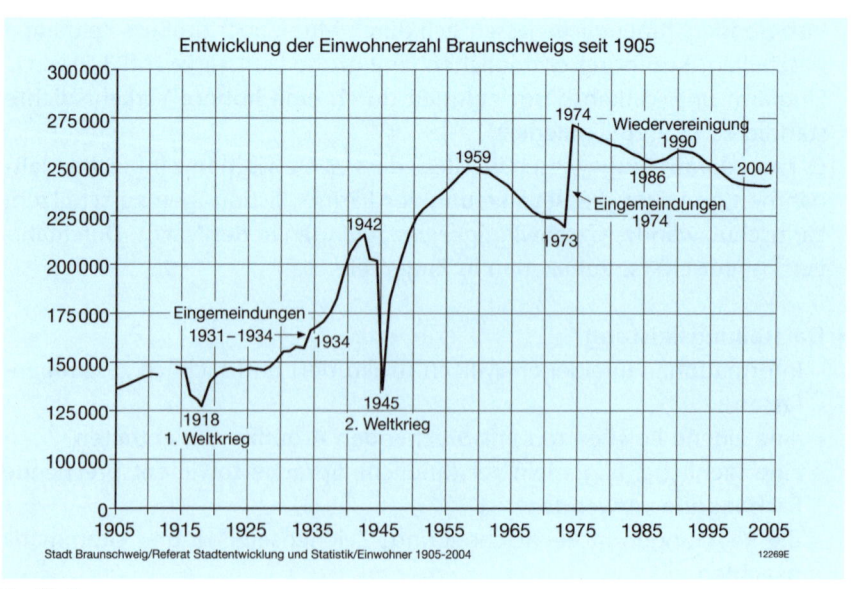

Grafik 1

Aufgabenbeispiele | Teil II | Sachtexte

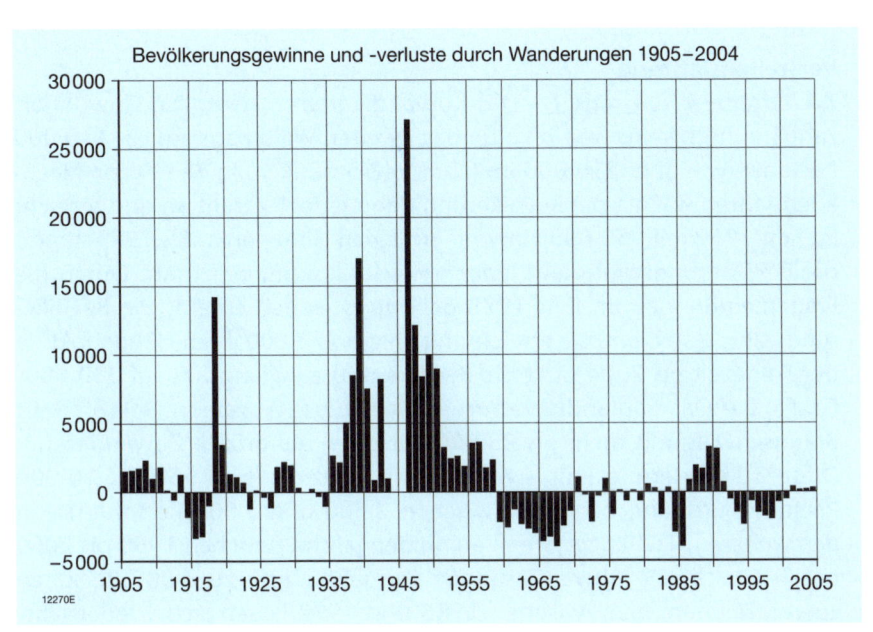

Bevölkerungsgewinne und -verluste durch Wanderungen 1905–2004

Grafik 2

Kompetenzbezug

- **Lesen – Umgang mit Texten**
  - Informationen aus Tabellen und Grafiken entnehmen
  - vorhandenes Wissen (z. B. im Unterricht erarbeitetes Wissen über Bevölkerungsentwicklung) mit neuem Wissen aus den vorgelegten Grafiken und Diagrammen verknüpfen

- **Schreiben**
  - erarbeitete Informationen zu einem eigenen Text zusammenstellen (einen informativen Text verfassen)
  - zu einer These begründet Stellung beziehen, eine eigene Position beziehen und entfalten (einen argumentativen Text verfassen)

- **Reflexion über Sprache**
  - mit Hilfe sprachlicher Verfahren die gedanklichen Verknüpfungen in eigenen Texten deutlich machen (Gliederung der Texte, Verwendung von Fachvokabular, Nutzung von Verbindungswörtern)
  - eigene Texte mit Hilfe von Überarbeitungsstrategien korrigieren
  - Rechtschreibung, Zeichensetzung und Grammatik sicher verwenden

Aufgabenbeispiele | Teil II | Sachtexte

Leistungserwartungen

- **Verstehensleistung**
Zu Aufgabe 1/2: Grafik 1 – Das Kurvendiagramm zeigt: Die Einwohnerzahl Braunschweigs war in Folge des Zweiten Weltkriegs auf ca. 130 000 Personen von über 210 000 im Jahr 1942 gesunken. In den ersten Nachkriegsjahren wächst die Bevölkerung dann jedoch rasant an und erreicht im Jahr 1959 mit 250 000 Einwohnern einen Höhepunkt. Bis 1973 nimmt die Bevölkerungszahl dann jedoch wieder kontinuierlich ab. Durch die Eingemeindungen im Jahr 1973 gelingt es jedoch erneut, die Bevölkerungszahl zu steigern, sie erreicht mit knapp 275 000 ihren Höhepunkt. In der Folgezeit bis 2004 sinkt die Bevölkerungszahl langsam auf 230 000.
Grafik 2 – Das Säulendiagramm ergänzt diese Aussagen. 1946 erlebt Braunschweig mit mehr als 25 000 Personen die größte Zuwanderung. Diese Zuwanderung hält – wenn auch reduziert (bis 1950 ca. 10 000 Personen pro Jahr, bis 1960 zwischen 2 500 und 5 000 Personen) – in den weiteren Nachkriegsjahren an. In den Jahren zwischen 1960 bis 2000 hat Braunschweig Abwanderungen von jährlich bis zu 3 000 Personen zu verzeichnen. Nur zwischen 1986 und 1992 lassen sich wieder jährliche Bevölkerungsgewinne durch Zuwanderungen in Höhe von bis zu ca. 3 000 Menschen pro Jahr erfassen. Ebenso nimmt die Bevölkerung durch Zuwanderung seit 2000 wieder minimal zu.

- **Argumentationsleistung**
Zu Aufgabe 3: Die These kann mit folgenden aus den Grafiken entnommenen Argumenten widerlegt werden. Größere Veränderungen in der Bevölkerungsentwicklung lassen sich nicht auf die Geburten- bzw. Sterberate zurückführen, vielmehr ergeben sich folgende Hintergründe.
Politische Ereignisse: Der Zweite Weltkrieg und seine Folgen führen zu einem drastischen Rückgang der Bevölkerung. Das schnelle Wachstum in den ersten Nachkriegsjahren erklärt sich durch den Zuzug aus den Ostgebieten. Braunschweig liegt im Osten der damaligen Westzonen und ist eine der ersten Anlaufstellen für Flüchtlinge.
Regionale politische Entscheidungen: Die Eingemeindung führt dazu, dass Braunschweig zur Viertelmillionenstadt wird. Die deutsche Einheit und die damit einhergehende Bevölkerungsbewegung 1989–1992 insbesondere von Ost nach West führt dazu, dass in Braunschweig nochmals Bevölkerungsgewinne zu verzeichnen sind.

- **Darstellungsleistung** vgl. auch S. 73

Aufgabenbeispiele | Teil II | Sachtexte

Kontinuierlicher Sachtext

Rahmenthema: Vorurteile – Stereotype – Feindbilder:
Sprachliches und soziales Verhalten, seine Ursachen und Wirkungen

Aufgabentyp 4 a

Einen Sachtext, medialen Text analysieren; einen literarischen Text analysieren und interpretieren

Aufgabe

Analysiere den Text. Weise dabei nach, wie der Verfasser zu der These steht: Ausländer seien um ein vielfaches krimineller als Deutsche. Achte auch auf die sprachlichen Besonderheiten.

Ausländerfeindlichkeit   *Wolfgang Benz*

Die Behauptung, Ausländer seien um ein Vielfaches krimineller als Deutsche, gehört zum Repertoire rechtsradikaler Propaganda, aber auch einiger konservativer Politiker, die damit die Forderung nach geschlossenen Grenzen untermauern. Zum Beweis wird die Kriminalstatistik zitiert, die angeblich dokumentiert, dass nahezu ein Drittel aller von der Polizei ermittelten Tatverdächtigen einen ausländischen Pass hätten, während aber höchstens neun Prozent der Wohnbevölkerung in Deutschland „Ausländer" sind. Jugendliche Ausländer gar seien in Großstädten viermal so häufig wie junge Deutsche als Tatverdächtige oder Täter auffällig. Solchen simplen Behauptungen steht eine vielfältigere Wirklichkeit gegenüber.
Um ein richtiges Bild zu bekommen, muss man zunächst die Delikte[1] in der Kriminalstatistik gesondert betrachten, die nur Ausländer begehen können, weil sie mit ihrer besonderen Lage in Verbindung stehen: Meldevergehen, falsche Angaben über die Herkunft oder die Einreisewege, illegaler Grenzübertritt.
Irreführend in der Kriminalstatistik ist zweitens die fehlende Unterscheidung zwischen Ausländern, die zur Wohnbevölkerung in Deutschland gehören (und die mit dem Vorwurf besonderer Kriminalität diskriminiert werden sollen), und illegalen, durchreisenden, vorübergehend in Deutschland lebenden Personen. Grundtatsache ist, dass integrierte

Ausländer in Deutschland, und sie bilden die überwältigende Mehrheit, nicht öfter mit dem Gesetz in Konflikt kommen als Deutsche. Ein Viertel bis ein Drittel der Ausländer, die in der Kriminalstatistik erscheinen,
25 sind dagegen Touristen, Illegale und alle, die ausschließlich zum Zweck ungesetzlicher Taten (Diebstahl, Raub, Drogenhandel, Prostitution und Zuhälterei, Schmuggel) ins Land einreisen. International operierende Verbrecherbanden können allenfalls in vordergründiger demagogischer Absicht mit den Ausländern verglichen werden, die zum Teil in dritter
30 Generation in Deutschland leben.
Weiterhin muss beachtet werden, dass Ausländer (ohne Rücksicht darauf, ob sie Arbeitsmigranten[2], Touristen, Grenzgänger, Bandenkriminelle sind) generell schneller unter Tatverdacht geraten als Deutsche („Tatverdachteffekt"), unter anderem, weil die Anzeigefreudigkeit der
35 Bevölkerung gegenüber „Ausländern" größer ist als gegenüber Deutschen („Anzeigeeffekt"). Zur Verzerrung des Bildes trägt zusätzlich bei, dass die Kriminalstatistik Tatverdächtige aufführt, die nicht notwendigerweise auch Täter sein müssen.
Experten verweisen außerdem darauf, dass Kriminalstatistiken nur aus-
40 sagefähig sind, wenn das Sozialprofil[3] der Täter bzw. Tatverdächtigen in die Betrachtung einbezogen wird. Als Ergebnis einer differenzierenden Auswertung der Kriminalstatistik ergibt sich, dass die Kriminalität der ausländischen Wohnbevölkerung (Arbeitsmigranten) gegenüber vergleichbaren deutschen sozialen Gruppen geringer ist. Ausländer, die
45 ständig in Deutschland leben, sind also gesetzestreuer als Deutsche in gleicher sozialer Position.
Eine Tatsache steht freilich fest: Auch in einer bereinigten Kriminalstatistik, die nach Statusgruppen unterscheidet, sind jugendliche Ausländer, insbesondere 14- bis 17-Jährige, im Vergleich zu deutschen
50 Altersgenossen mit mehr Straftaten (Eigentums- und Gewaltdelikten) vertreten. Das hat verschiedene Gründe, zu denen unter anderem wirtschaftliche Probleme, mangelnde Integrationshilfen, unzureichende Sprachkenntnisse und fehlende Chancen auf dem Arbeitsmarkt gehören. Jugendkriminalität ist, bei Ausländern wie bei Deutschen, nicht zuletzt
55 eine Folge der Bildungsmisere.

1 *Delikte: Straftaten*
2 *Arbeitsmigranten: Menschen, die um Arbeit zu finden, in ein anderes Land eingewandert sind*
3 *Sozialprofil: Merkmale, die die Zugehörigkeit zu einer gesellschaftlichen Gruppe bestimmen*

Aufgabenbeispiele | Teil II | Sachtexte

Kompetenzbezug

- **Lesen – Umgang mit Texten**
  - mit Hilfe von Lesestrategien aus einem komplexen Sachtext gezielt Informationen entnehmen und diese auswerten (Informationen entnehmen, Textaufbau erfassen, Bezüge zwischen inhaltlichen Aussagen und sprachlicher Gestaltung herstellen, zwischen informativen und wertenden Aussagen unterscheiden)

- **Schreiben**
  - eine Analyse eines Sachtextes erarbeiten und verfassen (→ Schreibplan aufstellen, Gliederung anlegen, Text ausformulieren: Einleitung, Hauptteil, Zwischenergebnisse festhalten, gedankliche Verknüpfungen herstellen)

- **Reflexion über Sprache**
  - Textbelege in Form von Zeilenangaben und → Zitaten zur Absicherung der eigenen Aussagen nutzen
  - mit Hilfe geeigneter Überarbeitungsstrategien den eigenen Text überarbeiten

Leistungserwartungen

- **Verstehensleistung**
  Der Autor weist die These, „Ausländer seien um ein Vielfaches krimineller als Deutsche", zurück (Z. 1–11). Er hält diese Behauptung für den Ausdruck „rechtsradikaler Propaganda" und verweist darauf, dass bestehende Kriminalstatistiken nicht detailliert gelesen werden.
  Dafür führt er folgende Argumente an:
  - Spezifizierung der Straftaten – einige Delikte wie „Meldevergehen, illegaler Grenzübertritt" etc. können nur von Ausländern, nicht aber von Deutschen begangen werden (Z. 12–16).
  - Fehlende Differenzierung zwischen Ausländern, die sich nur vorübergehend in Deutschland aufhalten und Ausländer, die dauerhaft hier wohnen und in die deutsche Gesellschaft integriert sind. Ein Großteil der in der Kriminalstatistik aufgeführten Taten werde aber gerade von extra zu diesem Zwecke eingeschleusten Ausländern begangen. Als Beispiel nennt er Vergehen wie Schmuggel, Drogenhandel, Zuhälterei etc. (Z. 17–27).
  - Vorurteile gegenüber Ausländern: Ausländer werden schneller einer Straftat verdächtigt und angezeigt als Deutsche (Z. 31–38).

- Fehlende Berücksichtigung der sozialen Gruppenzugehörigkeit in den Kriminalstatistiken: Ausländer, die derselben sozialen Schicht angehören wie Deutsche, haben eine deutlich geringere Kriminalitätsrate (Z. 41–46). Festhalten muss man jedoch, dass die Kriminalitätsrate ausländischer Jugendlicher zwischen 14 und 17 Jahren wesentlich höher liegt als die ihrer deutschen Altersgenossen. Als Ursachen nennt der Autor u. a. „wirtschaftliche Probleme, mangelnde Integrationshilfen, unzureichende Sprachkenntnisse" (Z. 49–53).

- Darlegung der sprachlichen Besonderheiten: Der Autor unterstützt seine Aussagen durch die Verwendung folgender sprachlicher Mittel:
Die Verwendung von Fachvokabular aus der der Sprache der Kriminalistik (vgl. Tatverdachteffekt und Anzeigeeffekt (Z. 34–36), international operierende Verbrecherbanden (Z. 27 f.) zeigt die Sachkenntnis des Autors.
Der Begriff „Ausländer" wird in Anführungszeichen gesetzt, um deutlich zu machen, dass es *den Ausländer* nicht gibt.
Die These wird als Teil des Repertoires „rechtsradikaler Propaganda" (Z. 2) bewertet.
Logische Verknüpfungen wie *zunächst, zweitens, weiterhin außerdem* werden verwendet, um den Text klar zu strukturieren und leserfreundlich zu gestalten.
Wiederholung des Wortes „Tatsache" zur Untermauerung der eigenen Aussagen: „Grundtatsache ist" (Z. 21), „Eine Tatsache steht freilich fest" (Z. 47)

- **Darstellungsleistung**
  - eine strukturierte übersichtliche Analyse des Textes (Einleitung, Hauptteil, Schluss) anfertigen
  - die einzelnen Aussagen innerhalb der Analyse sprachlich logisch verknüpfen (z. B. durch entsprechende Verbindungswörter bzw. -formulierungen: *zunächst, im Folgenden, im Unterschied dazu, außerdem, dieses unterstützend ...*)
  - eigene Wortwahl und das für eine Sachtextanalyse notwendige Fachvokabular (u. a. Autor, These, Argument, Beispiele) verwenden
  - durch die Verwendung von → indirekter Rede (Konjunktiv I) und/oder entsprechender Redeeinleitung kennzeichnen, dass die Aussagen eines anderen wiedergegeben werden
  - mit Textbelegen und Zitaten fachspezifisch arbeiten
  - Rechtschreibung, Zeichensetzung und Grammatik sicher anwenden

Kontinuierliche Sachtexte

Rahmenthema: Vorurteile – Stereotype – Feindbilder:
Sprachliches und soziales Verhalten, seine Ursachen und Wirkungen

Aufgabentyp 4 b
Durch Fragen bzw. Aufgaben geleitet: aus kontinuierlichen und/oder diskontinuierlichen Texten Informationen ermitteln, Informationen vergleichen, Textaussagen deuten und abschließend reflektieren und bewerten

Aufgaben

1. Entnimm den vorgelegten Texten Informationen, Aussagen und Hinweise über vorurteilsgesteuertes Verhalten. Stelle deine Ergebnisse in einem zusammenhängenden Text dar.

2. Erörtere anschließend die These „Vorurteile stören die Verständigung zwischen Menschen verschiedener Herkunft". Nutze dabei u. a. dein im Unterricht erworbenes Wissen zu diesem Thema.

Text 1
Was sind Vorurteile? *Werner Bergmann*

Vorurteile begleiten unseren Alltag. Jeder hat Vorurteile – nur man selbst nicht. Wie ist dies möglich? Wieso erkenne ich die Vorurteile anderer, aber meine eigenen nicht? Warum verteidige ich mich gegen den Vorwurf, ich hätte dieses oder jenes Vorurteil und versuche,
5 mein Urteil als realitätsgerecht zu beweisen? Ist ein Vorurteil also etwas Falsches oder gar Schlechtes? Gibt es nicht auch eine positive Voreingenommenheit?
Im Alltagsverständnis gebrauchen wir den Begriff Vorurteil, um ausgeprägte positive und negative Urteile oder Einstellungen eines Mit-
10 menschen über ein Vorurteilsobjekt zu bezeichnen, wenn wir dieses nicht für realitätsgerecht halten und der Betreffende trotz Gegenargumenten nicht von seiner Meinung abrückt. Da wir in unseren Urteilen zumeist nur unsere Sichtweise wiedergeben und Urteile fast immer Verallgemeinerungen enthalten, sind in nahezu jedem Urteil Momente
15 des Vorurteilshaften zu finden.

In dieser Allgemeinheit ist der Begriff Vorurteil aber wenig brauchbar, deshalb hat die Vorurteilsforschung (...) ihn stärker eingegrenzt und von anderen Urteilen und Einstellungen abgehoben. (...) Als Vorurteile erscheinen nur soziale Urteile, die gegen menschliche Wertvorstellungen
20 verstoßen, nämlich gegen die Normen:
– der Rationalität[1], d. h. sie verletzen das Gebot, über andere Menschen nur auf der Basis eines möglichst sicheren und geprüften Wissens zu urteilen. (...)
– der Gerechtigkeit (Gleichbehandlung), das heißt sie behandeln Menschen
25 oder Menschengruppen ungleich, die eigene Gruppe wird nach anderen Maßstäben beurteilt als andere Gruppen. Vorurteile lassen eine faire Abwägung der jeweils besonderen Umstände vermissen, unter denen Mitglieder anderer Gruppen bestimmte Verhaltensweisen zeigen.
– der Mitmenschlichkeit, das heißt, sie sind durch Intoleranz und Ab-
30 lehnung des Anderen als eines Mitmenschen und Individuums gekennzeichnet, ihnen fehlt das Moment der Empathie[2], ein positives Sich Hineinversetzen in andere Menschen. (...)

1 Rationalität: von der Vernunft gesteuert
2 Empathie: Einfühlungsvermögen

Text 2
Kein Eintritt für Ausländer *Laura Cornelius*

Ein Freitagabend in einem Kölner Club. Es ist voll wie immer, der Eintritt frei und das Publikum links-alternative Szene. Alle kommen rein, nur drei schwarze Männer werden an der Tür abgewiesen. „Sorry, ihr nicht", sagt der Türsteher. Dieses Bild ist so alltäglich, dass es mir kaum auffällt, doch meine Freundin ist schockiert: „Was soll das denn?",
5 fragt sie mich leise. Vielleicht sind die hier schon mal unangenehm aufgefallen, denke ich. Doch das Argument vom Türsteher ist: „Tut mir leid, wir kennen euch nicht. Heute ist nur für Stammgäste." Wir sind auch keine Stammgäste und kommen ohne Probleme rein und siehe da, es befinden sich einige Schwarze und eine ganze Reihe von jungen
10 Leuten mit Migrationshintergrund[1] im Partyvolk.
Wo war also das Problem? Eine Freundin aus Amerika meinte mal zu mir: „Es gibt Schwarze, die sind weiß, und Schwarze, die sind schwarz." Die Schwarzen, die sich unter den Gästen befinden, sehen für mich nicht gerade weiß aus. Doch die Rastamütze ist vertraut und passt ganz

15 gut ins Bild, während der viereckige Hut, den einer der Männer vor der
Türe aufhatte, etwas ungewöhnlich für europäischen Geschmack war.
Heißt: Was „zu ausländisch" aussieht, kommt nicht rein.
Ich behaupte: Was an den Eingangstüren von einigen Kölner Clubs
geschieht, ist rassistisch. Eine gute Freundin von mir arbeitet gele-
20 gentlich in einem Kölner Club und ist dort auch für die Auswahl der
Gäste zuständig. Sie erzählte, dass schon am ersten Abend ein Kollege
sie angewiesen hätte, sie solle nicht so viele „Kanaken[2]" reinlassen. Die
„männliche Ausländergruppe" zähle zur obersten Risikokundschaft.
Sich diesem Vorurteil zu widersetzen ist nicht einfach. „Denn wenn
25 der Stress im Laden ist, haben wir Securitys das Problem." Bei den zwei
betrunkenen Deutschen mit rosa Markenhemd konnte man ja im Vorfeld
nicht ahnen, dass sie die Mädchen auf der Tanzfläche belästigen. Bei
Ausländern hätte man es angeblich vorher wissen können.
Für mich stinkt das ganz gewaltig. Jemanden wegen seiner Herkunft
30 benachteiligen – und dann auch noch bei etwas so Wichtigem wie
dem Clubgang am Wochenende. „Du kommst hier nicht rein", das ist
Ausgrenzung im doppelten Sinne. Wer nicht in die Disko rein kommt,
der kommt auch nicht in die Clique, die drinnen feiert. Hier entstehen
Parallelgesellschaften, hier wird Hass geschürt, hier entsteht der Ärger
35 auf die „feinen Deutschen". Hier wird jungen Ausländern gezeigt, was
sie wert sind, wo sie hingehören und wo nicht.
Unsere Autorin (23) gehört zum „Junge Zeiten"-Team der Redaktion
Köln-Stadt. Die Mitarbeiter gestalten in ihrer Freizeit die Jugendseite
des „Kölner Stadt-Anzeiger", die jeden Donnerstag erscheint.

40 1 Migrationshintergrund: Menschen, die selbst oder deren Eltern in ein anders Land eingewandert sind (lat. migrare wandern)
2 Kanaken: Schimpfwort für (insbesondere aus Osteuropa und der Türkei) stammende Ausländer

Kompetenzbezug

- **Lesen – Umgang mit Texten**
  – Informationen aus Sachtexten entnehmen (Anwendung von Lesestrategien)

- **Schreiben**
  – erarbeitete Informationen zu einem eigenen Text zusammenstellen und
  strukturiert darbieten

- eine These erörtern, d. h. mit Argumenten und Beispielen Stellung nehmen, eine eigene Position herausarbeiten und plausibel entfalten
- vorhandene Informationen über Vorurteile mit neuen Informationen aus den vorgelegten Texten verknüpfen
- einen argumentativen Text verfassen (Einleitung, Hauptteil, Schluss) und dabei sprachliche Verfahren beherrschen, um logische Verknüpfungen deutlich zu machen

- **Reflexion über Sprache**
  - mit Hilfe geeigneter Überarbeitungsverfahren eigene Texte überarbeiten

Leistungserwartungen

- **Verstehensleistung**
Zu Aufgabe 1: Folgende Informationen, Aussagen und Hinweise können aus Text 1 entnommen werden:
Das Verhalten jedes Menschen wird durch positive und negative Vorurteile gesteuert (Z. 1–7). Von Vorurteilen spricht man dann, wenn eine Person trotz überzeugender Gegenargumente auf ihrer Meinung, ihrem Urteil beharrt (Z. 8–12).
Im Unterschied zum Alltagsverständnis definiert die Vorurteilsforschung Vorurteile als „soziale Urteile, die gegen menschliche Wertvorstellungen verstoßen" (Z. 19 f.).
Wertvorstellungen, gegen die Vorurteile verstoßen, sind „Rationalität", „Gerechtigkeit" im Sinne von „Gleichbehandlung" und „Mitmenschlichkeit" (Z. 21–32).

Aus Text 2 lassen sich folgende Informationen, Aussagen und Hinweise herausarbeiten:
Die Zurückweisung von zwei Farbigen durch den Türsteher einer Disko zeigt vorurteilsgesteuertes Verhalten gegenüber Ausländern, die „zu ausländisch" aussehen (Z. 1–17). Männliche Ausländer gelten in Diskotheken als „Risikokundschaft", die sich insbesondere dem weiblichen Publikum gegenüber nicht passend benehmen (Z. 21–28).
Junge Ausländer werden durch Vorurteile gegenüber ihrer Herkunft benachteiligt und ausgegrenzt. Diese durch Vorurteile gesteuerten Verhaltensweisen führen dazu, dass die Betroffenen ihrerseits Vorurteile gegenüber den Deutschen aufbauen und danach handeln (Z. 33–36).

Aufgabenbeispiele | Teil II | Sachtexte

Der informative Text könnte nach dieser Vorarbeit wie folgt aussehen:

Vorurteilsgesteuertes Verhalten
Jeder Mensch hat positive und negative Vorurteile, die sein Verhalten bestimmen. Laut Vorurteilsforschung sind Vorurteile Werturteile gegenüber anderen Personengruppen oder einzelnen Menschen, die gegen allgemein anerkannte gesellschaftliche Regeln verstoßen. Solche Regeln sind Rationalität, Gerechtigkeit und Mitmenschlichkeit. Ein Mensch zeigt Vorurteile, wenn er trotz einsichtiger Gegenargumente auf seiner Haltung besteht. Als Beispiel für vorurteilsgesteuertes Verhalten lässt sich die Zurückweisung von zwei Farbigen an einer Kölner Disko durch die Türsteher anführen. Diese weisen Ausländer, die „zu ausländisch" aussehen, ab. Derartige Verhaltensweisen haben rassistische Züge und führen dazu, dass die Betroffenen selbst Vorurteile gegenüber den Deutschen aufbauen und entsprechend vorurteilsgesteuert handeln.

- **Argumentationsleistung**
Zu Aufgabe 2: In einem argumentativen Text wird die These „Vorurteile stören die Verständigung zwischen Menschen verschiedener Herkunft" erörtert. Argumente, die diese These unterstützen, können u. a. sein:
  - Festlegung eines Menschen oder einer Gruppe auf bestimmte negative Merkmale ohne Berücksichtigung der individuellen Besonderheiten (z. B. Männliche Ausländer gelten in Diskotheken als Risikokundschaft (s. Text 2), aber auch „Schwaben sind geizig").
  - Abwertung des Gegenübers (z. B. Bezeichnung von ausländischen Jugendlichen als „Kanaken").
  - Verfälschung der realistischen Wahrnehmung des anderen Menschen und daraus folgende ungeeignete persönliche Verhaltensweisen (z. B. Vermeidung von Kontakten, Abweisung ausländischer Mitbürger in bestimmten Lokalen, s. Text 2).
  - Abgrenzungen und Ausgrenzungen bestimmter Menschengruppen (z. B. Gettobildung in den Großstädten: Wohnviertel, Kneipen, Einkaufsstraßen, in denen nur Ausländer verkehren).
  - Auslösung starker emotionaler Reaktionen bei den Betroffenen (z. B. Wut- und Hassgefühle, die im schlimmsten Fall in gewaltsamen Aktionen münden können)
  - Entstehen neuer Vorurteile beim Gegenüber

Der argumentative Text könnte z. B. so beginnen:

In beiden vorgelegten Texten wird die These vertreten, dass „Vorurteile die Verständigung zwischen Menschen verschiedener Herkunft stören." Diese These lässt sich durch folgende Argumente stützen: Vorurteile führen dazu, dass man einzelne Menschen oder eine Gruppe von Menschen auf bestimmte Merkmale festlegt, ohne ihre individuellen Besonderheiten zu sehen. Solche verallgemeinernden Festlegungen sind z. B. „Männliche Ausländer gelten in Diskotheken als Risikokundschaft", aber auch „Alle Schwaben sind geizig". Diese Verallgemeinerungen erschweren die Kommunikation, da sie auf einer reduzierten Wahrnehmung des anderen beruhen.
Diese reduzierte Wahrnehmung führt dazu, dass derjenige, der diese Vorurteile pflegt, sein Verhalten danach ausrichtet und z. B. Kontakte mit Menschen anderer Herkunft meidet. D. h., er nimmt keine Einladungen wahr und spricht auch selbst keine Einladungen an Menschen anderer Herkunft aus ...

- **Darstellungsleistung**
  - Informationen mit eigenen Worten (Einleitung, Hauptteil, Schluss) strukturiert und sachlich zusammenstellen
  - eine eigene Position mit entsprechenden Argumenten und Beispielen entfalten, die eigenen Aussagen durch Kenntnisse aus dem Unterricht oder eigene Erfahrungen veranschaulichen
  - eine sachliche, allgemeinverständliche Sprache, keine umgangssprachlichen Formulierungen verwenden
  - die Regeln in den Bereichen Rechtschreibung, Zeichensetzung und Grammatik beachten

Aufgabenbeispiele | Teil II | Texte der Massenmedien

Medialer Text

Rahmenthema: Vorurteile – Stereotype – Feindbilder:
Sprachliches und soziales Verhalten, seine Ursachen und Wirkungen

Aufgabentyp 4b

Durch Fragen bzw. Aufgaben geleitet: aus kontinuierlichen und/oder diskontinuierlichen Texten Informationen ermitteln, Informationen vergleichen, Textaussagen deuten und abschließend reflektieren und bewerten

Aufgaben

① Erkläre, um welche Textsorte der Tageszeitung es sich beim vorliegenden Zeitungstext handelt. Grenze zur Verdeutlichung die von dir bestimmte Textsorte dabei von anderen verwandten Textsorten ab.

② Paraphrasiere die einzelnen Abschnitte des Zeitungstextes und erkläre im Anschluss, welche Antwort auf die in der Überschrift gestellte Frage („Ist rechts, wer ‚Fremdarbeiter' sagt?") gegeben wird.

③ Verfasse abschließend einen Leserbrief, in dem deutlich wird, wie du persönlich die Verwendung des Begriffs „Fremdarbeiter" beurteilst.

Ist rechts, wer „Fremdarbeiter" sagt?
Brockhaus ordnet Lafontaines[1] Wortwahl der NS-Zeit zu /
Drastische Worte im Buch des Politikers

Oskar Lafontaine nennt Zuwanderer „Fremdarbeiter" – ein Nazi-Begriff – ist das schon rechts? Oder eher die Passage in seinem jüngsten Buch, in der ihm zu Zuwanderern „Isolation, Drogenkonsum, Aggression" einfällt?
VON KARL GROBE

Frankfurt a. M. 1. Juli · Oskar Lafontaine hat in einer Rede in Chemnitz das Wort „Fremdarbeiter" ausgesprochen. Das Echo: 5 Das war ausländerfeindlich. Das Wort definiert die Brockhaus-Enzyklopädie tatsächlich in diesem Sinne: „im national-

87

sozialistischen Sprachgebrauch Bezeichnung für die nach Ausbruch des Zweiten Weltkriegs (1939) aus besetzten Gebieten nach Deutschland deportierten beziehungsweise in der deutschen Wirtschaft eingesetzten Arbeiter nicht deutscher Staatszugehörigkeit". Maßgebende Bücher zur NS-Sprache erwähnen es hingegen nicht. Im „Wörterbuch des Unmenschen" (Sternberger/Storz/Süskind) ist es nicht als Stichwort verzeichnet, und in Viktor Klemperers „LTI, Notizbuch eines Philologen" nur am Rande.

Unter den anerkannten etymologischen Lexika[2] nehmen es nur die Nachkriegsausgaben des ehrwürdigen Wasserzieher („Woher?")[3] ganz knapp auf – in der Kategorie der zwischen 1933 und 1945 neu aufgekommenen Wörter. Genügt das als Beweis? Historiker haben das Wort gelegentlich verwendet, so Wolfgang J. Mommsen im Band 18 der „Fischer-Weltgeschichte": „Schon damals (um 1900) gehörte der italienische Fremdarbeiter zum wirtschaftlichen Alltagsbild Europas." Die Autoren der Propyläen-Weltgeschichte wenden es auf Bauarbeiter an, die im alten Ägypten Pyramiden errichteten. Und von den Politikern der Bundesrepublik hat wenigstens Präsident Gustav Heinemann das Wort einmal in den Mund genommen, in Genf 1972: „Wir stehen unter Umständen vor der Notwendigkeit, noch mehr Fremdarbeiter hereinzuholen", was schwierig sei, da es sich größtenteils um Türken handele, wogegen in die Schweiz die etwas weniger fremden Italiener und Spanier kämen. Für einen Skandal reichte die Wortwahl nicht aus.

Zuwanderer und „Drogenkonsum"

Es kommt auf den Kontext an. Lafontaine sprach in Chemnitz von der Verpflichtung des Staates, „zu verhindern, dass Familienväter und Frauen arbeitslos werden, weil Fremdarbeiter mit zu niedrigen Löhnen ihnen die Arbeitsplätze wegnehmen". Ihm sekundierte später WASG-Parteichef Klaus Ernst: „Wir müssen verhindern, dass durch eine schrankenlose Öffnung hier Menschen für 1,5 Euro in der Stunde arbeiten, egal wo sie herkommen." Das habe nichts mit Fremdenfeindlichkeit zu tun. Lafontaine geht in einem Ausländer-Kapitel in seinem jüngsten Buch („Politik für alle") jedoch in die Vollen, gewollt und unmissverständlich im Rahmen seiner Kritik an der Globalisierung. Zuwanderer hätten keine besonders guten Chancen auf dem Arbeitsmarkt, seien oft von sozialen Leistungen abhängig, und nach der Bilanz eines Bundesministeriums seien „Isolation, Drogenkonsum, Aggression sowie eine mangelnde Akzeptanz innerhalb der Gesellschaft" die Folgen. Er beklagt das Nichtgelingen der Integration, verweist auf US-Entwicklungen, wonach Hispanics[4] kein Interesse mehr an Assimilation[5] hätten, sodass im Wahlkampf beide Präsidentschaftskandidaten die Wähler „auch schon auf Spanisch" angesprochen hätten; „da fragt man sich, wann Spitzenpolitiker in Europa bei Wahlkämpfen die Zuwanderer in ihrer Heimatsprache umwerben". Lafontaine begrüßt, dass auch Unionspolitiker Deutschland jetzt als Einwanderungsland begreifen, aber deutsch soll es offenbar bleiben.

1 Oskar Lafontaine, ehemaliger SPD-Politiker, der 1999 zunächst ohne Angabe von konkreten Gründen vom Amt des Vorsitzenden der SPD und als Bundesfinanzminister zurücktritt. 2005 Mitbegründer einer neuen Linkspartei (WASG: Die Wahlalternative – Arbeit und soziale Gerechtigkeit und PDS – Partei des Demokratischen Sozialismus).
2 etymologisches Lexikon: Lexikon, das den Ursprung und die Geschichte der Wörter erklärt
3 Wasserzieher („Woher?"), ein bekanntes etymologisches Wörterbuch von Ernst Wasserzieher mit dem Titel „Woher? Ableitendes Wörterbuch der deutschen Sprache"
4 Hispanics: amerik. Bezeichnung für Einwanderer aus Lateinamerika
5 Assimilation: Anpassung; Angleichung an die Eigenarten eines anderen Volkes

Kompetenzbezug

- **Lesen – Umgang mit Texten**
  - über Fachterminologie und Methoden zur Untersuchung medial vermittelter Texte verfügen
  - Informationen aus Texten entnehmen (vor allem Bestimmung der zentralen These/Kernaussage)
  - Aufbau und Verknüpfung von Argumenten beschreiben und bewerten

- **Schreiben**
  - die Aussage(n) eines Textes paraphrasieren
  - orientiert an einem spezifischen Schreibanlass (hier: Leserbrief) adressatengerecht schreiben
  - zu einer These begründet Stellung nehmen, eine eigene Position beziehen und entfalten (einen → argumentativen Text verfassen)

| Aufgabenbeispiele | Teil II | Texte der Massenmedien |

- **Reflexion über Sprache**
  - argumentative Struktur des Textes durch sprachliche Analyse nachweisen
  - über Einblick in die Sprachentwicklung verfügen und über Einzelphänomene der Gegenwartssprache reflektieren (hier speziell: political correctness)
  - Gedanken in argumentativen Texten verknüpfen

Leistungserwartungen
- **Verstehensleistung**
Zu Aufgabe 1: Bei dem Text handelt es sich um einen Bericht, da er in wesentlichen Merkmalen (Schlagzeile, Unterzeile, Lead) dem Aufbau einer Nachricht entspricht, aber vom Umfang her deutlich länger ist als eine Meldung (nur ca. 15–20 Zeilen) und mehr Hintergrundinformationen geboten werden. Vom Kommentar unterscheidet er sich nicht nur durch das Lead (W-Fragen zu Beginn), sondern vor allem dadurch, dass die eigene Meinung des Verfassers nicht ausdrücklich dargestellt wird.
Zu Aufgabe 2: Die Paraphrase des Zeitungstextes könnte so lauten:

Zu Beginn wird die Frage gestellt, ob der von Oskar Lafontaine bei einer Rede in Chemnitz verwendete Begriff „Fremdarbeiter" zur Bezeichnung von Zuwanderern Ausdruck einer rechten Gesinnung sei oder ob diese eher in einem Abschnitt seines jüngsten Buchs „Politik für alle" deutlich werde. Im zweiten und dritten Abschnitt macht der Verfasser durch die Recherche in verschiedenen Lexika deutlich, dass der Begriff „Fremdarbeiter" zwar vereinzelt der Sprache des Nationalsozialismus zugeordnet wird, doch stellenweise in einschlägigen Lexika gar nicht enthalten ist bzw. eher wertneutral verwendet wird. Die Recherche wird im vierten Abschnitt durch Hinweise ergänzt, die zeigen sollen, dass auch bei Historikern und Politikern der Begriff bisweilen in einem nicht ausländerfeindlichen Sinne verwendet werde. Unter der Zwischenüberschrift „Zuwanderer und ,Drogenkonsum'" wird im fünften Abschnitt des Textes der Kontext erläutert, in den Lafontaines Verwendung des Begriffs „Fremdarbeiter" in seiner Chemnitzer Rede eingebettet war. Er habe auf die Verpflichtung des Staates hingewiesen, deutsche Arbeitnehmerinnen und Arbeitnehmer vor Billig-Arbeitern aus fremden Ländern zu schützen, wobei er diese als „Fremdarbeiter" bezeichnete. Im sechsten und letzten Abschnitt versucht der Verfasser aufzuzeigen, dass Lafontaine in seinem neuesten Buch „Politik für alle" im Rahmen seiner Kritik an der Globalisierung grundsätzlich ein sehr negatives Bild von Zuwanderern zeichne, wenn er ihnen auf Grund mangelnder Chancen auf dem Arbeitsmarkt in der Bundesrepublik ein Abgleiten in Isolation, Drogenkonsum, Aggression und fehlende Akzeptanz prophezeie. Mit Blick auf Entwicklungen in den USA beklage er in diesem Zusammenhang zudem das Scheitern der Integrationsversuche. Die in der Schlagzeile formulierte Frage wird nur indirekt durch den Verweis auf den Kontext, in dem Lafontaine den Begriff „Fremdarbeiter" verwendet hat bzw. durch Hinweis auf seine scheinbar ausländerfeindliche Grundeinstellung, die sich im Ausländer-Kapitel seines letzten Buches zeige, beantwortet. Daraus lässt sich als Antwort folgern, dass je nach Kontext und Grundeinstellung der Begriff „Fremdarbeiter" mehr oder weniger ausländerfeindliche Bedeutung haben kann.

- **Argumentationsleistung**
Zu Aufgabe 3: Die persönliche Stellungnahme im Leserbrief kann durch folgende Argumente gestützt werden:
  – Ein Politiker sollte in einer öffentlichen Rede auf jeden Fall vermeiden, Begrifflichkeiten zu verwenden, die Anklänge an nationalsozialistische Terminologie haben könnten.
  – Da der Begriff nur bedingt der Nazi-Sprache zuzuordnen ist, kann er durchaus verwendet werden, da er grundsätzlich wertneutral ist und nur aussagt, dass es sich um Arbeiter aus fremden Ländern handelt.
  – Als Kompromiss böte sich an, die beiden oben genannten Positionen zunächst als gegensätzliche Argumente aufzuzeigen, um dann für einen Verzicht auf den Begriff zu plädieren, solange auch nur Einzelne ausländerfeindliche Tendenzen darin stehen könnten.
  – Kritisch reflektiert werden könnte im Leserbrief auch die Tatsache, dass der Verfasser, obwohl es sich um einen Bericht handelt, nicht auf die Darstellung der eigenen Meinung verzichtet.

- **Darstellungsleistung** vgl. auch S. 73
  – die Textsorte *Leserbrief* durch begrenzten Umfang, Präzision des Ausdrucks und sprachliche Gestaltung berücksichtigen (Ziel der Veröffentlichung, Adressatenbezug = Leser, die den Artikel gelesen haben)
  – die indirekte Rede in der Paraphrase zur Kennzeichnung der Wiedergabe von Aussagen des Verfassers bzw. Oskar Lafontaines verwenden
  – eine eigene Position zur Sache mit entsprechenden Argumenten entfalten, die begründet den Argumenten bzw. Teilargumenten des Zeitungsartikels zustimmen bzw. eine Gegenposition entwickeln

Richtig zitieren

Ein Zitat verwenden bzw. jemanden zitieren bedeutet, die Aussage eines anderen wörtlich wiederzugeben. Zitate werden vor allem im schriftlichen Sprachgebrauch verwendet, um eine die Aussage begründende oder stützende Textstelle zu nennen. Im Rahmen der *Zentralen Prüfung* spielt das Zitieren im Teil II eine wichtige Rolle, da Aussagen zu den Ausgangstexten durch Textbelege und Zitate stichhaltig begründet werden müssen. Im Rahmen der Darstellungsleistung wird das „angemessene" und „korrekte" Zitieren ausdrücklich mit in die Bewertung einbezogen (→ S. 13 ff.). „Angemessen" bedeutet, dass nicht zu wenig, aber auch nicht zu viel zitiert wird. „Korrekt" zielt darauf, dass allgemein gültige Regeln beim Zitieren eingehalten werden.

angemessen – **Grundsätzlich gilt:**

- Zitieren ist wichtig, aber viel zu lange Zitate sind weniger gut.
- Zitate dürfen nicht für sich selbst stehen, sondern müssen einen deutlichen Bezug zum eigenen Text haben.
- Zitate müssen buchstabengetreu die Aussage wiedergeben und dürfen nicht verändert werden.
- Für die Zeichensetzung beim Zitieren, die Kennzeichnung von Kürzungen oder Hervorhebungen durch den Schreibenden gelten feste Regeln (→ S. 93).
- In Gedichten und kurzen Texten werden die Zeilen angegeben, in längeren Texten die Seite bzw. Seite und Zeile. Seiten- und Zeilenangaben werden durch Komma getrennt *(S. 12, Z.13–15).*
- Wird aus zwei oder mehreren Texten zitiert, muss durch Angabe der Kurzform des Verfassernamens oder eine Nummerierung kenntlich gemacht werden, aus welchem Text das Zitat stammt (*Goethe, S. 86, Z. 15*) oder (*Text A, S. 43, Z. 12*).
- Auch indirekte Zitate/Textbelege (Aussagen des Textes werden mit eigenen Worten wiedergeben) sind durch die Verwendung → indirekter Rede und die Angabe von Textstellen zu kennzeichnen.
- Auf sprachliche Richtigkeit ist beim Zitieren zu achten. Falsch ist: *Auf Seite 45 stirbt die Hauptfigur des Romans im Krankenhaus.* Richtig ist: *Die Hauptfigur des Romans stirbt im Krankenhaus (S. 45).*
- Anders als in anderen Sprachen werden Anführungszeichen vor dem Zitat „unten" und am Ende „oben" gesetzt.

Wiederholen und Üben | Schreiben | Zitieren

korrekt – **Regeln zum Zitieren**

- Textbelege und Zitate sind zur Begründung der eigenen Aussagen notwendig. Im Anschluss an den Einleitungssatz können Zitate nach einem Doppelpunkt folgen. Der abschließende Punkt steht erst nach der Belegstelle:
  An dieser Stelle des Romans wird seine Unsicherheit durch die Frage des Erzählers besonders deutlich: „Wusste er im Augenblick überhaupt noch, wie er sich in dieser Gefahrensituation verhalten sollte?" (S. 13).
- Zitate können allerdings auch in den eigenen Satz eingebaut werden. Aber Achtung! Es dürfen dadurch keine Brüche im Satzbau stattfinden und das Zitat darf dabei nicht verändert werden:
  Durch die Frage des Erzählers, ob er überhaupt noch wusste, „wie er sich in dieser Gefahrensituation verhalten sollte" (S. 13), wird die Unsicherheit der Hauptfigur des Romans besonders deutlich.
- Werden Informationen **indirekt** aus dem Text entnommen und wiedergegeben, müssen keine Anführungszeichen gesetzt werden, aber die Stelle an der die Informationen zu finden sind, sollte angegeben werden:
  Nachdem er es geschafft hatte, fühlte Karlson sich glücklich und von einer schweren Last befreit (S. 47).
- Einzelne **Stichwörter** oder **Schlüsselwörter** werden in Anführungszeichen gesetzt und mit einer Seitenangabe versehen:
  Als Karlson es hinter sich hatte, fühlte er sich „selig" (S. 47) und richtig „erlöst" (S. 48).
- Werden ganze Sätze zitiert, müssen **Auslassungen** oder **Hinzufügungen** durch eckige Klammern markiert werden:
  Die Reaktionen der anderen werden so beschrieben: „Manrad [Karlsons bester Freund] freute sich, als er ihn endlich wieder sah, denn er hatte sehr lange am Bergsee [...] auf ihn gewartet" (S. 50).
- **Zitate im Zitat**, also wörtliche Rede in einem Zitat, werden durch **halbe Anführungszeichen** kenntlich gemacht:
  Etwas später bringt der an sich wortkarge Manrad seine Freude über Karlsons Rückkehr zum Ausdruck: „Manrad zögerte einen Moment, dann rang er sich zu folgenden Worten durch: ‚Schön, dass du wieder hier bist!'" (S. 61).
- **Hervorhebungen** in einem Zitat müssen gekennzeichnet werden:
  Etwas später bringt der an sich wortkarge Manrad seine Freude über Karlsons Rückkehr zum Ausdruck: „Manrad <u>zögerte einen Moment</u>, dann <u>rang er sich</u> zu folgenden Worten durch ‚Schön, dass du wieder hier bist!'" (S. 61, Hervorhebung durch den Verfasser/die Verfasserin).

93

Inhaltsangabe – Textwiedergabe

Die Wiedergabe von Inhalten spielt in mündlicher und schriftlicher Form im Alltag und speziell in der Schule eine wichtige Rolle. Wenn jemand z. B. einen anderen über ein Buch informiert, das er gelesen hat, wird er in der Regel zunächst den Inhalt wiedergeben, bevor er eine Wertung vornimmt. In der Schule wird die Inhaltsangabe bzw. Textwiedergabe im Allgemeinen zu Beginn einer Analyse oder Interpretation verlangt.
Besonders in schriftlicher Form muss die Inhaltsangabe bzw. die Textwiedergabe bestimmte formale Anforderungen erfüllen:

- die Länge sollte etwa ein Drittel des Ausgangstextes (das ist nur eine Faustregel) nicht überschreiten, damit keine Nacherzählung entsteht;
- der Sprachstil soll nüchtern und sachlich sein, wobei Bewertungen, Kommentare und erste Interpretationsansätze zu vermeiden sind;
- eine Inhaltsangabe bzw. Textwiedergabe besteht aus einem Einleitungssatz und dem Hauptteil. Im Einleitungssatz werden die Grundinformationen zum Text genannt: Autor, Titel, Textsorte, evtl. Entstehungszeit und das grobe Thema bzw. die zentrale Aussage;
- das Tempus der Darstellung ist in der Regel das Präsens;
- Zitate und Textbelege werden nicht verwendet.

Die Qualität einer Inhaltsangabe oder Textwiedergabe ist abhängig davon, inwieweit es dir gelingt, den Inhalt eines Textes sachlich richtig und für den Leser nachvollziehbar darzustellen, dich von den Formulierungen und dem Sprachstil des Ausgangstextes zu lösen und die oben genannten formalen Regeln einzuhalten.

Den Inhalt eines Textes in deutlich reduzierter Form mit eigenen Worten klar gegliedert wiederzugeben, ist eine anspruchsvolle Aufgabe, die ein gutes Textverständnis voraussetzt. Aufgaben in der *Zentralen Prüfung*, die dazu auffordern, einzelne Passagen inhaltlich zusammenzufassen oder eine vollständige Inhaltsangabe zu verfassen (z. B. „Fasse den Inhalt kurz zusammen", „Paraphrasiere folgende Abschnitte" oder „Fertige eine Inhaltsangabe an" usw.) überprüfen einerseits die Kompetenzen im Bereich dieser Arbeitsmethode, andererseits aber auch dein Textverständnis. Vielfältige Tipps und Hilfen dazu, wie ein sicheres Textverständnis im Zusammenhang mit verschiedenen Textsorten zu entwickeln ist, findest du im Kapitel *Lesen – Umgang mit Texten* (→ S. 120 ff.).

Wiederholen und Üben | Schreiben | Inhaltsangabe – Textwiedergabe

Inhaltsangabe zu literarischen Texten

Neben den bereits genannten Anforderungen erfordert die Inhaltsangabe zu literarischen Texten besondere Aufmerksamkeit bei der

- Bestimmung der Textsorte,
- Formulierung des (groben) Themas,
- Umformung des Präteritums (typisches Erzähltempus) ins Präsens,
- Unterscheidung des Wichtigen vom eher Nebensächlichen,
- Gliederung der Darstellung im Hauptteil.

Einleitungssatz der Inhaltsangabe

Wie erwähnt, gehört zur Wiedergabe des erzählten Geschehens auch die Nennung des Verfassers, des Titels und (falls angegeben) des Erscheinungsjahrs der Erzählung. Dabei sollten Bandwurmsätze vermieden und der Satzbau beachtet werden. Am besten, man probiert verschiedene Formulierungen für sich aus und legt sich einige zurecht. Folgende Möglichkeiten sind denkbar:

- *Die vorliegende Kurzgeschichte „...." von .... aus dem Jahr ... handelt von ...*
- *Bei dem Text mit dem Titel „ ...." von ..., erschienen ..., handelt es sich um den Anfang der gleichnamigen Erzählung.*
- *Der vorliegende Ausschnitt aus dem Roman „..." von ... erzählt von/erzählt, wie ...*
- *In dem Text „..." von ... wird die Geschichte eines ... erzählt.*

Am Ende des Einleitungssatzes bietet es sich an, das Thema des Textes grob anzudeuten. Das setzt voraus, dass man durch die gründliche Lektüre dazu bereits eine klare Vorstellung entwickelt hat. Im Zusammenhang mit dem Text *Der Hund im Thyssen-Kanal* von Theodor Weißenborn (S. 46 ff.) könnten z. B. folgende Formulierungen verwendet werden:

- *... wird von den Erlebnissen eines Hundes in einer fremden Großstadt erzählt.*
- *...wird die Geschichte eines Hundes erzählt, der in einer fremden Großstadt sein Herrchen verloren hat.*
- *... wird die Leidensgeschichte eines Hundes erzählt.*

| Wiederholen und Üben | Schreiben | Inhaltsangabe – Textwiedergabe

❶ Überlege und begründe nach der Lektüre des Textes, welche Formulierung für einen Einleitungssatz am besten geeignet ist. Eventuell solltest du eine eigene Version formulieren.

❷ Schreibe einen vollständigen Einleitungssatz zum Text *Der Hund im Thyssen-Kanal*. Überarbeite deinen Einleitungssatz, indem du verschiedene Formulierungen ausprobierst.

Umformung ins Präsens

Die Wiedergabe des erzählten Geschehens soll grundsätzlich in der → Zeitform Präsens formuliert werden. Vor allem auch dadurch unterscheidet sich die Inhaltsangabe von einer Nacherzählung. Das Präsens wird gewählt zur aktuellen Besprechung und Darstellung von Gegenständen und Sachverhalten, und damit auch von Texten. Für die Anzeige von Vorzeitigkeit kann das Perfekt bzw. Plusquamperfekt genutzt werden, das Präteritum sollte ganz vermieden werden: *In der Kurzgeschichte „Der Hund im Thyssen-Kanal" von Theodor Weißenborn geht es um einen Hund, der seinen Herrn verloren hat und nun von den Menschen schlecht behandelt wird.*

❸ Korrigiere in folgender Inhaltsangabe die Verwendung der Zeitformen.

In der Kurzgeschichte „Der Hund im Thyssen-Kanal" von Theodor Weißenborn wird von einem Hund erzählt, der bei einem Autounfall seinen Herrn verlor. Er war mit seinem Herrn unterwegs, als beim Überqueren der Straße sein Besitzer getötet wurde. Nun sitzt er allein in einer Unterführung, keiner nahm Notiz von ihm. Deshalb machte er sich auf den Weg, und er fand auch zurück zu einer Schule, wo ihm Kinder schon einmal etwas zu fressen gaben. Doch die Schulkinder verfolgten ihn und er wurde schließlich in den Kanal gestoßen. Am Ende hing der Hund in einem Gebüsch und wird von einem Kind bedauert.

Unterscheidung des Wichtigen vom Nebensächlichen

Diese Unterscheidung fällt besonders bei literarischen Texten nicht immer ganz leicht. Eine Hilfe stellt die Gliederung einer Erzählung in verschiedene Erzählabschnitte dar, wobei das im jeweiligen Abschnitt erzählte Geschehen in einer kurzen Überschrift inhaltlich zusammengefasst wird. Die folgende Tabelle zeigt den Anfang einer solchen Gliederung in Erzählabschnitte zu *Der Hund im Thyssen-Kanal* von Theodor Weißenborn (S. 46 ff.).

Wiederholen und Üben | Schreiben | Inhaltsangabe – Textwiedergabe

Zeile	Inhaltliche Zusammenfassung der Erzählabschnitte
1–16	Beschreibung der Trostlosigkeit einer Großstadt, der ein Hund hilflos ausgeliefert ist.
17–30	Rückblende: Schilderung des Unfalls, bei dem der Hund seinen Herrn verliert.

4 Setze diese Gliederung des Textes in Erzählabschnitte fort und entscheide für jeden Erzählabschnitt, was bezogen auf das Thema des Textes und den Verlauf des Geschehens besonders wichtig ist, und formuliere zu den Abschnitten kurze Überschriften.

Gliederung der Darstellung im Hauptteil

Die Wiedergabe des erzählten Geschehens sollte grundsätzlich chronologisch gegliedert werden. Dabei ist die Chronologie des → Geschehens selbst maßgeblich, nicht jedoch die Abfolge der Erzählung. So wird in der Kurzgeschichte *Der Hund im Thyssen-Kanal* zuerst von der Situation des Hundes am Tag nach dem Unfall erzählt, in der Chronologie des Geschehens findet der Unfall natürlich vor dieser Situation statt: *Erzählt wird von einem Hund, der bei einem Unfall seinen Herrn verloren hat und der nun verlassen herumirrt.*
Neben der Möglichkeit, die Wiedergabe an der Chronologie der erzählten Ereignisse auszurichten, kann man sie auch an den Erzählschritten orientieren. Dazu muss der Text zunächst entsprechend gegliedert und aufbereitet, z. B. markiert werden. Dann können die Abschnitte aufeinanderfolgend wiedergegeben werden. Dieses Verfahren bietet sich an, wenn das Geschehen im Text streng chronologisch dargestellt wird. Dabei besteht allerdings die Gefahr, dass das Geschehen zu detailliert dargestellt wird. Außerdem müssen bei der Zusammenfassung von Abschnitten eventuell die Vorzeitigkeiten beachtet und deutlich gemacht werden:
Die Geschichte „Der Hund im Thyssen-Kanal" ist in vier Teile gegliedert. Im ersten Abschnitt wird die Situation eines Hundes beschrieben, der herrenlos in einer feindlichen Umgebung herumirrt. Der zweite enthält in einer Rückblende den Unfall, bei dem der Besitzer des Hundes umgekommen ist. Im dritten …

5 Rekonstruiere die chronologische Abfolge des im Text *Der Hund im Thyssen-Kanal* erzählten Geschehens, indem du einen Zeitstrahl anlegst, dem einzelne Erzählabschnitte zugeordnet werden.

| Wiederholen und Üben | Schreiben | Inhaltsangabe – Textwiedergabe

6 Verfasse den Hauptteil der Inhaltsangabe zu *Der Hund im Thyssen-Kanal* von Theodor Weißenborn und probiere dabei die beiden oben vorgestellten Möglichkeiten aus.

7 Schreibe zur ergänzenden Übung eine Inhaltsangabe zur Kurzgeschichte *Ein verächtlicher Blick* von Kurt Kusenberg → S. 143 ff.

Inhaltsangabe zu Textauszügen

Ein literarischer Text, der ein Auszug aus einem längeren Text ist, sollte zu Beginn in den Kontext des Gesamttextes eingebettet werden, sofern dir der Ausgangstext bekannt ist oder mit der Aufgabenstellung vorgegeben wird. Folgende Formulierungen können zur Einbettung in den Kontext z. B. verwendet werden:

Beim vorliegenden Textauszug mit der Überschrift „..." handelt es sich um das ... Kapitel aus der Erzählung „..." von ... In den vorausgehenden Kapiteln wird erzählt wie ...
Im Anschluss an den Textauszug erfährt der Leser ...

Die Darstellung des inhaltlichen Kontextes muss dabei noch viel stärker gekürzt werden als die Inhaltsangabe zum Textauszug selbst.

Textwiedergabe zu einem Sachtext

Im Zusammenhang mit Sachtexten wird eher von einer Textwiedergabe als einer Inhaltsangabe gesprochen, da nicht ein → Geschehen inhaltlich zusammengefasst werden muss, sondern Aussagen und Gedankengänge in verkürzter Form wiederzugeben sind. Grundsätzlich gelten für die Textwiedergabe zu einem Sachtext dieselben formalen Vorgaben, die zu Beginn dieses Teilkapitels genannt wurden (→ Seite 94).
Bei einer Textwiedergabe zu einem Sachtext muss zudem besonders darauf geachtet werden, dass

- neben den Grundinformationen zum Text die zentrale Aussage bzw. Meinung des Verfassers zum Thema knapp angedeutet wird,
- Aussagen und Gedankengänge durch eigene Formulierungen und notwendige Kürzungen nicht zu stark zerrissen oder sogar entstellt werden,
- durch die Verwendung der → indirekten Rede bzw. durch entsprechende Einleitungssätze (z. B. *im ersten Teil des Textes bringt die Verfasserin zum Ausdruck, dass die Selektion der Gäste durch Türsteher vor Kölner Clubs häufig sehr willkürlich sei.*) ganz deutlich wird, dass es sich nicht um die eigene Meinung, sondern um die Wiedergabe der Meinung eines anderen handelt.

Anders als bei literarischen Texten empfiehlt es sich, bei der Gliederung einer Textwiedergabe zu einem Sachtext dem Verlauf des Textes von Abschnitt zu Abschnitt zu folgen. Das Verfahren wird auf S. 97 als zweite Möglichkeit für die Gliederung einer Inhaltsangabe beschrieben.
Zur logischen Verknüpfung der Aussagen in den einzelnen Abschnitten bieten sich folgende Formulierungen an:

- *... im ersten Abschnitt informiert/berichtet/ schildert der Verfasser ...*
- *...im folgenden Abschnitt ergänzt/vertieft der Verfasser seiner Aussage, indem er ....*
- *... in Abgrenzung dazu, erklärt der Verfasser im nächsten Abschnitt ...*
- *... der Verfasser belegt seine These durch folgende Beispiele ...*

Wiederholen und Üben | Schreiben | Inhaltsangabe – Textwiedergabe

❶ Überarbeite nach der Lektüre des Textes *Kein Eintritt für Ausländer* von Laura Cornelius auf S. 82 f. den Anfang der folgenden Textwiedergabe. Achte dabei auf Vollständigkeit und Aussagegehalt des Einleitungssatzes. Überprüfe die inhaltliche Zusammenfassung der einzelnen Abschnitte und die korrekte Verwendung der indirekten Rede.

Im Artikel „Kein Eintritt für Ausländer" aus dem Kölner Stadtanzeiger schildert Laura Cornelius ihre Erfahrungen mit Türstehern vor Kölner Clubs und Diskos.
Im ersten Teil des Textes bringt die Verfasserin zum Ausdruck, dass bei einem Besuch in einem Kölner Club die Selektion der Gäste durch die Türsteher sehr willkürlich abgelaufen sei, da drei schwarze Männer abgewiesen werden, obwohl sich unter den Partygästen andere Schwarze und Menschen mit Migrationshintergrund befunden hätten. Ausgehend von dieser Beobachtung stellt sie im nächsten Abschnitt die These auf, dass häufig nur die keinen Eintritt erhielten, die zu ausländisch ausschauten. Dieses Auswahlverfahren ist rassistisch ...

❷ Ergänze den von dir überarbeiteten Anfang zu einer vollständigen Textwiedergabe.

❸ Um die Textwiedergabe zu Sachtexten weiter zu üben, bieten sich die Texte auf S. 68 f. und 81 f. an.

In den Prüfungsaufgaben ist es möglich, dass → kontinuierliche Sachtexte mit → diskontinuierlichen Sachtexten wie Grafiken, Tabellen und Diagrammen kombiniert werden.

Im Gegensatz zu den kontinuierlichen Sachtexten ist das Verfassen einer Textwiedergabe bei den diskontinuierlichen Sachtexten nicht möglich. Um den Inhalt von Grafiken, Tabellen und Diagrammen wiederzugeben, kann aber eine Beschreibung angefertigt werden. Worauf bei der Beschreibung diskontinuierlicher Sachtexte jeweils zu achten ist, erfährst du auf S. 71 ff.

Wiederholen und Üben | Schreiben | Argumentieren

Argumentieren

Argumentieren bedeutet, in schriftlicher oder mündlicher Form einen Beweis zu führen, um andere von der Richtigkeit oder Fehlerhaftigkeit einer Aussage zu überzeugen. Synonym verwendet werden die Begriffe *einen Sachverhalt erörtern* bzw. *eine Erörterung* (schriftlich) *verfassen*. Von Erörtern und Erörterung wird in der Regel bei den schriftlichen Formen gesprochen, während Argumentieren und Argumentation eher mündliche Formen meint.
Das Argumentieren bzw. Erörtern spielt in verschiedenen Bereichen, z. B. in der Wissenschaft und Politik, in den Medien, in der Schule und im Alltag eine wichtige Rolle. Argumentiert wird z. B. im Verlauf einer Podiumsdiskussion, wenn Befürworter bzw. Gegner von Tierversuchen sich mit dem Thema in der Öffentlichkeit auseinandersetzen. Argumentiert wird aber auch, wenn z. B. die Mitbewohner einer Wohngemeinschaft sich darüber unterhalten, wie der Küchendienst in Zukunft zu organisieren und zu verteilen ist.
Im Gegensatz zu einer eher spontanen Äußerung in mündlicher oder schriftlicher Form, spricht man von Argumentieren oder Erörtern, wenn – bezogen auf eine Problemstellung – eine zielgerichtete und adressatenbezogene Aussage getroffen wird, die eine klare Struktur besitzt. Ein Beispiel:

Zwei Freunde stehen vor der Kasse in einem Kino:

Situation A	Situation B
A: Ich will mir Film X ansehen. B: Ich möchte aber lieber Film Y sehen. A: Gut, dann lass uns eine Münze werfen.	A: Ich meine, wir sollten uns Film X ansehen, da er viel aktueller ist als Film Y. Ich habe gelesen, dass im Film eine Auseinandersetzung mit den Möglichkeiten der Genmanipulation stattfindet. B: Das ist sicherlich interessant, aber ich würde trotzdem lieber Film Y sehen, da er genau zu dem Thema passt, das wir gerade im Unterricht behandeln. Zum Beispiel ...

Während in der ersten Gesprächssituation A lediglich Meinungen ohne Begründung geäußert werden und die Entscheidung dem Zufall (geworfene Münze) überlassen wird, versuchen im Beispiel B die beiden Gesprächspartner eine Entscheidung zu treffen, indem sie ihre persönliche Ansicht begründen und die Begründung mit einem Beispiel belegen.

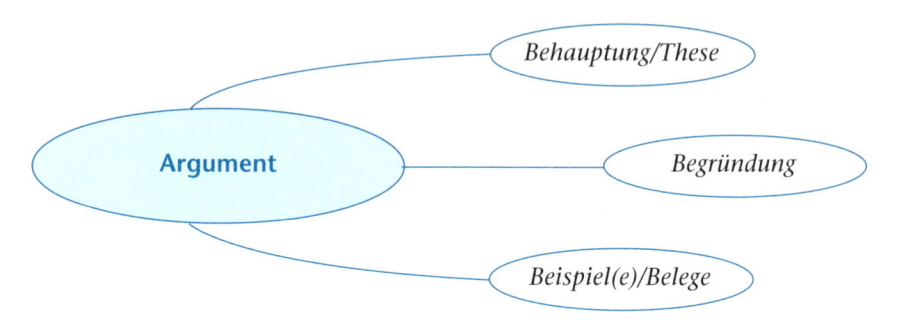

```
                    ( Behauptung/These )
                   /
                  /
( Argument )─────<───────( Begründung )
                  \
                   \
                    ( Beispiel(e)/Belege )
```

Von einem Argument wird gesprochen, wenn eine Behauptung durch eine Begründung gestützt und mit Beispielen und/oder Belegen verdeutlicht wird.

In der Regel wird dialektisch argumentiert. (*Dialektik* von griechisch *dialégesthai* = sich unterreden). Dialektisch argumentieren oder erörtern meint also, dass Argumente und Gegenargumente auf Grund der Bewertung von Begründungen und Beispielen gegeneinander abgewogen werden, um eine Entscheidung zu treffen, eine Position zu beurteilen bzw. zu ihr Stellung zu nehmen.
Der Prozess des dialektischen Argumentierens findet auch statt, wenn man für sich selbst eine Entscheidung trifft bzw. eine Erörterung zu einem Thema schreibt. Meist findet dieser Prozess dann nur unterbewusst im Kopf statt.

❶ Der Anfang des Gesprächs in Beispiel B (S. 101) entspricht eindeutig der Struktur einer dialektischen Argumentation. Erkläre, unter welchen Voraussetzungen Beispiel A vielleicht auch das Ergebnis einer dialektischen Argumentation sein könnte.

Wiederholen und Üben | Schreiben | Argumentieren

Formen von Argumenten und ihre Qualität

Argumente im Mündlichen wie auch im Schriftlichen können unterschiedliche Formen besitzen. Je nach Form besitzen sie ihm Rahmen einer Argumentation mehr oder weniger Gewicht. Faktenargumente z. B. haben eine höhere Qualität als gefühlsbetonte Argumente, da sich Faktenargumente schwerer widerlegen lassen.

Form	Beispiel	Beurteilung der Qualität
Erfahrungsargument	Alle, die ich kenne, finden Graffiti schön.	Nicht zu sehr verallgemeinern, da andere sich auf andere Erfahrungen beziehen können.
Autoritätsargument	Die Graffitis von XY werden heute im Museum in Düsseldorf gezeigt.	Man bezieht sich z. B. auf eine anerkannte Person, das Grundgesetz, die Bibel usw.
Faktenargument	Durch Graffitis entsteht in Deutschland ein jährlicher Schaden von 24 Millionen Euro.	Fakten besitzen eine hohe Qualität, da sie überprüfbar sind. Das gilt vor allem, wenn die Quelle genannt wird und anerkannt ist. Dennoch lassen sich auch diese Argumente hinterfragen.
normatives Argument	Wer öffentliche Einrichtungen mit Graffitis bemalt, erregt öffentliches Ärgernis.	Man bezieht sich auf gesellschaftliche Konventionen, Normen und Regeln, die allerdings umstritten sein können.
analogisierendes Argument	Die Höhlenmalereien der frühen Menschheit wurden auch nicht als Sachbeschädigung bewertet.	Man zieht eine Parallele zu anderen Beispielen. Entsprechende Bezüge sind nicht immer stimmig, da der Vergleich vielleicht „hinkt".
gefühlsbetontes Argument	Die bunten Graffitis in den sonst grauen Städten bereichern den tristen Alltag.	Man bezieht sich auf persönliche Gefühle. Diese Argumente können unsachlich wirken.

2 Suche die Argumente im Text *Graffiti* (S. 109) heraus und bestimme ihre Form. Beurteile ihre Qualität, indem du sie auf einer Skala von 0 (eher unwirksam) bis 5 (wirksam) einteilst.

Wiederholen und Üben | Schreiben | Argumentieren

Argumentatives Schreiben

Argumentatives Schreiben bedeutet, dass man schriftlich zu einem Sachverhalt Stellung nimmt, indem man die eigene Meinung deutlich werden lässt, sie durch → Begründungen stützt und mit → Beispielen belegt. Aufbau und Form sind dabei von verschiedenen Faktoren abhängig:

- Wer ist der Adressat?
- Zu welchem Zweck formuliere ich meine Meinung schriftlich?
- Wie lautet genau die Aufgabe?
- Wird eine einfache oder eine dialektische Argumentation verlangt?

In der Schule werden Themen für das schriftliche Argumentieren in der Regel vorgegeben und die Beantwortung wird gemeinsam durch die Besprechung des Themas vorbereitet. Durch das schriftliche Argumentieren sollst du zeigen, dass du über die erforderlichen **Kompetenzen** verfügst, um

- eine eigene Position zu einem Sachverhalt zu beziehen,
- die eigene Position deutlich und sprachlich präzise darzustellen,
- die Position durch ausgewählte und zweckmäßig angeordnete Begründungen zu stützen,
- Begründungen durch treffende Beispiele zu belegen.

Ein Beispiel für ein solches Thema könnte z. B. lauten:
„Graffiti – Kunst oder Sachbeschädigung?"

Folgende Arbeitsschritte bieten sich zur Beantwortung an:

1. Sich der eigenen Position bewusst werden	– die eigene Position spontan fixieren – eine Mind-Map oder ein Cluster zum Thema anlegen, um die eigene Position zu vertiefen bzw. andere Positionen zu überprüfen – These ausformulieren
2. Begründungen sammeln	– Begründungen auflisten, durch die sich die eigene Position stützen lässt – Begründungen für die eigene Position gegebenenfalls auch aus der Entkräftung möglicher Gegenpositionen gewinnen – Begründungen auf Grund ihrer Bedeutung gewichten

3. Beispiele zu einzelnen Begründungen zuordnen	– Stichwortliste möglicher Beispiele anlegen – Beispiele auf Grund ihrer Aussagekraft und Anschaulichkeit anordnen
4. Gliederung entwerfen	– Grundgliederung: **Einleitung** (Thema, Nennung der eigenen Position im Spektrum möglicher Gegenpositionen), **Hauptteil** und **Schluss** anfertigen – je nach Aufgabe oder Absicht entscheiden, welche Gliederung zweckmäßig ist bzw. durch die Aufgabe gefordert wird
5. Argumentation ausformulieren	– ausgehend von der in 4.) entwickelten Gliederung die Argumentation schriftlich ausgestalten – auf Sachlichkeit und sprachliche Präzision achten – Beispiele durch Hinweise auf ihre Herkunft nachvollziehbar machen
6. Die schriftlich fixierte Argumentation überarbeiten	– Ergebnis gründlich auf sprachliche Richtigkeit überprüfen und gegebenenfalls Korrekturen vornehmen – sofern zeitlich möglich, die schriftliche Argumentation zur Optimierung überarbeiten

Einleitung

In der Einleitung sollte unmittelbar das *Thema* der Argumentation genannt werden. Dabei kann auf die Bedeutung und Aktualität der Themenstellung eingegangen werden. Dabei muss deutlich werden, welche Position im Spektrum möglicher anderer Positionen vertreten wird. Entsprechende Positionen sind hier zunächst nur anzudeuten, da sie im Hauptteil ausführlich besprochen werden. Die Aufmerksamkeit des Lesers kann geweckt werden, indem

– von einem aktuellen Einzelfall ausgegangen wird,
– die Meinung von Experten als Zitat oder Fakten wiedergegeben werden,
– die kontroverse Problematik des Themas herausgestellt wird.

❶ Formuliere zum Thema „Graffiti – Kunst oder Sachbeschädigung?" eine Einleitung, die den oben genannten Kriterien gerecht wird.

Wiederholen und Üben | Schreiben | Argumentieren

Hauptteil

Aufbau und Gliederung einer schriftlichen Argumentation/Erörterung:
Je nachdem, wie strittig ein Thema ist bzw. wie die Aufgabe formuliert ist, unterscheiden sich Aufgabe und Gliederung einer schriftlichen Argumentation im Hauptteil.

a) Sollten Sprayer härter bestraft werden?
b) Graffiti – Kunst oder Sachbeschädigung?

Die als Thema vorgegebene Frage a) zielt darauf ab, die eigene Meinung zu nennen und Argumente für diese Meinung linear aufzulisten. Man spricht deshalb von einer **linearen Gliederung**. Die Argumente werden dabei nach ihrer Bedeutung angeordnet. Umstritten ist, ob z. B. das stärkste Argument am Anfang oder erst am Ende genannt werden sollte.

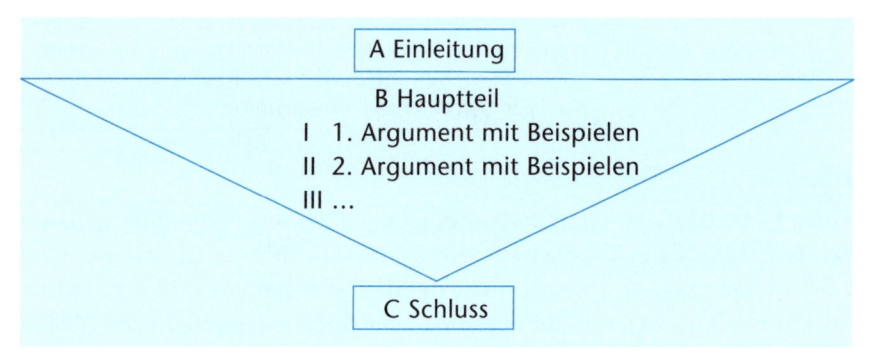

```
          A Einleitung
            B Hauptteil
         I  1. Argument mit Beispielen
         II 2. Argument mit Beispielen
         III ...

            C Schluss
```

Die mit Frage b) verbundene Aufgabenstellung fordert stärker dazu auf, nicht nur Argumente für eine getroffene Entscheidung linear aufzulisten, sondern auch mögliche Gegenargumente dabei zu berücksichtigen. Man spricht dann von einer *Pro-und-Kontra-Argumentation* bzw. von einer *dialektischen Erörterung*. Argumente und Gegenargumente werden dabei nacheinander in einer linearen Gliederung oder im Wechsel in einer **dialektischen Gliederung** angeordnet.

Das Beispiel auf der gegenüberliegenden Seite zeigt den Grundaufbau für eine linear angelegte Pro-und-Kontra-Argumentation.
Linear heißt sie, weil zunächst die Argumente *der Reihe nach* genannt werden, die *für eine* Sache sprechen (Pro-Argumente), bevor im Anschluss die Gegenargumente (Kontra-Argumente) angeführt werden. Die umgekehrte Reihenfolge (erst die Kontra-Argumente, dann die Pro-Argumente) ist auch möglich.

Die in der Abbildung unterlegten Dreiecke deuten an, dass die Begründungen im Rahmen der These oder Antithese nach der Gewichtung angeordnet sind. Bei der These steht das wichtigste Argument im abgebildeten Beispiel zu Beginn, bei der Antithese am Ende.

Beispiel für eine lineare Gliederung

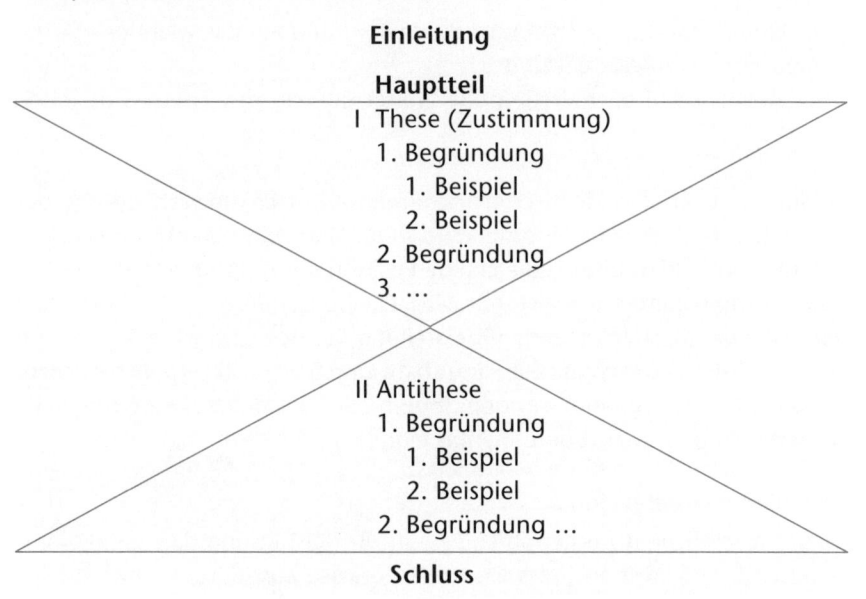

Einleitung

Hauptteil
I These (Zustimmung)
  1. Begründung
    1. Beispiel
    2. Beispiel
  2. Begründung
  3. ...

II Antithese
  1. Begründung
    1. Beispiel
    2. Beispiel
  2. Begründung ...

Schluss

Die folgende Abbildung zeigt demgegenüber die Anordnung der Begründungen und Gegenargumente in Form einer dialektischen Gliederung.

Beispiel für eine dialektische Gliederung

Einleitung

Hauptteil   These   Antithese
                1. Begründung (Pro)
                   1. Beispiel
                   2. Beispiel ⟶ 1. Begründung (Kontra)
                                          1. Beispiel
                                          2. Beispiel
                2. Begründung (Pro) ⟵
                   1. Beispiel ... ⟶ 2. Begründung (Kontra) ...

Schluss

Schluss

Im Schlussteil wird die Argumentation mit Bezug auf das Thema und die Einleitung als Fazit zusammengefasst. Dazu können

- wesentliche Gedanken aus der Einleitung und dem Hauptteil erneut aufgegriffen,
- die eigene Position noch einmal durch Berufung auf das wichtigste Argument klar herausgestellt und
- ein Ausblick auf eine vertiefende Weiterführung des Themas gegeben werden.

Im Rahmen einer dialektischen Argumentation/Erörterung besitzt der Schlussteil besondere Bedeutung, da dort im Sinne einer **Synthese** (Zusammenfügung, Verknüpfung) die eigene Position aus dem Abwägen der Pro- und Kontra-Argumente entwickelt wird. Die begründete Entscheidung fällt durch die vergleichende Gegenüberstellung der gewichtigsten Argumente beider Seiten. Diese Synthese kann dann durch Aspekte ergänzt werden, die oben bereits genannt wurden, indem zum Beispiel auf eine mögliche Weiterführung des strittigen Themas eingegangen wird.

Formulierungshilfen für die Argumentation

Da das schriftliche Argumentieren eine Art Beweisführung darstellt, kommt es besonders darauf an, dass Gedanken präzise ausgedrückt und miteinander verknüpft werden. Zur gedanklichen Verknüpfung sind folgende sprachliche Formulierungen besonders geeignet:

einerseits – andererseits	zwar – aber
aus dem Gesagten folgt …	obwohl
daraus ergibt sich, dass …	selbst wenn … dann
außerdem muss bedacht werden …	demzufolge
zu berücksichtigen ist außerdem …	im Gegensatz dazu
dagegen lässt sich einwenden …	vor dem Hintergrund
…	…

2 Verfasse zum Thema „Graffiti – Kunst oder Sachbeschädigung?" eine schriftliche Argumentation, indem du die beschriebenen Arbeitsschritte ausführst. Wenn dir auf Anhieb zum Thema nichts einfällt, kannst du zur Vorbereitung den Text *Graffiti* lesen:

Graffiti *Unbekannter Verfasser*

Graffitis geben dem Hip Hop die Farbe und verschönern nicht selten den tristen Hintergrund der Realität, mit ihren verfallenen Häusern und ungemütlichen Wohngegenden. Die Bahnhöfe und deren näheres Umfeld werden von den Sprayern gerne zu dieser Realität hinzugezählt. Man kann festhalten, dass das unerlaubte Sprühen die Regel ist und damit permanent gegen geltendes Recht (z. B. wegen Sachbeschädigung, Hausfriedensbruch) verstoßen wird. Jedoch wird dieses bewusst in Kauf genommen – das Risiko erhöht leider auch hier den Reiz.

Trotz dieses Makels sollte Graffiti nicht generell verdammt werden. Es ist eine einzigartige Kunstform, die sich durchaus mit der Ausdrucksform der Popart auf eine Stufe stellen lässt. Leider findet sie nur im Illegalen ihre volle Entfaltung, was sicher auch an der (noch) geringen Akzeptanz in der Bevölkerung liegt.

Graffitis sind nichts anderes als geschickt übereinander gelegte Schichten von Sprühlack, der z. B. in der Autoindustrie zum Einsatz kommt. Hierzu werden eine Menge Dosen gebraucht, wobei ein durchschnittlich großes Graffiti gut 150 DM an Arbeitsmaterial kosten kann. Beim Sprühen entsteht ein Bild im Wesentlichen durch eine geschickte Kombination von (kontrastreichen) Farben. Zuerst werden die Flächen gesprüht, dann deren Abgrenzung zueinander, meist durch schwarze Striche, die dem ganzen die Kontur geben.

Graffitis sind ebenfalls eine extreme Form der Selbstdarstellung. Hierbei ist der Gesamteindruck entscheidend. Ein Graffiti wirkt zunächst einmal durch seinen farblichen Eindruck. Danach wirkt die Form des Schriftzuges, den es darstellt. Dieses können Name des Sprayers, Lebensmotto oder aktuelle Kommentare zum Zeitgeschehen sein. Einige Sprayer betrachten es als Herausforderung ihren Namen in zig verschiedenen Variationen in Farbe und Form zu verewigen. Andere versuchen durch zusätzliche bildhafte Darstellung (*charakters*) die Aussageabsicht oder den Gesamteindruck zu unterstreichen. Die wirklich guten Sprayer konzentrieren sich mehr auf Charakters (manchmal in Kombination mit ganzen Szenen aus der realen Welt) als auf Schriftzüge.

Wiederholen und Üben | Schreiben | Argumentieren

Textbasierte Argumentation

Anders als in der schriftlichen Argumentation bildet bei dieser Form des schriftlichen Argumentierens ein Text den Ausgangspunkt. Das erfordert zunächst

> - ein sehr konzentriertes Lesen des Textes und der dazugehörigen Aufgabenstellung,
> - eine Bestimmung des zentralen Themas und der Position des Verfassers (Kernthese im Text lokalisieren),
> - die Überprüfung der angeführten Begründungen und Beispiele,
> - die Beurteilung der Schlüssigkeit der Argumente und Klärung des Verhältnisses in Bezug auf die eigene Position zum Thema.

Da es sich bei den Textvorlagen in der Regel um Sachtexte handelt, findest du Hilfen zu diesem Arbeitsschritt im Kapitel *Sachtexte* (→ S. 166 ff.). Dort werden auch die erforderlichen Kompetenzen genannt, über die du zusätzlich zu den auf S. 104 genannten verfügen solltest.

Eine textbasierte Argumentation besteht grundsätzlich aus *zwei Teilaufgaben*, wobei nur die zweite Teilaufgabe als schriftlich ausformuliertes Ergebnis vorzulegen ist:

1. Herausarbeitung der Grundposition des Verfassers und Klärung der Argumentationsstruktur, durch die reflektierte Auseinandersetzung mit den Begründungen und Beispielen.

2. Kritische Überprüfung und Bewertung der Argumentation und begründete Darstellung der eigenen Position mit Bezug auf den Ausgangstext.

Die zweite Teilaufgabe fordert auf, der im Text vertretenen Position zuzustimmen bzw. diese abzulehnen und in Abgrenzung dazu eine eigene Position begründet zu entwickeln. Daraus ergeben sich unterschiedliche **Strategien** für das Verfassen einer textbasierten Argumentation:

Wiederholen und Üben | Schreiben | Argumentieren

Verhältnis zwischen der Position des Verfassers und der eigenen Position	Strategien der eigenen Argumentation
Ansichten des Verfassers stehen im *völligen Widerspruch* zu den eigenen:	– Prämissen (Grundannahmen) des Textes prüfen und begründet in Frage stellen. – Die Qualität der Argumente und die Schlüssigkeit der Argumentation kritisch überprüfen und Schwachstellen nachweisen. – Die Gültigkeit einzelner Thesen begründet einschränken. – Einzelne Begründungen oder Beispiele kritisch reflektieren bzw. als unzureichend darstellen.
Ansichten des Verfassers stimmen *teilweise* mit den eigenen überein:	– Die Thesen und Begründungen kennzeichnen, bei denen eine Übereinstimmung besteht; evtl. weitere Argumente ergänzen, die die Ansicht des Verfassers unterstützen. – Die Thesen und Begründungen kennzeichnen, bei denen keine Übereinstimmung besteht, und Gegenargumente darstellen, die die Ansicht des Verfasser widerlegen.
Ansichten des Verfassers stimmen *vollständig* mit den eigenen überein:	– Die Argumentation des Verfassers durch die Ergänzung weiterer Argumente positiv stützen. – Mögliche Gegenargumente, die vom Verfasser nicht berücksichtigt wurden, begründet entkräften.

TIPP

Das Verfassen einer textbasierten Argumentation fällt im Allgemeinen leichter, wenn die eigene Meinung in gewissem Widerspruch zu der im Text vertretenen Ansicht steht. Bei völliger Übereinstimmung der Positionen fällt es schwerer, etwas zu schreiben. In diesem Fall ist besonders darauf zu achten, dass nicht nur mit eigenen Worten wiederholt wird, was bereits im Text steht. Beachte dann besonders die oben als letztes empfohlene Strategie!

Im Folgenden findest du eine Beispielaufgabe für eine textbasierte Argumentation.

111

Aufgabe

Lies den Text genau.
1. Erscheint dir die Entscheidung des NRW-Landtags von 1997, das Kommunalwahlrecht auf 16 Jahre zu senken, nach wie vor richtig?
2. Sind die im Text vorgebrachten Argumente aus heutiger Sicht noch gültig und könnten sie auch für die künftigen Landtagswahlen Gültigkeit beanspruchen?
3. Verfasse einen eigenen argumentativen Text, der sich auf die Vorlage bezieht, Gegenargumente berücksichtigt und deine Position eindeutig erkennen lässt.

Herabsetzung des Wahlalters auf 16 Jahre *Franz-Josef Kniola*

Die Landesregierung hat 1997 im Landtag einen Gesetzentwurf mit Änderungen zum Kommunalwahlrecht eingebracht. Die hier dokumentierte Rede vom damaligen NRW-Innenminister Franz-Josef Kniola in der Landtagssitzung am 30. Oktober 1997 zeigt die wesentlichen Änderungen auf.

Der von der Landesregierung vorgelegte Gesetzentwurf zur Änderung des Kommunalwahlgesetzes geht in seinen beiden wesentlichen Punkten auf die Koalitionsvereinbarung zurück, in der die Koalitionsparteien übereingekommen waren, verschiedene Regelungen des Kommunal-
5 wahlgesetzes unter Berücksichtigung der Wahlrechtsentwicklung in anderen Ländern zu überprüfen.
Im Einzelnen: Der Gesetzentwurf geht davon aus, dass 16-jährige die nötige Reife und Urteilsfähigkeit für eine Teilnahme an Wahlen und Abstimmungen auf kommunaler Ebene besitzen. Ergebnisse von ju-
10 gendsoziologischen Untersuchungen belegen, dass 16-jährige junge Menschen politische und gesellschaftliche Entwicklungen durchaus substanziell beurteilen können. Sie sind daran vielfach nicht weniger interessiert als 18-jährige junge Erwachsene. Das veranlasst uns, diesen jungen Menschen auch das aktive Wahlrecht bei Kommunalwahlen
15 zu gewähren.
(Das aktive Wahlrecht bei Landtagswahlen und bei Bundestagswahlen, über das vielleicht auch diskutiert werden könnte, das aber verfassungsrechtlich an die Vollendung des 18. Lebensjahres geknüpft ist, steht in diesem Zusammenhang nicht zur Disposition.)

Wiederholen und Üben | Schreiben | Argumentieren

20 Für die Landesregierung geht es darum, bei jungen Menschen bereits frühzeitig dieses Interesse durch demokratische Mitwirkung zu stärken. Das kann – wenn man das Ziel ernsthaft angehen will – am ehesten dadurch geschehen, dass jungen Menschen die Teilnahme an politischen Entscheidungsprozessen zumindest auf der überschaubaren kommunalen
25 Ebene auch tatsächlich so früh wie möglich ermöglicht wird.
Dadurch wird das Kommunalrecht keinesfalls zu einem Wahlrecht zweiter Klasse degradiert, wie hier und da zu hören ist. Die Herabsetzung des aktiven Wahlalters um zwei Jahre kann vielmehr der angeblichen Politikverdrossenheit der jungen Generation entgegenwirken. Sie ist
30 auch eine Chance für die Parteien, bereits früh auf junge Menschen zuzugehen und sie für eine aktive Teilnahme am politischen und gesellschaftlichen Geschehen zu gewinnen.

Empfohlene Arbeitsschritte

Zur Vorbereitung auf das Verfassen der eigenen Argumentation solltest du folgende Arbeitsschritte ausführen und Fragen an den Text beantworten:
- Sorgfältiges Lesen der Aufgabenstellung. Die Teilaufgaben bestimmen, die zu bewältigen sind. Welche → Operatoren werden in der Aufgabenstellung verwendet?
- Sehr gründliche, möglichst wiederholte Lektüre des Textes. Wichtige Stellen markieren und mit Kommentaren versehen, um die Kernthese im Text zu bestimmen und Stärken bzw. Schwächen der Argumentation zu kennzeichnen. Dazu solltest du dir folgende Fragen beantworten:
  – Welche Absicht verfolgt der Verfasser? Welche Ansicht in Bezug auf das gewählte Thema vertritt er? Gibt er Lösungen vor?
  – Mit welchen Argumenten begründet er seinen Standpunkt? Welche Qualität haben die Argumente und mit welchen Beispielen werden die Begründungen belegt?
  – Welches ist die zentrale These des Verfassers und wo wird sie im Text deutlich zum Ausdruck gebracht?
  – Auf welche Weise gelingt es dem Verfasser, Interesse für seine Ausführungen zu wecken? Welche → rhetorischen Mittel werden dazu verwendet?
  – Gibt es wichtige Aspekte, auf die der Verfasser nicht eingeht? Gibt es Stellen, an denen er zu stark verkürzt oder verallgemeinert?
  – Welche Position vertrete ich selbst?

Wiederholen und Üben | Schreiben | Argumentieren

Für das Verfassen der schriftlichen Argumentation im Anschluss an die Auseinandersetzung mit dem Ausgangstext bietet sich folgende Gliederung an:

1. Einleitung	Grundinformationen zum Text nennen: Verfasser, Titel, Thema, Kerngedanken des Textes
2. Hauptteil	
2.1 Analyse des Textes	Darstellung der zentralen Thesen und der gedanklichen Zusammenhänge in der Textwiedergabe
2.2. Kritische Reflexion der Argumentation	Kritische Auseinandersetzung mit der Position des Verfassers im Sinne der oben beschriebenen Strategien
3. Schluss	Eigene Position mit Bezug auf die Einleitung oder den Hauptteil zusammenfassen und möglicherweise weiterführende Fragestellungen entwickeln

TIPP

Es ist auch möglich, die eigene schriftliche Argumentation so aufzubauen, dass die kritische Reflexion der Argumentation nicht als eigenständiger Teil (2.2 im Kasten) des Hauptteils behandelt wird, sondern in den Verlauf der Analyse eingebettet wird. Das heißt, dass die der Chronologie des Textes folgende Analyse unterbrochen wird, um unmittelbar zum Dargestellten selbst Stellung zu beziehen, bevor die Analyse (nächste Textpassage) fortgesetzt wird.

Achte beim **Ausformulieren der Argumentation** auf Folgendes:

– Verwende in der Textwiedergabe (→ S. 99 ff.) das → Präsens und die → indirekte Rede.
– Verwende Textbelege und Zitate aus dem Text, um deine Aussagen zu belegen. Achte dabei auf richtiges Zitieren (→ S. 92 f.).
– Achte darauf, dass sehr deutlich wird, bei welchen Passagen es sich um die Darstellung des Ausgangstextes bzw. um deine eigene kritische Reflexion handelt.
– Verwende Absätze, um die Gliederung deiner schriftlichen Argumentation deutlich werden zu lassen.
– Verknüpfe deine Aussagen durch geeignete sprachliche Formulierungen.

Wiederholen und Üben | Schreiben | Argumentieren

Stellungnahme
Im Anschluss an die Auseinandersetzung mit einem Sachtext, wirst du eventuell dazu aufgefordert, zu einem dargestellten Sachverhalt oder einer These im Text Stellung zu beziehen.
Die → Operatoren „nimm Stellung" bzw. „beziehe Stellung" verlangen nicht, dass du eine vollständig ausformulierte textbasierte Argumentation schreibst. Dies ist nur erforderlich, wenn – wie in der abgedruckten Beispielaufgabe – ausdrücklich dazu aufgefordert wird.
Eine Stellungnahme bedeutet, dass du deine eigene Position zur Sache argumentativ klar begründest, aber in deutlich reduzierter Form darstellst. Deine Argumentation bezieht sich dann nicht auf den gesamten Text, sondern nur auf den in der Aufgabenstellung genannten Teilaspekt.

Übungen

1. Bereite das Verfassen einer textbasierten Argumentation zur Beispielaufgabe oben vor, indem du die empfohlenen Arbeitsschritte für die Auseinandersetzung mit dem Ausgangstext ausführst.

2. Verfasse im Anschluss die schriftliche Argumentation, nachdem du festgelegt hast, welche Strategie (→ S. 111) du verfolgen willst.

3. Überarbeite deine Ausführungen, nachdem du sie einem anderen zur Lektüre vorgelegt hast. Achte bei der Überarbeitung vor allem auch auf die sprachliche Richtigkeit.

4. Als zusätzliche Übung für eine textbasierte Argumentation bietet sich der von dir wahrscheinlich schon gelesene Text *Graffiti* auf S. 109 an.

5. Verwende die beiden folgenden Texte zum Thema „Führerschein mit 16", um das Verfassen einer textbasierten Argumentation zu üben. Das besondere an dieser Aufgabe ist, dass sich deine Argumentation auf zwei Ausgangstexte bezieht.

Führerschein ab 16   *Janos Burghardt*

Zweiräder sind für Minderjährige die einzige Alternative zum öffentlichen Nahverkehr – obwohl diese vielfach unsicherer als Autos sind. Den Führerschein bald ab 16?

Nach aktuellen Statistiken sind Motorradfahrer im Straßenverkehr 10mal so gefährdet wie Autofahrer. Mobilität für 16- und 17-Jährige wird politisch gefordert und gefördert. Doch immer noch sind die gefährlicheren Zweiräder die einzige Alternative zum öffentlichen Nah-
5 verkehr. Doch warum werden alle anderen Varianten bisher gesetzlich ausgeschlossen?

Aktuelle Regelung
Der 16-Jährige muss momentan mindestens 12 Theoriestunden ab-
10 solvieren, nach ca. 6 Wochen bekommt er mit bestandener Prüfung seinen Führerschein. Man kann ab 16 Jahren den Führerschein in den Klassen M (Roller bis 50 ccm) und A1 (M eingeschlossen, bis 125 ccm) erhalten. In Ausnahmefällen und nach einem medizinischen Gutachten erlaubt der Staat Jugendlichen unter 18 Jahren mit dem vierrädrigen
15 Auto zu fahren. Diese Erlaubnis beschränkt sich aber meistens auf ein bestimmtes Gebiet (beispielsweise von Zuhause zum Ausbildungsplatz) und wird nicht immer gewährt. Der motorisierte Einsatz Jugendlicher bei ländlichen Arbeiten ist de facto kein Problem – mit dem Traktor das Feld ackern ist auch mit 16 Jahren erlaubt.
20

Ein Rad zu viel
Jüngst forderten Bündnis 90/Die Grünen einen speziellen Führerschein für 16-Jährige: zukünftig sollten diese in einem dreirädrigen Öko-Gefährt (Stromauto) über deutsche Straßen düsen dürfen. Die Reaktionen
25 nach dieser Forderung zeigen die reformbedürftigen Schwächen des aktuellen Führerscheingesetzes auf. Das Öko-Gefährt hat ein Dach und viele Sicherheitseinrichtungen, zudem fährt es nur 45 km/h. Ein herkömmlicher Roller fährt bis zu 80 km/h und ist wegen der berühmten „Flug"-Gefahr beim Frontalaufstoß viel gefährlicher. Doch wegen des
30 einen Rads zu viel beim Öko-Gefährt, war es nicht möglich, den Vorschlag durchzubringen. Sicherheitstechnisch ist die Absage nicht zu erklären.

Fahrkompetenz

In vielen anderen Ländern ist der Führerschein schon früher zu erwerben. Nicht nur in den USA, wo man nach einer Prüfung mit 16 Jahren den Führerschein in den Händen hält, sondern selbst unser direkter Nachbar Österreich hat ein gelockertes Führerscheingesetz. Mit 17 Jahren kann man, wenn man am Theorie-Unterricht einer Fahrschule teilnimmt, in Begleitung eines fahrkundigen Erwachsenen das Autofahren erlernen. Diese Variante ist sicher nicht so attraktiv wie die meisten Nicht-Volljährigen sich erhoffen – doch ein wichtiger Schritt für die Entwicklung besserer Fahrkompetenz bei den Jugendlichen, die ab dem 18. Lebensjahr sofort einen 250 km/h schnellen Porsche fahren dürfen, ist es allemal.

Ein Kleinauto zu drosseln wäre technisch kein Problem. Der Vorschlag, ein langsames Kleinauto bereits ab 16 Jahren fahren zu dürfen, ist nicht neu. Doch gut! Es gibt kein sichereres und gleichzeitig attraktives Gefährt als ein langsames Kleinauto. Die Taxifahrten vieler Eltern würden entfallen, die Unsicherheit eines Zweiräders auch und die Fahrkompetenz der 18-Jährigen, die dann ungedrosselt fahren dürfen, wäre um ein vielfaches höher. Sicherer Straßenverkehr und mehr Mobilität für Jugendliche – die Politiker sollten über diese Alternative wirklich nachdenken.

Wiederholen und Üben | Schreiben | Argumentieren

Führerschein ab 16:
Auf Quads und in Miniautos unterwegs *Unbekannter Verfasser*
Ein Teenie-Traum geht in Erfüllung: Seit 1. Februar können bereits 16-Jährige ihren Führerschein machen – allerdings nicht das begehrte Zertifikat der Klasse B, sondern nur die Light-Version für Klasse S. Mit diesem Lappen in der Tasche dürfen Teenies künftig ans Steuer PS-ge-
5 drosselter Leichtkraftfahrzeuge. Erteilt wird die Fahrerlaubnis für vier- und dreirädrige Motorroller – „Quads" und „Trikes" genannt – sowie für Miniautos bis zu sechs PS. Was Jugendlichen auf den ersten Blick eine größere Freizügigkeit im Straßenverkehr beschert, hat unter Sicherheits- und Kostengesichtspunkten jedoch so seine Tücken.
10
– **Hohe Kosten:** Bis zum Führerschein braucht's 14 Doppelstunden theoretischen Unterricht, vier Fahrstunden sowie eine Prüfung in Theorie und Praxis. Je nach Fahrschule und eigenem Geschick addieren sich Kosten zwischen 700 und 1.000 Euro. Die Fahrstunden für die
15 Leichtmodelle werden beim späteren Erwerb der PKW-Fahrerlaubnis nicht angerechnet. Wer den „normalen Lappen" machen will, muss mit 18 noch mal tief in die Tasche greifen und mit Theorie und Praxis von vorn beginnen.

20 – **Wenige Fahrschulen:** Viele Fahrschulen haben sicherheitstechnische Bedenken oder scheuen die Investitionen und nehmen deshalb die Ausbildung für den neuen Führerschein vorerst nicht in ihr Programm auf.

25 – **Beschränkte Erlaubnis:** Mit dem Führerschein der S-Klasse können Jugendliche ab 16 Jahren nicht jedes kleine Auto fahren. Zugelassene Fahrer dürfen nur ans Steuer von Quads, Trikes und Miniautos, deren Hubraum auf 50 Kubikzentimeter begrenzt ist, die maximal 45 Stundenkilometer fahren (ausschließlich auf Stadt- und Landstraßen) und die
30 nicht mehr als 350 Kilogramm Leergewicht auf die Waage bringen.

– **Teure Anschaffung:** Leichtkraftfahrzeuge müssen nicht extra zugelassen werden. Es reicht, sich ein Versicherungskennzeichen zu besorgen. Allerdings sind die Spaßmobile in der Anschaffung recht teuer. Quads
35 bietet der Handel zu Preisen zwischen 1.600 und 2.500 Euro an. Für

ein neues Miniauto müssen jedoch zwischen 8.000 und 12.000 Euro hingeblättert werden.

– Geringe Sicherheit: Die Leichtfahrzeuge halten dem Vergleich mit einem normalen PKW keineswegs stand. Nach Ansicht von Experten ist die zugelassene Geschwindigkeit für die technische Ausstattung der Gefährte viel zu hoch. Quads und Trikes sind zudem in Kurven extrem instabil und kippgefährdet. Tuckern die Leichtgewichte gemächlich auf der Straße, sind sie für andere Autofahrer ein rollendes Verkehrshindernis und provozieren geradezu Überholmanöver. Aufgrund der leichten Konstruktion verlieren die Reifen schnell an Bodenhaftung. Bei einem Unfall ist mit schweren Folgen zu rechnen, da die vier- und dreirädrigen Spaßmobile keinerlei Knautschzonen besitzen. Ein Fahrer kann bei einem Auffahrunfall leicht auf das voranfahrende Fahrzeug geschleudert werden. Zurzeit besteht für das Fahren von Quads und Trikes noch keine Helmpflicht. Im Interesse der eigenen Sicherheit sollten die leichten Kaliber jedoch nur mit Helm und Sicherheitskleidung in Bewegung gesetzt werden.

Merkmale lyrischer Texte

Dieses Kapitel zeigt, wie lyrische Texte verstanden und interpretiert werden können. Dazu werden Tipps und Hilfen gegeben, um Gedichte angemessen zu lesen, zu untersuchen und zu deuten. In einzelnen Schritten werden Wissen und Methoden vermittelt und in entsprechenden Übungen erprobt und gefestigt. Dazu werden Gedichte herangezogen, die in Prüfungen vorgelegt werden könnten.
Ein Beispiel:

Städter   *Alfred Wolfenstein*
Dicht wie Löcher eines Siebes stehn
Fenster beieinander, drängend fassen
Häuser sich so dicht an, dass die Straßen
Grau geschwollen wie Gewürgte sehn.

5 Ineinander dicht hineingehakt
Sitzen in den Trams die zwei Fassaden
Leute, ihre nahen Blicke baden
Ineinander ohne Scheu befragt.

Unsre Wände sind so dünn wie Haut,
10 Dass ein jeder teilnimmt, wenn ich weine.
Unser Flüstern, Denken ... wird Gegröle ...

– Und wie still in dick verschlossener Höhle
Ganz unangerührt und ungeschaut
Steht ein jeder fern und fühlt: alleine.

Lyrische Texte machen ihre Aussagen auf andere Weise als andere Textsorten, sie lenken die Aufmerksamkeit vor allem auf
– den Klang der Worte z. B. „Grau geschwollen wie Gewürgte sehn."
– die Folge der Worte in einem Sprechzusammenhang z. B. „... stehn ... fassen ... Straßen ... sehn."
– die Verhältnisse von betonten und unbetonten Silben z. B. abwechselnd betont – unbetont: „Dicht wie Löcher eines Siebes stehn." (→ Trochäus)
– die besondere Wortwahl und den Satzbau z. B. „die Straßen/Grau geschwollen", oder Vergleiche wie: „Wände sind so dünn wie Haut".

Gedichte bedienen sich meist einer bildlichen Sprache oder stellen Sachverhalte so dar, dass sie als Bild für das Gemeinte dienen z. B. „drängend fassen/Häuser sich so dicht an" (→ Personifikation), oder: „Ineinander dicht hineingehakt/Sitzen in den Trams die zwei Fassaden/Leute, ihre nahen Blicke baden" (→ Metapher).

Zudem gibt es besondere Formen der Lyrik, die immer wieder, auch in ganz verschiedenen Zeiten und Zusammenhängen, genutzt werden, um die Aussagen zu gestalten wie im vorliegenden Beispiel das → Sonett.

Daher müssen Leser selbst viel mehr tun als im Umgang mit anderen Texten, da sie die Andeutungen und Anspielungen oder die oft verschlüsselten oder nicht eindeutigen Aussagen selbst in einen sinnvollen Zusammenhang bringen müssen:

In dem Beispielgedicht ist es die Darstellung des Lebens in einer Stadt vor dem Ersten Weltkrieg mit seiner Enge und räumlichen Nähe, in der sich die Menschen dennoch fremd bleiben und jeder ohne innere Verbindung mit anderen ganz für sich lebt.

Je nach Gedicht treten andere Elemente in den Vordergrund, werden je verschiedene Aspekte der Gestaltung und Bedeutungsbildung wichtig. Eine angemessene Gedichtbeschreibung und Interpretation hat die jeweils wichtigen Aspekte zu bestimmen und entsprechend zu berücksichtigen. Dazu bedarf es besonderer Aufmerksamkeiten und Begriffe, um diese besonderen Elemente zu erkennen, zu beschreiben und zu deuten.

Begriffe zur Gedichtanalyse

Strophe	Abschnitte eines lyrischen Textes, für die die gleichen Regeln gelten	Strophenformen unterscheiden sich durch regelmäßige Versmaße und Reimschemata
Reim	Übereinstimmung von Lauten zweier oder mehrerer Wörter; man unterscheidet Stabreime (Alliteration: anlautende Konsonanten) von Endreimen (auslautende Vokale)	Stabreim: *komm kurzer kräftiger Kerl* Endreim: *Band – Hand*
Reimschema	Darstellung der verschiedenen Endreimformen (meist) durch Kleinbuchstaben	Paarreim (aabbcc ...), Kreuzreim (abab ...), umarmender Reim (abba)

Metrum	Versmaß mit bestimmten Betonungsverhältnissen im Vers, bestehend aus Versfüßen	betonte Silbe: ´ unbetonte Silbe: ^
Hebungen	Betonungen im Vers: Je nach Zahl der Hebungen im Vers kann etwa vom 5-hebigen oder 6-hebigen Jambus als Versmaß gesprochen werden.	*Es strebe jeder von euch um die Wette* (Blankvers: 5-hebig) *Du siehst, wohin du siehst, nur Eitelkeit auf Erden* (Alexandriner: 6-hebig)
Trochäus	Zweihebiger Versfuß: betont – unbetont	*Aug, mein Aug, was sinkst du nieder?*
Jambus	Zweihebiger Versfuß: unbetont – betont	*Zum Kampf der Wagen und Gesänge …*
Daktylus	Dreihebiger Versfuß: betont – unbetont – unbetont	*Leidenschaft führt mir die Schale zum Munde*
Anapäst	Dreihebiger Versfuß: unbetont – unbetont – betont	*Aus der Hand frisst der Herbst mir sein Blatt: wir sind Freunde.*
Enjambement	„Zeilensprung" eines Satz- und Sinnzusammenhangs über das Vers-/Strophenende hinaus	*Lust und Leid und Liebesklagen/kommen so verworren her/ in dem linden Wellenschlagen*
Metapher	Sprachliches Bild, bei dem die Bedeutung des Bildspenders auf den Bildempfänger bezogen wird	*Kenntnisse sind das Salz in der Suppe der Bildung.*
Vergleich	Sprachliches Bild, bei dem verschiedene Dinge oder Sachverhalte nebeneinander gestellt werden	*Wissen ohne Fakten ist wie ein Vogel ohne Flügel.*
Personifikation	Sprachliches Bild, bei dem Gegenstände, Tiere oder abstrakte Sachverhalte als menschliche Personen angesprochen werden	*Berlin handelt mit bestem Wissen und Gewissen.*
Alliteration	gleiche Anlaute (Konsonanten) von Silben und Worten	*Verantwortung, Veränderung, Vertrauen – das ist, was wir wollen.*

lyrisches Ich	Die Äußerungen in einem Gedicht können nicht unmittelbar auf den Verfasser bezogen werden. Es ist also methodisch sinnvoll, die Stimme, die in einem lyrischen Text zu erkennen ist, von dem Verfasser zu unterscheiden. Hierfür hat sich der Begriff des *lyrischen Ichs* (oder Subjekts) durchgesetzt.	*Du bist mein Mond, und ich bin deine Erde;/Du sagst du drehest dich um mich./Ich weiß es nicht, ich weiß nur, dass ich werde/In meinen Nächten hell durch dich.* (Friedrich Rückert)

Metrum und Reim

Gedichte sind Texte, die in besonderer Weise gestaltet sind. Dies gilt auch für die Anordnung der Worte in den Versen. So fällt bei vielen Gedichten der Endreim auf, aber auch eine Wiederholung der Sprechweise der Zeilen. Sie wird erzeugt durch die Verteilung der Betonungen in einem Vers, so werden in gelesenen Versen Betonungen hörbar. In vielen Gedichten sind die Betonungen regelmäßig verteilt, hier spricht man von einem bestimmten Versmaß. Wichtig ist dabei das Verhältnis von betonten zu unbetonten Silben.

Betonte und unbetonte Silben

Man unterscheidet zunächst betonte und unbetonte Silben, um dann die Verteilung der Betonungen zu betrachten. Hierbei kann man von der Betonung eines Wortes ausgehen. In zweisilbigen Worten wird entweder die erste Silbe betont wie in *Hánd-lung* und *gé-ben*, oder die Betonung liegt auf der zweiten Silbe wie bei *Ge-búrt* und *Ver-stánd*. In anderen Worten folgen auf eine betonte zwei unbetonte Silben wie bei *Strá-ßen-bau* und *Eín-tritts-geld*, oder es wird die letzte Silbe betont wie bei *un-ter-wégs* und *ne-ben-béi*.

Die Betonung bestimmter (Wort-) Silben gestaltet Äußerungen und trägt zu deren Wirkung Entscheidendes bei. Bei den Redewendungen „mit Kind und Kegel" oder „mit Haut und Haar" werden jeweils die zweite und vierte Silbe betont, während die erste und dritte (bzw. fünfte) unbetont bleiben. Das Formelhafte und Eingängige von Wendungen dieser Art wird mit diesen Betonungen (auch → Hebungen genannt) verstärkt. Zudem reimen sich die anlautenden Konsonanten: K-K bzw. H-H (→ Alliteration), was die Formulierung nochmals verstärkt und leichter „ins Ohr" gehen lässt.

In lyrischen Texten werden diese Möglichkeiten gezielt genutzt, Verse mit regelmäßigen Betonungsverhältnissen gehorchen einem bestimmten Versmaß (→ Metrum). In der europäischen Literatur sind die aus der Antike stammenden Versmaße von großem Einfluss gewesen (allerdings bezeichnen diese die unterschiedliche Länge von Wortsilben im Griechischen und Lateinischen und sind bei der Übernahme auf die unterschiedlichen Betonungen im Deutschen bezogen worden).

Betonungsverhältnisse bestimmen
In lyrischen Texten werden durch die besondere Gestaltung der sprachlichen Lautungen Wirkungen und Bedeutungen erzeugt. So wechseln sich etwa in einem Gedicht von Friedrich Schiller betonte und unbetonte Silben ab: „Zum Kámpf der Wágen únd Gesánge,/Zog Íbykús, der Gótterfréund." Diese Regelmäßigkeit (eines vierhebigen Jambus) verleiht dem Text eine bestimmte Lebendigkeit und Impulsivität. In den Zeilen eines anderen Gedichts von Joseph von Eichendorff wechseln ebenfalls betonte und unbetonte Silben, doch in anderer Weise und mit anderer Wirkung: „Nácht ist wié ein stílles Méer,/Lúst und Léid und Liébesklágen/Kómmen só verwórren hér". Diese (trochäischen) Betonungsverhältnisse verstärken das Getragene und Schwere der Worte und ihrer Bedeutungen. In dem Gedicht *Städter* (S. 120) wird durchgängig ein → Trochäus verwendet:

Dícht wie Löcher éines Siébes stéhn
Fénster béieinánder, drängend fássen
Häuser sích so dícht an, dáss die Stráßen
Gráu geschwóllen wíe Gewürgte séhn.

Nicht immer ergänzen sich jedoch Aussage der Worte und die Gestaltung der Betonungsverhältnisse. So stehen in dem folgenden Vers von Heinrich Heine die (jambischen) Betonungen in Spannung zu den Formulierungen: „Mein Hérz, mein Hérz ist tráurig". Diese Spannung trägt zur ironischen Brechung der Aussagen des lyrischen Ichs bei.
In dem folgenden Gedicht werden die Betonungen so gesetzt wie im Rhythmus des Walzertaktes, wo nämlich der erste Schritt von dreien betont wird. Damit wird im Sprechen des Textes das nachgeahmt, wovon die Rede ist, nämlich dem Walzer-Tanz. Zugleich wird das Tanzen zum Bild für das Leben genommen.

Walzer   *Novalis*
Hinunter die Pfade des Lebens gedreht
Pausiert nicht, ich bitt euch so lang es noch geht
Drückt fester die Mädchen ans klopfende Herz
Ihr wisst ja wie flüchtig ist Jugend und Scherz.

5 Lasst fern von uns Zanken und Eifersucht sein
Und nimmer die Stunden mit Grillen entweihn
Dem Schutzgeist der Liebe nur gläubig vertraut
Es findet noch jeder gewiss eine Braut.

Während die ganz regelmäßig wiederholten Betonungsverhältnisse als Metrum oder Versmaß (und manchmal auch als Takt) der Verse begriffen werden, so bezeichnet der Rhythmus eines Gedichts das Sprechen in dieser Gleichmäßigkeit, aber mit Rücksicht auf Betonungen nach dem Sinn der Worte und Sätze. Für die Beschreibung des sich wiederholenden Metrums ist es sinnvoll, das sinnbezogene Betonen zu meiden und die sich ergebenden Betonungen besonders hervorzuheben. Eine Hilfe kann sein, sich der Betonungen eines Wortes beim Sprechen zu vergewissern.

❶ Bestimme die Betonungen in den folgenden Worten, spreche sie dazu laut vor und übertreibe die Betonungen der Silben, z. B. Strá - ße, Gasse, Masse, Fußweg, abholen, weglassen, Einrichtung, Vergesslichkeit, Brotmischung, Sprungschanze, weglaufen, aufheben, Verantwortung, Gedichtvortrag, Regal, Salatmischung

❷ Bestimme die Versmaße in dem folgenden Gedicht auf S. 126, lies es laut vor und übertreibe die Betonungen der Silben.

❸ Überlege, welche Bedeutung und Funktion der Wechsel des Metrums haben könnten.

Auf dem See *Johann Wolfgang von Goethe*

Und frische Nahrung, neues Blut
Saug ich aus freier Welt;
Wie ist Natur so hold und gut,
Die mich am Busen hält!
5   Die Welle wieget unsern Kahn
Im Rudertakt hinauf,
Und Berge, wolkig himmelan,
Begegnen unserm Lauf.

Aug, mein Aug, was sinkst du nieder?
10 Goldne Träume, kommt ihr wieder?
Weg, du Traum! so gold du bist;
Hier auch Lieb und Leben ist.

Auf der Welle blinken
Tausend schwebende Sterne
15 Weiche Nebel trinken
Rings die türmende Ferne;
Morgenwind umflügelt
Die beschattete Bucht,
Und im See bespiegelt
20 Sich die reifende Frucht.

Verse und Zeilensprünge (Enjambements)

Die sprachliche Gestaltung eines Gedichts wird vor allem auch durch die Verse bestimmt. Hat ein Gedicht Endreime, so sind die Verse unmittelbar an der Wiederholung der Laute am Zeilenende erkennbar. Bei Gedichten ohne Endreime gehorcht die Versgestaltung noch anderen Regeln. So geht es in einem Gedicht von J.W. Goethe um die Auflehnung des Prometheus gegen den Göttervater Zeus, der diesen bestraft hat, weil er den Menschen das Feuer gebracht hat:

Hier sitz ich, forme Menschen
Nach meinem Bilde,
Ein Geschlecht, das mir gleich sei,
Zu leiden, zu weinen,

Zu genießen und zu freuen sich,
Und dein nicht zu achten,
Wie ich!
…

Hier werden mehrere Zeilensprünge deutlich, schon der zweite Vers wird mit der Satzergänzung „Nach meinem Bilde" gestaltet. Beim lauten Lesen wird hörbar, warum dies so ist: Die kurze Pause nach der ersten Zeile und die Betonungen auf den ersten Silben von „meinem" und „Bilde" heben den Anspruch des Sprechers, also Prometheus, hervor. Ein Vers hingegen, der den Satz zusammenlässt („Hier sitz ich, forme Menschen nach meinem Bilde"), hebt dies nicht in gleicher Weise hervor.

4 In dem folgenden Gedicht ist nur die erste Strophe in der originalen Versform abgedruckt. Versuche, sie selbst herzustellen.

Die Stadt *Alfred Lichtenstein*
Ein weißer Vogel ist der große Himmel.
Hart unter ihn geduckt stiert eine Stadt.
Die Häuser sind halbtote alte Leute.

Griesgrämig glotzt ein dünner Droschkenschimmel. Und Winde, magre Hunde, rennen matt. An scharfen Ecken quietschen ihre Häute. In einer Straße stöhnt ein Irrer: Du, ach, du – Wenn ich dich endlich, o Geliebte, fände ... Ein Haufen um ihn staunt und grinst voll Spott. Drei kleine Menschen spielen Blindekuh – Auf alles legt die grauen Puderhände Der Nachmittag, ein sanft verweinter Gott

Reimformen und Strophenformen

Die Gestaltung lyrischer Sprache von Gedichten beruht größtenteils auf Wiederholungen. Auffallende Wiederholungen sind regelmäßige Betonungsverhältnisse und, oft mit Lyrik selbst gleichgesetzt, der Gleichklang der Worte am Ende der Zeilen, die Endreime. So können einsilbige Worte gleich klingen wie *Rand* und *Wand* (männlicher Reim) oder die betonte Silbe und die unbetonte: *Lieder* und *wieder* (weiblicher Reim).
Die Folge der → Reime in einem Gedicht kann auf verschiedene Weise gestaltet werden. Man spricht von *Paarreimen* (aabbcc...), von *alternierenden Reimen* (ababcdcd...) oder auch *umarmenden Reimen* (abbacddc...). Wiederum wichtig ist die Frage, inwiefern diese Reimformen wirken und zur Bedeutungsbildung des Gedichts beitragen.

Sprachliche Bilder und deren Bedeutung

Darstellung und metaphorische Bedeutung
Wahl und Konstruktion sprachlicher Bilder sind immer bezogen auf den jeweiligen Sprech- und Schreibzusammenhang mit seinen individuellen, thematischen, historischen und kulturellen Aspekten. Viele Bilder in Gedichten werden so auch aus der Tradition kultureller Überlieferungen bezogen. Lyrische Texte enthalten nun nicht nur diese mit → Metaphern, → Vergleichen und → Personifikation erzeugten Bilder, sondern können auch in der Darstellung einer konkreten Situation oder eines Sachverhalts bildhafte Aussagen machen, die über dieses Benannte hinausgehen. Die in dem folgenden Gedicht von Matthias Claudius angesprochene Situation der Ruhe in einem Wald kann als Bild für die Stimmung nach einem langen Tag oder auch einem langen Leben verstanden werden.

Abendlied   *Matthias Claudius*

Der Mond ist aufgegangen
Die goldnen Sternlein prangen
    Am Himmel hell und klar;
Der Wald steht schwarz und schweiget,
5   Und aus den Wiesen steiget
    Der weiße Nebel wunderbar.

Wie ist die Welt so stille,
Und in der Dämmrung Hülle
    So traulich und so hold!
10 Als eine stille Kammer,
Wo ihr des Tages Jammer
    Verschlafen und vergessen sollt.

Gerade für die bildhafte Interpretation solcher konkreten Darstellungen bedarf es geeigneter Kontexte, in deren Zusammenhang sich Bedeutungen ergeben. Vor allem in der modernen Lyrik kann jeder Bezug zu einem konkreten vorstellbaren Handlungs- oder Situationszusammenhang gelöst, nur angedeutet oder ganz aufgegeben werden.
Ein bedeutendes Element von Gedichten ist also der Gebrauch bildlicher Rede. Dabei nutzen Gedichte die Möglichkeiten der Sprache, mit und in Bildern zu formulieren. So spricht man von einer „Durststrecke" nicht

Wiederholen und Üben | Lesen – Umgang mit Texten | Lyrische Texte

nur beim Wandern, sondern dann, wenn eine Zeit der Anstrengung ohne prompten Erfolg gemeint wird. Man deutet aber zugleich an, dass, wie beim Erreichen eines Wanderziels, der Durst gelöscht werden kann, dass also der angestrebte Erfolg sich schon noch einstellen werde. Die wichtigsten Formen bildlicher Rede sind der → Vergleich und die → Metapher. In beiden Fällen wird die Bedeutung einer Formulierung auf einen anderen Bereich bezogen.
In dem Gedicht *Du bist mein Mond* (S. 133) wird die Darstellung des Verhältnisses von Erde und Mond genutzt, um die Beziehung eines Ichs zu einem Du zu beschreiben. Das Verhältnis von Erde und Mond wird auf das Verhältnis von Ich und Du bezogen und damit, zwar nicht ausdrücklich, aber doch sehr wahrscheinlich, auf ein Verhältnis eines (wohl männlichen) Sprechers zu einem (weiblichen) Du. Dies wird nicht direkt ausgesprochen, aber die Rede von Liebe („liebst", „Liebesfackel") und Gebärde („Lichtgebärde") sind recht eindeutige Hinweise auf diese Bedeutung. Wer die Wortbilder „Liebesfackel" und „Lichtgebärde" richtig liest, erschließt den für dieses Gedicht wichtigsten Bedeutungsbereich.
Im folgenden Gedicht wird das Verhältnis zweier Segel auf dem Wasser für die Bedeutungsbildung genutzt. Auch hier wird der Bezug auf die Liebesbeziehung nicht ausdrücklich gesagt, aber gleichfalls angedeutet.

Zwei Segel   *Conrad Ferdinand Meyer*
Zwei Segel erhellend
Die tiefblaue Bucht!
Zwei Segel sich schwellend
Zu ruhiger Flucht!

5 Wie eins in den Winden
Sich wölbt und bewegt,
Wird auch das Empfinden
Des andern erregt.

Begehrt eins zu hasten,
10 Das andre geht schnell,
Verlangt eins zu rasten,
Ruht auch sein Gesell.

Wie zwei helle (vielleicht weiße) Segel auf dem blauen Wasser aufgebläht werden oder auch bei Windstille erschlaffen, wird mit der zum Teil nur angedeuteten Beschreibung als konkrete Vorstellung erzeugt. Dass damit aber nicht eine Darstellung einer Segelregatta gemeint ist, deutet sich an mehreren Stellen an. Schon die Rede von „Flucht" gehört dazu, dann vor allem die Worte „Empfinden" und „Gesell", aber auch „begehren", „hasten", „gehen" und „rasten". Diese Begriffe bilden den Bedeutungsbereich des Menschlichen und Persönlichen. Das Gedicht wird deshalb vor allem als Liebesgedicht gelesen und verstanden.

In Gedichten werden sprachliche Bilder in verschiedener Weise für die Aussage verwendet. Das Erkennen und das Verstehen solcher Bilder kann durch das Erfinden und Anwenden entsprechender Formulierungen entwickelt und geübt werden. Zunächst können dazu Wortmetaphern aus der Alltagssprache dienen.

5 Kläre die Bedeutung der folgenden Metaphern:
Baum-krone, Berg-fuß, Sprech-blase, Tisch-bein, Wasser-berg, Tal-sohle, Auto-himmel;
Straßen brüllen vor Lärm, Wälder stehen still und schweigen, der Wind flüstert in den Bäumen

6 Sammle weitere Wortmetaphern aus der Alltagssprache.

Vergleich, Metapher und Personifikation

Die Liebenden *Bertolt Brecht*

Sieh jene Kraniche in großem Bogen!
Die Wolken, welche ihnen beigegeben
Zogen mit ihnen schon, als sie entflogen
Aus einem Leben in ein andres Leben
5 In gleicher Höhe und mit gleicher Eile
Scheinen sie alle beide nur daneben.
Daß so der Kranich mit der Wolke teile
Den schönen Himmel, den sie kurz befliegen
Daß also keines länger hier verweile
10 Und keines andres sehe als das Wiegen
Des andern in dem Wind, den beide spüren
Die jetzt im Fluge beieinander liegen.

15 So mag der Wind sie in das Nichts entführen
Wenn sie nur nicht vergehen und sich bleiben
Solange kann sie beide nichts berühren
Solange kann man sie von jedem Ort vertreiben
Wo Regen drohen oder Schüsse schallen.
So unter Sonne und Monds verschiedenen Scheiben
Fliegen sie hin, einander ganz verfallen.
20 Wohin ihr? Nirgendhin. Von wem davon? Von allen.
Ihr fragt, wie lange sind sie schon beisammen?
Seit kurzem. Und wann werden sie sich trennen? Bald.
So scheint die Liebe Liebenden ein Halt.

Text in alter Rechtschreibung

7 Erläutere das Bild, das hier genutzt wird, um eine Beziehung zu beschreiben.

8 Markiere die Stellen im Text, die darauf hindeuten, dass es um das Thema Liebe geht.

Formen der Lyrik

Es gibt zahlreiche Gedichtformen, von denen die bekanntesten u. a. Akrostichon, Elegie, Hymne, Ode, Haiku, Limerick, Elfchen sowie Lautgedichte, Figurengedichte und freie Formen sind.
Das aus der romanischen Tradition kommende **Sonett** hat in der deutschsprachigen Lyrik zunächst im 17. Jahrhundert (Barock) und wieder zu Beginn des 20. Jahrhunderts (Expressionismus) einen besonders großen Stellenwert erlangt. Es erfreut sich aber bis in die Gegenwart großer Beliebtheit. Die 14 Zeilen des Sonetts werden meist in zwei Quartette (Vierzeiler) und zwei Terzette (Dreizeiler) gegliedert und realisieren sehr oft ein typisches → Reimschema. Der asymmetrische Aufbau erzeuge eine eigentümliche Spannung und, so die Theorie, befördere eine eher argumentative Erörterung und die entsprechende Reflexion von Befindlichkeiten des lyrischen Ichs.

Wiederholen und Üben | Lesen – Umgang mit Texten | Lyrische Texte

Gedichte untersuchen und interpretieren

Schritte bei der Bearbeitung

1.	Die Aufgabenstellung erschließen und verstehen	Was wird in den verschiedenen Aufgabenstellungen verlangt?
2.	Kenntnisse zusammenstellen und Vermutungen sammeln	Was weiß ich zu – dem Gedicht (den Gedichten), – dessen Thema oder Motiv, – der Form des Gedichts?

3.	Beobachtungen und Fragen zum Text festhalten	Mehrmaliges Lesen des Textes und auffallende Stellen markieren bzw. Notizen machen. Leitfragen dazu:
		– Wovon handelt das Gedicht? Worum geht es?
		– Wer spricht?
		  Welche Sicht nimmt das lyrische Ich ein?
		– Wie ist das Gedicht aufgebaut?
		  Ist es eine bekannte Form?
		– Wie sind die Verse gestaltet?
		  Welche Funktion hat diese Gestaltung?
		– Welche Wortwahl fällt auf?
		– Welche sprachlichen Bilder werden genutzt?
		  Welche Sachverhalte oder Dinge sind bildlich (metaphorisch) zu verstehen?
		– In welche Zeit gehört das Gedicht?

4.	Plan erstellen und Lösungen entwickeln	Stichwortartig die Ergebnisse zusammenstellen und ordnen.
5.	Ergebnisse darstellen	Formulieren und Überarbeiten des eigenen Textes. Als allgemeine Gliederung hilft: – *Einleitung:* Autor/in, Titel, Erscheinungsjahr des Gedichts, Thematik; – *Hauptteil:* Darstellung der Ergebnisse (s. o.); – *Schluss:* Zusammenfassende Interpretation. Aber: meist ergibt sich die Gliederung durch die Reihe der Teilaufgaben.

9 Wie ist vor diesem Hintergrund die folgende Lösung zu beurteilen? Beschreibe Stärken und Schwächen der Schülertexte A und B.
Die Aufgabe lautete: Erläutere die Personal- und Redesituation des Gedichts.

Du bist mein Mond *Friedrich Rückert*

Du bist mein Mond, und ich bin deine Erde;
Du sagst du drehest dich um mich.
Ich weiß es nicht, ich weiß nur, dass ich werde
In meinen Nächten hell durch dich.

5 Du bist mein Mond, und ich bin deine Erde;
Sie sagen du veränderst dich.
Allein du änderst nur die Lichtgebärde
Und liebst mich unveränderlich.

Du bist mein Mond, und ich bin deine Erde;
10 Nur mein Erdenschatten hindert dich,
Die Liebesfackel stets am Sonnenherde
Zu zünden in der Nacht für mich.

Lösungsbeispiele

A Das Gedicht „Du bist mein Mond" von Friedrich Rückert handelt von einem lyrischen Ich, das von dem Verhältnis zwischen sich als Erde zum Mond berichtet. Das Gedicht wurde aus der Sicht der Erde geschrieben und aufgefasst. Man kann deutlich erkennen, wie das lyrische Ich die ganze Situation zwischen Erde und Mond beschreibt, zum Beispiel wie der Mond seine Form verändert oder wie er leuchtet.

B In dem Gedicht „Du bist mein Mond" von Friedrich Rückert geht es um zwei Liebende, welche der Autor mit dem Mond und mit der Erde vergleicht. Jemand bezeichnet sich als Erde und seinen Partner als Mond, um seine Liebe auszudrücken. Der Mond, der einen Partner darstellt, erhellt die Erde und ändert sich somit für andere, aber für die Erde bleibt er gleich. Der Partner, der die Erde darstellt und zugleich auch das lyrische Ich ist, beschreibt in diesem Gedicht, wie viel der Mond ihm bedeutet.

Der Winter   *Alfred Lichtenstein*

Von einer Brücke schreit vergrämt ein Hund
Zum Himmel ... der wie alter grauer Stein
Auf fernen Häusern steht. Und wie ein Tau
Aus Teer liegt auf dem Schnee ein toter Fluss.

5 Drei Bäume, schwarzgefrorne Flammen, drohn
Am Ende aller Erde. Stechen scharf
Mit spitzen Messern in die harte Luft,
In der ein Vogelfetzen einsam hängt.

Ein paar Laternen waten zu der Stadt,
10 Erloschne Leichenkerzen. Und ein Fleck
Aus Menschen schrumpft zusammen und ist bald
Ertrunken in dem schmählich weißen Sumpf.

fünfhebige Jamben und Zeilensprünge
Vermenschlichung, evtl. personifizierend
Vergleich: Himmel wie Stein
Vergleich: Tau wie Strick (oder Niederschlag?)
Metapher: Bäume als Flammen
Metapher: Äste als Messer
Metapher: Vogelschwarm als Fetzen
Personifizierung
Metapher: Laternen als Leichenkerzen
Metaphorik: Menschen als Fleck, der verschwindet
Widerspruch zwischen Attribut und Substantiv/Nomen
Zweiwertigkeiten und Widersprüche in den Metaphern und sprachlichen Bildern
Stadt wird in einer Krisen- bzw. Untergangsstimmung beschrieben

10 Schreibe mit Hilfe der rechts am Rand stehenden Notizen eine Beschreibung des Gedichts, die herausstellt, wie hier das Motiv „Winter in der Stadt" gestaltet wird.

Gedichte vergleichen

Das Besondere in Gestaltung und Aussage eines Gedichts kann vor allem durch Vergleiche mit anderen lyrischen Texten erkannt und beschrieben werden. Im Vergleich müssen die Gemeinsamkeiten und die Unterschiede in der Gestaltung und in den Aussagen beschrieben und (je nach Aufgabenstellung) auch erklärt werden. Für die Darstellung der Ergebnisse gibt es zwei Wege: Zum einen die Beschreibung und Interpretation des einen und dann des anderen Gedichts mit einem Schlussteil, in dem zusammenfassend Gemeinsamkeiten und Unterschiede benannt werden (textorientierter Vergleich). Zum anderen können Gemeinsamkeiten und Unterschiede schrittweise für beide Gedichte nach bestimmten Gesichtspunkten dargestellt und erläutert werden (aspektorientierter Vergleich).

11 Vergleiche das Gedicht *Städter* (S. 120) mit dem folgenden und arbeite die Unterschiede in der Darstellung und Gestaltung heraus:

Ein Winterabend *Georg Trakl*

Wenn der Schnee ans Fenster fällt,
Lang die Abendglocke läutet,
Vielen ist der Tisch bereitet
Und das Haus ist wohlbestellt.

5 Mancher auf der Wanderschaft
Kommt ans Tor auf dunklen Pfaden.
Golden blüht der Baum der Gnaden
Aus der Erde kühlem Saft.

Wanderer tritt still herein;
10 Schmerz versteinerte die Schwelle.
Da erglänzt in reiner Helle
Auf dem Tische Brot und Wein.

Die Gemeinsamkeiten und Unterschiede der beiden Gedichte können zunächst in einem *Beobachtungsbogen* gesammelt werden:

Gesichtspunkt/Aspekt	Gedicht Städter	Gedicht Winterabend
Vers-/Strophengestaltung	regelmäßiger Aufbau, der einem Sonett entspricht: zwei Quartette, zwei Terzette	drei gleich gebaute Strophen
Reime	Reimschema: abba, cddc, efg, gef	umarmende Reime: abba, cddc, effe
Metrum	Trochäus	Trochäus
sprachliche Gestaltung: ihre Wirkung und Funktion	bewegte Darstellung mit einigen Zeilensprüngen, kein lyrisches Ich erkennbar, Aussagen erscheinen wie allgemeine Äußerungen	Formulierungen wirken eher ernst und ruhig, Anspielung auf einen Gottesdienst („Brot und Wein"), kein lyrisches Ich erkennbar, Aussagen erscheinen allgemein

Bilder (Vergleiche, Metaphern, Personifikationen)	Vergleiche, die die Verhältnisse in der Stadt abfällig und negativ erscheinen lassen, Metapher der abgeschlossenen Höhle für die Isolation der Menschen in den Städten	Metapher des golden blühenden Baumes, der für die Gnade (Gottes) steht, der Schmerz als Person oder Kraft lässt den Wanderer beim Eintritt erstarren
Aussagen zum Leben	die Enge und das Gedränge der Stadt bringt die Menschen zwar in große räumliche Nähe, in der sie jedoch für sich allein und fremd bleiben	Ruhe und Kraft findet ein Wanderer bei der Rast auf dem Land, wo das ruhige Leben und die Gastfreundschaft herrschen

12 Führe einen Gedichtvergleich durch, der die Gemeinsamkeiten und Unterschiede in der Gestaltung des Motivs „Nacht" herausarbeitet. Lege dazu einen Beobachtungsbogen an, den du mit deinen Notizen ausfüllst.

Um Mitternacht *Eduard Mörike*

Gelassen stieg die Nacht ans Land,
Lehnt träumend an der Berge Wand,
Ihr Auge sieht die goldne Waage nun
Der Zeit in gleichen Schalen stille ruhn;
5   Und kecker rauschen die Quellen hervor,
      Sie singen der Mutter, der Nacht, ins Ohr
           Vom Tage,
           Vom heute gewesenen Tage.

Das uralt alte Schlummerlied,
10 Sie achtet's nicht, sie ist es müd;
Ihr klingt des Himmels Bläue süßer noch,
Der flüchtgen Stunden gleichgeschwungnes Joch.
      Doch immer behalten die Quellen das Wort,
      Es singen die Wasser im Schlafe noch fort
15   Vom Tage,
           Vom heute gewesenen Tage.

Nachtzauber
Rose Ausländer

Der Mond errötet
Kühle durchweht die Nacht

Am Himmel
Zauberstrahlen aus Kristall

5 Ein Poem
besucht den Dichter

Ein stiller Gott
schenkt Schlaf
eine verirrte Lerche
10 singt im Traum
auch Fische singen mit
denn es ist Brauch
in solcher Nacht
Unmögliches zu tun

13 In beiden folgenden Gedichten ist von den Schwierigkeiten der Liebe die Rede. Erläutere dies anhand der beiden Texte und arbeite dabei vor allem die Unterschiede in der Darstellung heraus.

Rastlose Liebe   *Johann Wolfgang von Goethe*

Dem Schnee, dem Regen.
Dem Wind entgegen,
Im Dampf der Klüfte,
Durch Nebeldüfte,
5   Immer zu! Immer zu!
Ohne Rast und Ruh!

Lieber durch Leiden
Möcht ich mich schlagen,
Als so viel Freuden
10   Des Lebens ertragen.
Alle das Neigen
Von Herzen zu Herzen,
Ach, wie so eigen
Schaffet das Schmerzen!

15   Wie soll ich fliehen?
Wälderwärts ziehen?
Alles vergebens!
Krone des Lebens,
Glück ohne Ruh,
20   Liebe, bist du!

Meine Worte gehorchen mir nicht   *Sarah Kirsch*

Meine Worte gehorchen mir nicht
Kaum hör ich sie wieder mein Himmel
Dehnt sich will deinen erreichen
Bald wird er zerspringen ich atme
5   Schon kleine Züge mein Herzschlag
Ist siebenfach geworden schickt unaufhörlich
Und kaum verschlüsselte Botschaften aus

Wiederholen und Üben | Lesen – Umgang mit Texten | Epische Texte

Merkmale epischer Texte

Dieses Kapitel zeigt, wie Erzähltexte verstanden und interpretiert werden können. Dazu werden Tipps und Hilfen gegeben, um Erzählungen angemessen zu lesen, zu untersuchen und zu deuten. In einzelnen Schritten werden Wissen und Methoden vermittelt und in entsprechenden Übungen erprobt und gefestigt. Dazu werden kurze Erzählungen und Kurzgeschichten herangezogen, da diese auch in den Prüfungen zu bearbeiten sind.

Aufgabenstellungen, Kenntnisse und Fähigkeiten zur Bearbeitung

Bei der Bearbeitung von literarischen Erzähltexten geht es immer auch darum, den Inhalt zu erfassen und wiederzugeben, die Erzählweise zu beschreiben und zu erläutern sowie das dargestellte Thema oder Problem zu erörtern.

Eis *Helga M. Novak*

Ein junger Mann geht durch eine Grünanlage. In einer Hand trägt er ein Eis. Er lutscht. Das Eis schmilzt. Das Eis rutscht an dem Stiel hin und her. Der junge Mann lutscht heftig, er bleibt vor einer Bank stehen. Auf der Bank sitzt ein Herr und liest eine Zeitung. Der junge Mann bleibt
5   vor dem Herrn stehen und lutscht.
Der Herr sieht von seiner Zeitung auf. Das Eis fällt in den Sand. Der junge Mann sagt, was denken Sie jetzt von mir?
Der Herr sagt erstaunt, ich? Von Ihnen? Gar nichts.
Der junge Mann zeigt auf das Eis und sagt, mir ist doch eben das Eis
10 runtergefallen, haben Sie da nicht gedacht, so ein Trottel?
Der Herr sagt, aber nein. Das habe ich nicht gedacht. Es kann schließlich jedem einmal das Eis runterfallen.
Der junge Mann sagt, ach so, ich tue Ihnen leid. Sie brauchen mich nicht zu trösten. Sie denken wohl, ich kann mir kein zweites Eis kaufen.
15 Sie halten mich für einen Habenichts.
Der Herr faltet seine Zeitung zusammen. Er sagt, junger Mann, warum regen Sie sich auf? Meinetwegen können Sie so viel Eis essen, wie Sie wollen.
Machen Sie überhaupt, was Sie wollen. Er faltet die Zeitung wieder
20 auseinander.
Der junge Mann tritt von einem Fuß auf den anderen. Er sagt, das ist es eben. Ich mache, was ich will. Mich nageln Sie nicht fest. Ich mache genau, was ich will. Was sagen Sie dazu?

25 Der Herr liest wieder in der Zeitung.
Der junge Mann sagt laut, jetzt verachten Sie mich. Bloß, weil ich mache, was ich will. Ich bin kein Duckmäuser. Was denken Sie jetzt von mir?
Der Herr ist böse. Er sagt, lassen Sie mich in Ruhe. Gehen Sie weiter.
30 Ihre Mutter hätte Sie öfter verhauen sollen. Das denke ich jetzt von Ihnen.
Der junge Mann lächelt. Er sagt, da haben Sie recht.
Der Herr steht auf und geht. Der junge Mann läuft hinterher und hält ihn am Ärmel fest. Er sagt hastig, aber meine Mutter war ja viel zu
35 weich. Glauben Sie mir, Mutter war ja viel zu weich. Glauben Sie mir, sie konnte mir nichts abschlagen. Wenn ich nach Hause kam, sagte sie zu mir, mein Prinzchen, du bist schon wieder so schmutzig. Ich sagte, die anderen haben nach mir geworfen. Darauf sie, du sollst dich deiner Haut wehren. Lass dir nicht alles gefallen. Dann ich, ich habe angefan-
40 gen. Darauf sie, pfui, das hast du nicht nötig. Der Stärkere braucht nicht anzufangen. Dann ich, ich habe gar nicht angefangen. Die anderen haben gespuckt. Darauf sie, wenn du nicht lernst, dich durchzusetzen, weiß ich nicht, was aus dir werden soll. Stellen Sie sich vor, sie hat mich gefragt, was willst du denn mal werden, wenn du groß bist? Neger, habe
45 ich gesagt. Darauf sie, wie ungezogen du wieder bist.
Der Herr hat sich losgemacht.
Der junge Mann ruft, da habe ich ihr was in den Tee getan. Was denken Sie jetzt?

– Was wird in dieser Geschichte erzählt?
– Wie wird erzählt?
– Um welches Thema oder Problem geht es?

• Um das Geschehen eines Erzähltextes zu erfassen, muss man zwischen wichtigen und nicht so wichtigen Ereignissen und Elementen unterscheiden und diese in eine sinnvolle, meist chronologische Ordnung bringen. Zudem ist es notwendig, die Wiedergabe zu strukturieren, also mit einem → Einleitungssatz, in dem Verfasser, Titel und Textsorte genannt werden, zu beginnen:
In Helga M. Novaks Kurzgeschichte „Eis" wird von einer zufälligen Begegnung zwischen einem jungen Mann und einem Herrn erzählt. Der junge Mann versucht den Herrn zu provozieren, indem …

- Um die jeweilige Erzählweise zu bestimmen und in ihrer Wirkung zu beschreiben, muss man entsprechende Begriffe der Analyse kennen und anwenden können:
  Die Handlung wird aus der Sicht eines unbeteiligten Beobachters erzählt, die Erzählerrede gibt nur die Vorgänge und Handlungen wieder. Dabei werden keine Wertungen deutlich, sodass von einer neutralen Erzählhaltung gesprochen werden kann ...
- Um die erzählten Figuren zu verstehen und zu beschreiben, bedarf es der Fähigkeit, sich in deren Sicht-, Denk- und Empfindungsweise hineinzuversetzen und direkte und indirekte Charakterisierungen im Text zu erkennen und zu verstehen:
  Die Art und Weise, in der der junge Mann den Herrn auf der Parkbank anspricht, wirkt sehr provozierend und aggressiv. Auch der Herr wird in dieser indirekten Charakterisierung beschrieben, durch seine Äußerungen und sein Verhalten ...
- Um die Darstellung und Behandlung von Themen und Problemen in erzählenden Texten zu interpretieren, müssen diese in entsprechende Zusammenhänge gestellt und beurteilt werden:
  Der junge Mann unterstellt dem Herrn, er habe Vorurteile, diese direkten Vorwürfe dienen dazu, den älteren Herrn herauszufordern. Dabei aber wird deutlich, wie sehr sich der junge Mann selbst durch Vorurteile leiten lässt ...

Die folgende Übersicht stellt die wichtigsten Begriffe zur Analyse und Beschreibung von Erzähltexten zusammen.

Wichtige Begriffe zur Erzählanalyse

Erzählform	während bei der *Ich-Form* das Geschehen vom Erzähler als selbst erlebt dargestellt wird, erzählt er bei der *Er-/Sie-Form* von anderen
Erzählstandort	auch Erzählerstandort; Position des Erzählers zum Erzählten; Grad der räumlichen, zeitlichen und inneren Distanz oder Nähe
Erzählperspektive	der Erzähler kann nur Aussehen und Handeln einer Figur wiedergeben (*Außensicht*) oder auch noch über ihre Gedanken und Gefühle informieren (*Innensicht*)
Erzählhaltung	deutlich werdende Einstellung des Erzählers zum Geschehen und den erzählten Figuren: unbeteiligt, ironisch, zustimmend ...

Erzählverhalten	der Erzähler kann das Geschehen *auktorial* (über allem stehend, kommentierend, reflektierend, allwissend) oder *personal* (aus der Sicht einer Figur) oder *neutral* (weder aus seiner noch aus der Sicht einer Figur) erzählen
Erzählerrede	verschiedene Formen der Vermittlung durch den Erzähler (Erzählerbericht, Redewiedergabe in Form der indirekten Figurenrede, Beschreibung, Kommentar); abgegrenzt von der direkten Figurenrede und der Wiedergabe innerer Handlung
direkte Figurenrede	Wiedergabe direkter Rede in Erzähltexten, durch die sich die Figur dem Leser scheinbar unmittelbar mitteilt
indirekte Figurenrede	oft im Konjunktiv wiedergegebene indirekte Rede erzählter Figuren, z. B. *Sie sagte, zum Ausreiten fehle ihr heute die rechte Lust.*
erlebte Rede	Ausdruck der Gedanken einer erzählten Figur im Indikativ der 3. Person Präteritum; die erlebte Rede ist also eine Mischung von direkter und indirekter Rede. Die Vorgänge werden in die sich selbst erlebende Figur hineinverlegt, aber in der zu sich selbst Distanz schaffenden 3. Person erzählt: *Hatte er sie wirklich so verletzt? Das hatte er doch nicht gewollt!*
innerer Monolog	Erzähltechnik, die dazu dient, die als Monolog geäußerten Gedanken einer Figur möglichst unmittelbar auszudrücken; man benutzt die 1. Person Singular (seltener Plural) und das Präsens
Charakterisierung	die treffende Darstellung und Beschreibung einer Person oder Figur
direkte Charakterisierung	Charakterisierung in literarischen Texten durch den Erzähler oder andere Figuren im Text
indirekte Charakterisierung	Charakterisierung von Personen/Figuren in literarischen Texten und Filmen durch deren Verhalten oder Redeweise. Bei der indirekten Charakterisierung muss der Leser/Zuschauer Schlüsse aus dem dargestellten Verhalten ziehen
Erzählzeit/erzählte Zeit	zeitliche Dauer des Erzählvorgangs; im Gegensatz zur erzählten Zeit, der zeitlichen Dauer des erzählten Geschehens

Wiederholen und Üben | Lesen – Umgang mit Texten | Epische Texte

Das erzählte Geschehen erfassen und wiedergeben

Alle Untersuchungen und Interpretationen von Erzähltexten setzen voraus, das, worum es geht, zu erfassen und zu verstehen. Ein Schritt dazu besteht in der Beschreibung des Textinhalts. In den meisten Aufgabenstellungen bildet die Wiedergabe des Textes eine, in der Regel auch die erste Teilaufgabe. Gesprochen wird dabei von der Zusammenfassung, Beschreibung oder Wiedergabe der Handlung der Geschichte. Gemeint ist eine zusammenfassende und strukturierte Darstellung des erzählten Geschehens in eigenständigen Formulierungen. Wenn zudem die Thematik oder Problematik der Erzählung benannt werden soll, wird auch von einer Inhaltsangabe (→ S. 94 ff.) gesprochen.

Wie auch immer die einzelne Aufgabenformulierung lautet, so geht es auf jeden Fall darum, die wichtigsten Informationen zu den Handlungsträgern, also den Figuren der Erzählung, zu Ort, Zeit und Verlauf des Geschehens der Geschichte zu entnehmen und für die Darstellung in eigener Sprache zu nutzen.

Geschichte und Geschehen

Die folgenden Übungen zeigen die Unterscheidung von Geschehen und Geschichte auf, um in einer Erzählung das Gerüst der Handlung zu erfassen.

Geschehen

In einem gut gefüllten Pariser Autobus der Linie ‚S' fährt ein junger Mann mit Hut; er beschimpft einen älteren Herrn und setzt sich anschließend auf einen frei gewordenen Platz; zwei Stunden später befindet er sich an einer Haltestelle, wo ihm ein Mann sagt, an seinem
5   Mantel fehle ein Knopf.

Geschichte (Vergangenheit)   *Raymond Queneau, Stilübungen*

Es war Mittag. Die Fahrgäste stiegen in den Autobus. Wir standen gedrängt. Ein junger Herr trug auf seinem Kopfe einen mit einer Kordel und nicht mit einem Bande umschlungenen Hut. Er hatte einen langen
10   Hals. Er beklagte sich bei seinem Nachbarn wegen der Stöße, die dieser ihm verabreichte. Sobald er einen freien Platz erblickte, stürzte er sich darauf und setzte sich.
Ich erblickte ihn später von der Gare Saint-Lazare. Er trug einen Überzieher, und ein Kamerad, der sich dort befand, machte diese Bemerkung:
15   man müsste noch einen Knopf hinzufügen.

① Welche Unterschiede zwischen Geschehen und Geschichte stellst du fest?

② Schreibe selbst Geschichten mit dem angeführten Geschehen. Folgende Muster des Erzählens kannst du dabei nutzen: Objektiv, Rückwärts, Vorhersage, Amtlicher Brief, Vulgär.

Das Geschehen erfassen

Das Erzählen ergänzt und verändert dabei das Geschehen, indem besondere Blickpunkte und Perspektiven, Bewertungen und Haltungen sowie besondere zeit-, kausallogische Zusammenhänge dargestellt werden. Dabei werden besondere sprachliche und erzählerische Formen genutzt. Das Geschehen bleibt ohne diese jeweiligen Besonderheiten in verschiedenen erzählten Geschichten gleich.

③ Arbeite das erzählte Geschehen der folgenden Geschichte heraus und fasse es in eigenen Worten zusammen. Diese Zusammenfassung sollte nicht länger als etwa 1/3 der Länge des Originals sein.

Ein verächtlicher Blick *Kurt Kusenberg*

Das Telefon summte, der Polizeipräsident nahm den Hörer auf. „Ja?"
„Hier spricht Wachtmeister Kerzig. Soeben hat ein Passant mich verächtlich angeschaut."
„Vielleicht irren Sie", gab der Polizeipräsident zu bedenken. „Fast jeder,
5 der einem Polizisten begegnet, hat ein schlechtes Gewissen und blickt an ihm vorbei. Das nimmt sich dann wie Geringschätzung aus."
„Nein", sprach der Wachtmeister. „So war es nicht. Er hat mich verächtlich gemustert, von der Mütze bis zu den Stiefeln."
„Warum haben Sie ihn nicht verhaftet?"
10 „Ich war zu bestürzt. Als ich die Kränkung erkannte, war der Mann verschwunden."
„Würden Sie ihn wiedererkennen?"
„Gewiss. Er trägt einen roten Bart."
„Wie fühlen Sie sich?"
15 „Ziemlich elend."
„Halten Sie durch, ich lasse Sie ablösen." Der Polizeipräsident schaltete das Mikrofon ein. Er entsandte einen Krankenwagen in Kerzigs Revier und ordnete an, dass man alle rotbärtigen Bürger verhafte.

Die Funkstreifen waren gerade im Einsatz, als der Befehl sie erreichte. Zwei von ihnen probierten aus, welcher Wagen der schnellere sei, zwei andere feierten in einer Kneipe den Geburtstag des Wirtes, drei halfen einem Kameraden beim Umzug, und die übrigen machten Einkäufe. Kaum aber hatten sie vernommen, um was es ging, preschten sie mit ihren Wagen in den Kern der Stadt.

Sie riegelten Straßen ab, eine um die andere, und kämmten sie durch. Sie liefen in die Geschäfte, in die Gaststätten, in die Häuser, und wo sie einen Rotbart aufspürten, zerrten sie ihn fort. Überall stockte der Verkehr. Das Geheul der Sirenen erschreckte die Bevölkerung, und es liefen Gerüchte um, die Hetzjagd gelte einem Massenmörder. Wenige Stunden nach Beginn des Kesseltreibens war die Beute ansehnlich; achtundfünfzig rotbärtige Männer hatte man ins Polizeipräsidium gebracht.

Auf zwei Krankenwärter gestützt, schritt Wachtmeister Kerzig die Verdächtigen ab, doch den Täter erkannte er nicht wieder. Der Polizeipräsident schob es auf Kerzigs Zustand und befahl, dass man die Häftlinge verhöre. „Wenn sie", meinte er, „in dieser Sache unschuldig sind, haben sie bestimmt etwas anderes auf dem Kerbholz. Verhöre sind immer ergiebig." Ja, das waren sie wohl, jedenfalls in jener Stadt. Man glaube jedoch nicht, dass die Verhörten misshandelt wurden; so grob ging es nicht zu, die Methoden waren feiner. Seit langer Zeit hatte die Geheimpolizei durch unauffälliges Befragen der Verwandten und Feinde jedes Bürgers eine Kartei angelegt, aus der man erfuhr, was ihm besonders widerstand: das Rattern von Stemmbohrern, grelles Licht, Karbolgeruch, nordische Volkslieder, der Anblick enthäuteter Ratten, schlüpfrige Witze, Hundegebell, Berührung mit Fliegenleim, und so fort. Gründlich angewandt, taten die Mittel meist ihre Wirkung: sie entpressten den Befragten Geständnisse, echte und falsche, wie es gerade kam, und die Polizei frohlockte. Solches stand nun den achtundfünfzig Männern bevor.

Der Mann, dem die Jagd galt, befand sich längst wieder in seiner Wohnung. Als die Polizisten bei ihm läuteten, hörte er es nicht, weil er Wasser in die Badewanne strömen ließ. Wohl aber hörte er, nachdem das Bad bereitet war, den Postboten klingeln und empfing von ihm ein Telegramm. Die Nachricht war erfreulich, man bot ihm einen guten Posten im Ausland an — freilich unter der Bedingung, dass er sofort

abreise. „Gut", sagte der Mann. „Gut. Jetzt sind zwei Dinge zu tun: der Bart muss verschwinden, denn ich bin ihn leid, und ein Pass muss her, denn ich habe keinen."
Er nahm sein Bad, genüsslich, und kleidete sich wieder an. Dem Festtag zu Ehren, wählte er eine besonders hübsche Krawatte. Er ließ sich durchs Telefon sagen, zu welcher Stunde er auf ein Flugzeug rechnen könne. Er verließ das Haus, durchschritt einige Straßen, in die wieder Ruhe eingekehrt war, und trat bei einem Friseur ein. Als dieser sein Werk verrichtet hatte, begab der Mann sich ins Polizeipräsidium, denn nur dort, das wusste er, war in sehr kurzer Frist ein Pass zu erlangen.
Hier ist nachzuholen, dass der Mann den Polizisten in der Tat geringschätzig angeschaut hatte – deshalb nämlich, weil Kerzig seinem Vetter Egon ungemein glich. Für diesen Vetter, der nichts taugte und ihm Geld schuldete, empfand der Mann Verachtung, und die war nun, als er Kerzig gewahrte, ungewollt in seinen Blick hineingeraten. Kerzig hatte also richtig beobachtet, gegen seine Meldung konnte man nichts einwenden.
Ein Zufall wollte es, dass der Mann beim Eintritt ins Polizeipräsidium erneut dem Polizisten begegnete, der ihn an Vetter Egon erinnerte. Dieses Mal aber wandte er, um den anderen nicht zu kränken, seine Augen rasch von ihm ab. Hinzu kam, dass es dem Armen offenbar nicht gut ging; zwei Wärter geleiteten ihn zu einem Krankenwagen.
So einfach, wie der Mann es gewähnt, ließ sich die Sache mit dem Pass nicht an. Es half ihm nichts, dass er mancherlei Papiere bei sich führte, dass er das Telegramm vorwies: die vermessene Hast des Unternehmens erschreckte den Passbeamten. „Ein Pass", erklärte er, „ist ein wichtiges Dokument. Ihn auszufertigen, verlangt Zeit."
Der Mann nickte. „So mag es in der Regel sein. Aber jede Regel hat Ausnahmen."
„Ich kann den Fall nicht entscheiden", sagte der Beamte. „Das kann nur der Polizeipräsident."
„Dann soll er es tun."
Der Beamte kramte die Papiere zusammen und erhob sich. „Kommen Sie mit", sprach er. „Wir gehen den kürzesten Weg — durch die Amtszimmer."
Sie durchquerten drei oder vier Räume, in denen lauter rotbärtige Männer saßen. „Drollig", dachte der Mann. »Ich wusste nicht, dass es ihrer so viele gibt. Und nun gehöre ich nicht mehr dazu."

Wie so mancher Despot, gab der Polizeipräsident sich gern weltmännisch. Nachdem der Beamte ihn unterrichtet hatte, entließ er ihn und hieß den Besucher Platz nehmen. Diesem fiel es nicht leicht, ein Lächeln aufzubringen, denn der Polizeipräsident ähnelte seinem Vetter Arthur, den er gleichfalls nicht mochte. Doch die Muskeln, die ein Lächeln bewirken, taten brav ihre Pflicht – es ging ja um den Pass.

„Kleine Beamte", sprach der Polizeipräsident, „sind ängstlich und meiden jede Entscheidung. Selbstverständlich bekommen Sie den Pass, sofort, auf der Stelle. Ihre Berufung nach Istanbul ist eine Ehre für unsere Stadt. Ich gratuliere." Er drückte einen Stempel in den Pass und unterschrieb. Lässig, als sei es ein beliebiges Heftchen, reichte er seinem Besucher das Dokument. „Sie tragen da", sprach er, „eine besonders hübsche Krawatte. Ein Stadtplan – nicht wahr?"

„Ja", erwiderte der Mann. „Es ist der Stadtplan von Istanbul."

„Reizender Einfall. Und nun" – der Polizeipräsident stand auf und reichte dem Mann die Hand – „wünsche ich Ihnen eine gute Reise." Er geleitete den Besucher zur Tür, winkte ihm freundlich nach und begab sich in die Räume, wo man die Häftlinge vernahm.

Ihre Pein zu kürzen, hatten die Bedauernswerten manches Delikt eingestanden, nur jenes nicht, dessen man sie bezichtigte. „Weitermachen!" befahl der Polizeipräsident und ging zum Mittagessen.

Bei seiner Rückkehr fand er eine Meldung vor. Ein Friseur hatte ausgesagt, er habe am Vormittag einen Kunden auf dessen Wunsch seines roten Bartes entledigt. Den Mann selbst könne er nicht beschreiben, doch erinnere er sich eines auffälligen Kleidungsstückes: einer Krawatte mit einem Stadtplan.

„Ich Esel!", schrie der Polizeipräsident. Er eilte die Treppe hinunter, zwei Stufen mit jedem Satz. Im Hof stand wartend sein Wagen. „Zum Flugplatz!", rief er dem Fahrer zu und warf sich auf den Rücksitz. Der Fahrer tat, was er vermochte. Er überfuhr zwei Hunde, zwei Tauben und eine Katze, er schrammte eine Straßenbahn, beschädigte einen Handwagen mit Altpapier und erschreckte Hunderte von Passanten. Als er sein Ziel erreichte, erhob sich weit draußen, auf die Sekunde pünktlich, das Flugzeug nach Istanbul von der Rollbahn.

Erzählweisen beschreiben

Das gleiche Geschehen kann in ganz unterschiedlichen Weisen erzählt werden. Dies ist schon bei der Unterscheidung von Geschehen und Geschichte deutlich geworden, wie auch die folgende Erzählung des Geschehens noch einmal zeigt:

> **Geschehen**
>
> In einem gut gefüllten Pariser Autobus der Linie ‚S' fährt ein junger Mann mit Hut; er beschimpft einen älteren Herrn und setzt sich anschließend auf einen frei gewordenen Platz; zwei Stunden später befindet er sich an einer Haltestelle, wo ihm ein Mann sagt, an seinem Mantel fehle ein Knopf.
>
> **Pech**
>
> Oh je, jetzt ist der Bus wieder so voll, ich komme kaum hinein, in dem Gedränge muss ich meinen Hut festhalten, herrje, kann der nicht aufpassen, stößt mich von der Seite einfach an, unmöglicher Mensch, jetzt, da ist jemand aufgestanden, da setz ich mich schnell hin, das Wetter ist aber auch wieder mal zum … puh, das war ja eine Fahrt, ach, da ist ja mein Nachbar, na so ein Zufall, trifft man sich hier an der Haltestelle, was, jetzt hab ich in dem Gedränge auch noch einen Knopf verloren, heut geht aber auch alles schief …

Wie ist *Pech* erzählt? In der Ich-Form wird das Geschehen in der Perspektive des jungen Mannes wiedergegeben, und zwar so, dass die jeweiligen Ereignisse aktuell kommentiert und von den Gedanken des Erzählers begleitet werden. Als Leser hört man die innere Stimme des Erzählers, der zugleich eine Figur der Geschichte ist. Eine andere Erzählweise, etwa aus der Sicht eines unbeteiligten Beobachters, erzeugt aus dem gleichen Geschehen eine andere Geschichte. Deshalb ist es notwendig, die Art und Weise des Erzählens genau zu untersuchen, wenn man die Bedeutung und Aussage von Erzähltexten erfassen möchte. Dazu braucht man einige Begriffe und Unterscheidungen, die in diesem Kapitel eingeführt und erprobt werden.

Erzähler – Autor

Wer erzählt eigentlich die Geschichte? Bei mündlichen Erzählungen in alltäglichen Gesprächen ist der Sprecher auch der Erzähler. In literarischen Erzählungen fallen Verfasser der Texte und Erzähler auseinander. Dies wird besonders deutlich bei einer Ich-Erzählung, wo eine (erfundene) Figur der Geschichte selbst erzählt und somit vom Autor klar zu unterscheiden ist (Text 3). Aber auch wenn in der 3. Person Singular erzählt wird, ist ein eigener Erzähler zu erkennen, vor allem dann, wenn es sich um einen unabhängigen, außerhalb der Geschichte stehenden und allwissenden Erzähler handelt (Text 2). Der Erzähler einer Er/Sie-Erzählung kann aber auch ganz hinter die Figuren einer Geschichte treten und aus deren Sicht erzählen, dann ist er nur noch in einzelnen Aussagen und Bewertungen zu vernehmen (Text 1).

Text 1: Der Prozess   *Franz Kafka*

Jemand musste Josef K. verleumdet haben, denn ohne dass er etwas Böses getan hätte, wurde er eines Morgens verhaftet. Die Köchin der Frau Grubach, seiner Zimmervermieterin, die ihm jeden Tag gegen acht Uhr früh das Frühstück brachte, kam diesmal nicht. Das war noch niemals
5 geschehen. K. wartete noch ein Weilchen, sah von seinem Kopfkissen aus die alte Frau, die ihm gegenüber wohnte und die ihn mit einer an ihr ganz ungewöhnlichen Neugierde beobachtete, dann aber, gleichzeitig befremdet und hungrig, läutete er. Sofort klopfte es und ein Mann, den er in dieser Wohnung noch niemals gesehen hatte, trat ein. Er war
10 schlank und doch fest gebaut, er trug ein anliegendes schwarzes Kleid, das, ähnlich den Reiseanzügen, mit verschiedenen Falten, Taschen, Schnallen, Knöpfen und einem Gürtel versehen war und infolgedessen, ohne dass man sich darüber klar wurde, wozu es dienen sollte, besonders praktisch erschien. „Wer sind Sie?", fragte K. und saß gleich
15 halb aufrecht im Bett. Der Mann aber ging über die Frage hinweg, als müsse man seine Erscheinung hinnehmen, und sagte bloß seinerseits: „Sie haben geläutet?" „Anna soll mir das Frühstück bringen", sagte K. und versuchte, zunächst stillschweigend, durch Aufmerksamkeit und Überlegung festzustellen, wer der Mann eigentlich war. Aber dieser setzte
20 sich nicht allzu lange seinen Blicken aus, sondern wandte sich zur Tür, die er ein wenig öffnete, um jemandem, der offenbar knapp hinter der Tür stand, zu sagen: „Er will, dass Anna ihm das Frühstück bringt." Ein kleines Gelächter im Nebenzimmer folgte, es war nach dem Klang nicht sicher, ob nicht mehrere Personen daran beteiligt waren.

Text 2: Der Zauberberg *Thomas Mann*

Die Geschichte Hans Castorps, die wir erzählen wollen, nicht um seinetwillen (denn der Leser wird einen einfachen, wenn auch ansprechenden jungen Menschen in ihm kennen lernen), sondern um der Geschichte willen, die uns in hohem Grade erzählenswert scheint (wobei zu Hans Castorps Gunsten denn doch erinnert werden sollte, daß es seine Geschichte ist, und daß nicht jedem jede Geschichte passiert): diese Geschichte ist sehr lange her, sie ist sozusagen schon ganz mit historischem Edelrost überzogen und unbedingt in der Zeitform der tiefsten Vergangenheit vorzutragen.

Das wäre kein Nachteil für eine Geschichte, sondern eher ein Vorteil; denn Geschichten müssen vergangen sein, und je vergangener, könnte man sagen, desto besser für sie in ihrer Eigenschaft als Geschichten und für den Erzähler ... *Text in alter Rechtschreibung*

Text 3: Deutschstunde *Siegfried Lenz*

Sie haben mir eine Strafarbeit gegeben. Joswig selbst hat mich in mein festes Zimmer gebracht, hat die Gitter vor dem Fenster beklopft, den Strohsack massiert, hat sodann, unser Lieblingswärter, meinen metallenen Schrank durchforscht und mein altes Versteck hinter dem Spiegel. Schweigend, schweigend und gekränkt hat er weiterhin den Tisch inspiziert und den mit Kerben bedeckten Hocker, hat dem Ausguß sein Interesse gewidmet, hat sogar, mit forderndem Knöchel, dem Fensterbrett ein paar pochende Fragen gestellt, den Ofen auf Neutralität untersucht, und danach ist er zu mir gekommen, um mich gemächlich abzutasten von der Schulter bis zum Knie und sich beweisen zu lassen, daß ich nichts Schädliches in meinen Taschen trug. Dann hat er vorwurfsvoll das Heft auf meinen Tisch gelegt, das Aufsatzheft – auf dem grauen Etikett steht: Deutsche Aufsätze von Siggi Jepsen –, ist grußlos zur Tür gegangen, enttäuscht, gekränkt in seiner Güte; denn unter den Strafen, die man uns gelegentlich zuerkennt, leidet Joswig, unser Lieblingswärter, empfindlicher, auch länger und folgenreicher als wir. Nicht durch Worte, aber durch die Art, wie er abschloß, hat er mir seinen Kummer zu verstehen gegeben: lustlos, mit stochernder Ratlosigkeit fuhr sein Schlüssel ins Schloß, er zauderte vor der ersten Drehung, verharrte wiederum, ließ das Schloß noch einmal aufschnappen und beantwortete sogleich diese Unentschiedenheit, sich selbst verweisend, mit zwei

schroffen Umdrehungen. Niemand anders als Karl Joswig, ein zierlicher, scheuer Mann, hat mich zur Strafarbeit eingeschlossen.
Obwohl ich fast einen Tag lang so sitze, kann und kann ich nicht anfangen: schau ich zum Fenster hinaus, fliegt da durch mein weiches Spiegelbild die Elbe; mach ich die Augen zu, hört sie nicht auf zu fließen, ganz bedeckt mit bläulich schimmerndem Treibeis.

Text in alter Rechtschreibung

4 Beschreibe die jeweiligen Besonderheiten der verschiedenen Erzählformen: Wo ist die Stimme des Erzählers gut auszumachen, wo weniger gut? Was wissen die Erzähler vom Geschehen und den Figuren?

5 Alle drei Texte sind Anfänge von größeren Erzählungen, nämlich Romanen. In solchen Anfängen werden meist schon Andeutungen gemacht, um was es im weiteren Verlauf gehen könnte. Welche Andeutungen findest du hier?

Formen und Perspektiven des Erzählens

Eine kurze Geschichte   *Franz Hohler*

Kommst du den Kindern noch gute Nacht sagen?, rief die Frau ihrem Mann zu, als sie um acht Uhr aus dem Kinderzimmer kam.
Ja, rief der Mann aus seinem Arbeitszimmer, ich muss nur noch den Brief zu Ende schreiben.
Er kommt gleich, sagte die Mutter zu den Kindern, die beide noch aufgerichtet in ihren Betten saßen, weil sie dem Vater zeigen wollten, wie sie die Stofftiere angeordnet hatten. Als der Vater mit dem Brief fertig war und ins Kinderzimmer trat, schliefen die Kinder schon.

Diese Geschichte kann von verschiedenen Standpunkten aus erzählt werden. Wenn es solche sind, die auch in der Erzählung selbst vorkommen, spricht man von Figurenperspektiven, in diesem Fall die Kinder, Vater und Mutter. Diese Perspektiven können in verschiedenen → Erzählformen vermittelt werden, die Figuren könnten selbst erzählen (Ich-Form) oder ein Erzähler erzählt (Er-/Sie-Form). Dabei könnte die Sicht einer oder mehrerer

Figuren eingenommen und vermittelt oder ganz neutral erzählt werden, aus einer objektiven Sicht.

6 Erzähle die Geschichte in verschiedenen Erzählformen und aus unterschiedlichen → Erzählperspektiven.

7 Welche Unterschiede ergeben sich zwischen den verschiedenen Fassungen?

Abdankung *Heinrich Mann*

Alle wollten Fußball spielen; Felix allein bestand auf einem Wettlauf. „Wer ist hier der Herr?", schrie er, gerötet und bebend, mit einem Blick, dass der, den er traf, sich in einen Knäuel von Freunden verkroch.
„Wer ist hier der Herr!" – es war das erste Wort, das er, kaum in die
5   Schule eingetreten, mit ihnen sprach. Sie sahen verdutzt einander an. Ein großer Rüpel musterte den schmächtigen Jungen und wollte lachen. Felix saß ihm plötzlich mit der Faust im Nacken und duckte ihn. „Weiter kannst du wohl nichts?", ächzte der Gebändigte, das Gesicht am Boden.
10 „Laufe mit mir! Das soll entscheiden."
„Ja, lauf!", riefen mehrere.
„Wer ist noch gegen das Laufen?", fragte Felix, aufgereckt und ein Bein vorgestellt.
„Mir ist es wurscht", sagte faul der dicke Hans Butt. Andere bestätigten:
15 „Mir auch."
Ein Geschiebe entstand, und einige traten auf Felix' Seite. Denen, die sich hinter seinen Gegner gereiht hatten, ward bange, so rachsüchtig maß er sie.
„Ich merke mir jeden!", rief er schrill.
20 Zwei gingen zu ihm über, dann noch zwei. Butt, der sich parteilos herumdrückte, ward von Felix vermittels einer Ohrfeige den Seinen zugesellt.
Felix siegte mit Leichtigkeit. Der Wind, der ihm beim Dahinfliegen entgegenströmte, schien eine begeisternde Melodie zu enthalten; und
25 wie Felix, den Rausch der Schnelligkeit im pochenden Blut, zurückkehrte, war er jedes künftigen Sieges gewiss. Dem Unterlegenen, der ihm Vergeltung beim Fußball verhieß, lächelte er achselzuckend in

die Augen. Als er aber das nächste Mal einen, der sich seinem Befehl widersetzte, niederwarf, war's nur Glück, und er wusste es. Schon war er verloren, da machte sich's, dass er loskam und dem anderen einen Tritt in den Bauch geben konnte, sodass er stürzte. Da lag der nun, wie selbstverständlich – und doch fühlte Felix, der auf ihn herabsah, noch den Schwindel der schwankenden Minute, als Ruf und Gewalt auf der Schneide standen. Dann ein tiefer Atemzug und ein inneres Aufjauchzen; aber schon murrte jemand: Bauchtritte gälten nicht. Jawohl, echote es, sie seien feige. Und von neuem musste man der Menge entgegentreten und sich behaupten. Bei den meisten zwar genügten feste Worte. Die zwei oder drei kannte Felix, mit denen er sich noch zu messen hatte; die anderen gehorchten schon. Zuweilen überkam ihn – nicht in der Schule, denn hier war er immer gespannt von der Aufgabe des Herrschens, aber daheim –, ihn überkam Staunen, weil sie gehorchten. Sie waren doch stärker! Jeder Einzelne war stärker! Wenn dem dicken Hans Butt eingefallen wäre, dass er Muskeln hatte! Aber das war auch so ein weicher Klumpen, aus dem sich alles machen ließ.

8 Um welche Erzählform handelt es sich hier?

9 Wie vermittelt der Erzähler die Perspektiven der Figuren?

10 Schreibe die Geschichte mit einem anderen Erzähler um.

Erzählhaltungen
„Auf einer Brücke am Thyssen-Kanal stand, an das Pflaster angelehnt, ein Mann mit einer flachen Mütze und einem blauen Arbeitsanzug. Der Hund hörte hinter sich das Johlen der Meute und lief in höchster Angst auf den Mann zu, um bei ihm Schutz zu suchen. Aber der Mann grinste und stieß das Tier, eben als es an ihm hochspringen wollte, mit einem schweren Fußtritt unter dem Geländer der Brücke hinweg. Der Hund jaulte schrill auf und stürzte hinab in das schmutzige, gärende Wasser."

An diesem Auszug aus der Kurzgeschichte (S. 46 ff.) von dem Hund, der in der Stadt herumirrt und schließlich in einem Kanal ertrinkt, wird deutlich, wie sich durch die Art und Weise des Erzählens die Haltung des Erzählers vermittelt.

Erzähler- und Figurenrede

Bei der Vermittlung des Geschehens durch den Erzähler werden verschiedene Formen voneinander abgegrenzt. Wenn nur die Stimme des Erzählers vernehmbar ist, wird von Erzählerrede gesprochen. Diese kann berichtend sein, kommentierend oder erörternd. Wenn die Figuren selbst zur Sprache kommen, handelt es sich um die Figurenrede, die direkt (also wörtlich) oder indirekt wiedergegeben werden kann.

Zeitgestaltung

Um sich die Bedeutung der Zeitgestaltung in Erzähltexten vor Augen zu führen, kann folgender Versuch helfen.

11 Erzähle in genau drei Minuten den Verlauf der letzten großen Ferien.

12 Beschreibe in genau drei Minuten, wie du dir heute Morgen die Schuhe angezogen hast.

Bei der Zeitgestaltung wird zwischen **erzählter Zeit** (die Zeit, von der in Geschichten erzählt wird) und **Erzählzeit** (die Zeit, die das Erzählen benötigt) unterschieden. Das Verhältnis zwischen den beiden macht die Zeitbehandlung einer Erzählung deutlich. In der Regel ist die erzählte Zeit länger als die Erzählzeit: In der Geschichte *Der Hund im Thyssen-Kanal* (S. 46 ff.) wird in einigen Minuten von einem Zeitraum von zwei Wochen erzählt. Dennoch kann man feststellen, wo die Erzählzeit im Verhältnis zur erzählten Zeit länger wird und es zur Zeitdeckung oder sogar Zeitdehnung kommt. So fällt auf, dass der größere Teil der erzählten Zeit summarisch zusammengefasst, während der letzte Tag ausführlicher dargestellt wird. Besonders die Stellen, wo sich das Verhältnis zugunsten der erzählten Zeit verschiebt, verdienen demnach große Aufmerksamkeit. Oft wird dort auch die Spannung gesteigert.

Räume und Orte in Erzählungen

Das erzählte Geschehen spielt sich an bestimmten Orten und Schauplätzen ab. Diese werden je nach Zusammenhang und Funktion entweder nur genannt oder eingehender beschrieben. Wie es an dem Ort des Geschehens aussieht, wie er ausgestattet ist, welche besonderen Elemente hervortreten, welche Stimmung dort herrscht (Wetter!), wird über solche Beschreibungen vermittelt. Man spricht dann von dem *erzählten Raum* und meint damit den Zusammenhang von der Ausstattung des Ortes und der Atmosphäre, die sich in der Darstellung vermittelt.

Ort/Schau-platz	Ausstattung	Wetter	Pflanzen	Gebäude

13 Welche Elemente passen zusammen? Fülle das Schema mit möglichen Elementen des Ortes so aus, dass sich eine überzeugende Darstellung ergibt.

Sprachliche Mittel

Bedeutung und Wirkung von Erzählweisen werden besonders auch durch die Art und Weise des Sprachgebrauchs bestimmt. Die Wahl von Formulierungen betrifft dabei vor allem die Worte und den Satzbau.

Wortwahl

Vor allem die Wortwahl trägt zur sprachlichen Gestaltung und Wirkung wesentlich bei. Wenn etwa in der Erzählung *Der Hund im Thyssen-Kanal* (S. 46 ff.) von den „erwartungsvoll lauernden Augen" der Kinder, die den Hund beobachten, gesprochen wird, dann wird so die Bedrohung für den Hund zum Ausdruck gebracht, und zwar so, dass die Leser das Geschehen mit dem Hund erleben und erleiden. Dies gilt in ähnlicher Weise für den Begriff „Meute", mit dem die den Hund verfolgenden Kinder bezeichnet werden. Normalerweise wird dieser Begriff für eine Meute von Hunden gebraucht, die bei der Jagd das Wild aufstöbert und verfolgt. Bezogen auf die Gruppe der Kinder, heißt dies, dass den Menschen hier ein Verhalten von Tieren zugeschrieben wird. Das Ende der gleichen Erzählung enthält weitere auffallende Beschreibungen. So wird davon berichtet, wie der Kanal, in dem der Hund treibt, in einen Strom mündet: „Der Strom nahm das Wasser des Kanals auf und trieb den Hund als ein winziges Knäuel hinaus aus der Stadt, die noch immer unter dem Schleier von Staub und Ruß begraben lag. Er führte ihn hinweg von den rauchenden Schloten und trug ihn auf seiner glitzernden Oberfläche sicher und geborgen in das Land".

Der Fluss „nimmt" auf, „treibt" und „führt" weg und „trägt" sicher: alles Verben, die menschliche Handlungen beschreiben. Der Fluss wird also vermenschlichend beschrieben, und so kehren sich in der Darstellung die Verhältnisse um, denn die Menschen verhalten sich unmenschlich und der Fluss als Teil der Natur eben menschlich.
Zudem wird von der Stadt gesagt, dass sie „noch immer unter dem Schleier von Staub und Ruß begraben lag". Diese Formulierung erzeugt ein sprachliches Bild, das die Stadt als Grab und somit als Ort des Todes darstellt. Dies steht in direktem Gegensatz zu der vermenschlichten Darstellung des Flusses. Dieser Gegensatz könnte nun so interpretiert werden, dass die Stadt mit ihren Einrichtungen und dem unmenschlichen Verhalten der Bewohner dem Leben des Tieres keinen Raum bietet und erst die Natur in der Gestalt des Flusses Sicherheit und Geborgenheit gibt.

Satzbau
Beim Satzbau kann man einfache Sätze, die nebeneinandergestellt und aneinandergereiht werden, von → Satzgefügen unterscheiden, in denen Sätze über- und untergeordnet sind. Texte, in denen die Nebenordnung von Sätzen bestimmend ist, werden als parataktisch, und solche, in denen Über- und Unterordnungen den Stil bestimmen, werden als hypotaktisch bezeichnet. Der Satzbau, der den Text oder die Textpassage prägt, bestimmt somit Stil und Aussage mit. Vor allem dann, wenn der Erzählstil sich ändert, fallen diese Elemente besonders ins Auge.
In der Erzählung *Der Hund im Thyssen-Kanal* herrscht bis zu der Stelle, wo von dem Unfall erzählt wird, ein parataktischer Satzbau vor, während das Geschehen des Unfalls mit Satzgefügen beschrieben wird. Die Dramatik der Situation, die zudem in der Perspektive des Hundes geschildert ist, wird damit auch durch diese sprachliche Gestaltung noch einmal verstärkt.

14 Die Kurzgeschichte *Eis* (S. 138 ff.) wird weitgehend im hypotaktischen Stil erzählt. Schreibe ausgewählte Passagen dieser Erzählung in parataktischen Stil um und prüfe die jeweiligen Wirkungen der verschiedenen Fassungen. Beispiel:

Auf der Bank sitzt ein Herr, der Zeitung liest. Der junge Mann lutscht ein Eis, während er vor dem Herrn stehen bleibt.

Gattungen und Formen

Alle Gattungen und Formen des Erzählens werden zu den epischen Texten gerechnet. Epische Texte waren in der Antike Erzählungen in Versen und wurden *Epen* genannt. Heute versteht man unter epischen Texten erzählende Texte. Man unterscheidet verschiedene Gattungen und Formen.

Kurzgeschichte
Es gibt keine festen Regeln für Kurzgeschichten, aber es können einige Merkmale genannt werden, die für Kurzgeschichten vor allem seit dem Ende des Zweiten Weltkriegs bis Ende der 1960er Jahre typisch sind. Kennzeichnend für diese Kurzgeschichten ist der direkte Einstieg in die Handlung, es fehlt sozusagen eine Einführung oder Einleitung. Oft gibt es keinen Abschluss, sondern ein plötzliches und offenes Ende, das somit zum Weiter- und Nachdenken auffordert. Handlung und Figuren kommen in der Regel aus dem Alltag, es finden sich keine außergewöhnlichen Charaktere. Dargestellt wird aber immer ein Konflikt, der im Verhältnis zu anderen oder in den Figuren selbst angesiedelt ist. Oft wird von einer Wende im Leben der Figuren erzählt. Eine typische Gliederung solcher Kurzgeschichten besteht aus drei bis vier Abschnitten:
- Schilderung einer Situation,
- Entwicklung des Problems oder der Spannung,
- Verzögerung der Lösung und/oder
- Lösung.

Die Lösung darf nicht als Lösung des Problems verstanden werden, sie kann gerade auch das Fehlgehen oder Scheitern einer Figur beinhalten. Die → Erzählperspektive ist häufig die des Ich-Erzählers (Rückschau, chronologische Anordnung) mit eingeschränktem Wissen für den Leser. Er erfährt oft nicht mehr (sogar weniger) als der Ich-Erzähler zum Zeitpunkt des Geschehens weiß. Andere Kurzgeschichten haben oft einen Er-Erzähler, der weit hinter (oder in) die Hauptfigur(en) zurücktritt. Manchmal erzählt er in einem *Bewusstseinsstrom* einer oder mehrerer Personen (→ innerer Monolog) oder er verhält sich wie ein völlig neutraler Beobachter, ohne die Gedanken und Gefühle seiner Figuren preiszugeben.

Ein wesentliches Kennzeichen ist natürlich die Kürze der Kurzgeschichte. Gemeint ist damit nicht nur die Länge des Textes, sondern auch der einfache Aufbau mit wenigen Figuren in einem überschaubaren zeitlichen und räumlichen Rahmen.

In Deutschland entstanden besonders in der Nachkriegszeit bedeutende Kurzgeschichten z. B. von Wolfgang Borchert, Heinrich Böll, Wolfdietrich Schnurre, Ilse Aichinger, Hans Bender, Elisabeth Langgässer, Alfred Andersch, Marie Luise Kaschnitz, Siegfried Lenz und Gabriele Wohmann.

Roman und Novelle
Als längste und umfangreichste Form erzählender Literatur steht der Roman in der Tradition des antiken Epos, das die Erfahrung des Lebens und der Welt vermitteln wollte. Der Roman kann viele verschiedene Erzählformen und Elemente aller literarischen Gattungen enthalten und miteinander vermischen. So können Romane längere Dialoge wiedergeben und sich so einem Drama nähern. Zudem finden sich viele Gedichte der Romantik in Romanen der Zeit. Romane können ganz verschiedene Stoffe, Themen und Motive verarbeiten. Eine Novelle ist eine etwas kürzere Erzählung mit einem besonderen thematischen Schwerpunkt.

Parabel
Der Begriff *Parabel* für eine bestimmte Art von Erzähltexten geht auf das griechische Wort *parabole* – Gleichnis zurück. Parabeln erzählen Geschichten, die sich auf einen Sachverhalt beziehen und die eine Erkenntnis, Lehre oder auch Kritik mit der Darstellung vermitteln. Die beiden Bereiche, die in der Erzählung aufeinander bezogen werden, nennt man *Bildebene* und *Sachebene*. Oft werden beide genannt und direkt miteinander in Verbindung gebracht. In modernen Parabeln bleibt die Sachebene aber oft auch ungenannt, sodass die Leser diese selbst finden müssen.

Satirische Formen
Es gibt annähernd so viele Bestimmungen der satirischen Schreibweise, wie es Satiriker gibt, und keine Bestimmung trifft auf die Gesamtheit der Satiren zu. Ihre Gegenstände, Mittel und Funktionen wandeln sich im Laufe der Geschichte. Es ist daher unmöglich, sie scharf von der *Komik*, der *Parodie* oder der *Polemik* zu trennen. Die Satire kann folgende Funktionen haben: Kritik, Polemik (Einseitigkeit, Parteilichkeit), die direkte oder indirekte Absicht zu belehren und zu bessern, und Unterhaltung.
Die Satire bedient sich häufig der Übertreibung, stellt Widersprüche gegenüber und zeigt Einstellungen und Verhalten von Menschen in übertriebener Weise, verzerrt Sachverhalte, vergleicht sie mit einem Idealzustand und gibt ihren Gegenstand der Lächerlichkeit preis. Die Kurzgeschichte *Ein verächtlicher Blick* (S. 143 ff.) ist ein Beispiel für diese Erzählweise.

| Wiederholen und Üben | Lesen – Umgang mit Texten | Epische Texte |

Lösungen beurteilen – Aufgabenstellungen bearbeiten

❶ Beschreibe die Stärken und Schwächen der beiden folgenden Schülertexte A und B zu *Der Hund im Thyssen-Kanal*. Welche Lösungen sind jeweils gelungen? Begründe deine Einschätzungen.

Aufgabe 1: Gib das erzählte Geschehen des folgenden Textes in eigenen Worten wieder und benenne Thematik und Textsorte.

A Es wird erzählt, wie es in der Stadt regnet und wie die Leute über die Straßen hasten. In einer Unterführung kauert ein Hund, er ist ohne seinen Herrn unterwegs. Bei einem Unfall ist „der Mensch, der es gut mit ihm meinte", überfahren worden. Der Hund irrt umher und wird schließlich von einem Mann von einer Brücke getreten. Er kann das Ufer nicht erreichen und ertrinkt. An einer Schleuse sieht ihn ein Kind tot im Wasser liegen.

B In der Kurzgeschichte „Der Hund im Thyssen-Kanal" von Theodor Weißenborn geht es um einen Hund, der seinen Herrn verloren hat und von den Menschen gequält wird. Am Ende ertrinkt er in einem Kanal. Die Geschichte ist in vier Teile gegliedert. Im ersten Abschnitt wird die Situation des Hundes in der unfreundlichen Umgebung beschrieben. Der zweite enthält in einem Rückblick den Unfall, bei dem das Herrchen des Hundes stirbt. Im dritten wird erzählt, wie der Hund in der Stadt umherirrt und vor einer Schule auf Kinder wartet, von denen er schon mal Futter bekommen hat. Er wird aber verjagt und von einem Mann in den Kanal geworfen. Am Ende hängt der Hund in einem Gebüsch und wird von einem Kind bedauert.

Aufgabe 2: Untersuche die Erzählweise des Textes und beschreibe die besonderen erzählerischen und sprachlichen Mittel.

A Es werden viele Adjektive zur Beschreibung der Stadt benutzt. Mit dem Hund hat niemand Mitleid, er wird überall verjagt. Die Worte „kauern" und „winseln" zeigen das an. Man kann sich so gut in die Situation des Hundes versetzen.

B Bei der Erzählweise fällt vor allem auf, dass meistens aus der Sicht des Hundes erzählt wird. Besonders deutlich wird dies bei dem Unfall, wo das Auto wie ein Tier beschrieben wird. Die „Gedanken" des Hundes werden damit dem Leser gezeigt: „Der Mensch, der es gut mit ihm meinte, hatte zusammengekrümmt und friedlich am Boden gelegen, hatte nicht gerufen, hatte sich nicht bewegt und hatte nur immerzu den Koffer festgehalten." Andere Perspektiven werden nicht eingenommen, deshalb wird auch nicht klar, warum der Mann den Hund in den Kanal tritt. Die Welt um den Hund wird als sehr feindlich dargestellt („Er zitterte und winselte in der nassen Kälte"), nur das Mädchen am Ende hat Mitleid.

Aufgabe 3: Interpretiere die hier gegebene Darstellung der Beziehung von Mensch und Tier.

A Der Hund wird ziemlich gequält, niemand kümmert sich um ihn. So sieht man, wie Tiere leiden und gequält werden. Deshalb gibt es ja auch Tierschutzorganisationen, die sich für die Tiere einsetzen.

B Beim Lesen hat man als Leser Mitleid mit dem armen Hund, man versteht die Menschen nicht, die so aggressiv sind. Damit will der Autor sicher auf das Problem der Tierquälerei hinweisen. Das ist auch richtig so, denn Tiere sind den Menschen ausgeliefert. Aber es ist ja auch nicht so, dass Tiere nur gequält werden, viele Leute verwöhnen ihre Hunde oder Katzen so sehr, dass sie sogar krank werden können.

② Gib das erzählte Geschehen in der folgenden Kurzgeschichte in eigenen Worten wieder.

③ Untersuche und beschreibe die Beziehungen zwischen den Jungen und erläutere, mit welchen erzählerischen Mitteln diese dargestellt werden.

④ Erörtere die Lösung des Konflikts: Welche Voraussetzungen müssen gegeben sein, damit sie so möglich wird wie in der Erzählung dargestellt?

Der Sieger *Erich Junge*

Vielleicht hatte er erwartet, als er uns jetzt herausfordernd der Reihe nach anblickte, dass wir über seine Niederlage in lauten Jubel ausbrechen würden? – Aber wir taten ihm den Gefallen nicht; wir hatten uns alle gut in der Gewalt, denn es war gefährlich, ihn zu reizen.
Wir mochten ihn nicht, diesen Kraftprotz, der, wenn er einmal den Mund aufmachte, was höchst selten geschah, von nichts anderem sprach als von seinen Kräften, vom Expanderziehen, Gewichtheben, Ringen und Boxen. Diese Niederlage hatte er verdient, und es gab wohl keinen unter uns, der sie ihm nicht von Herzen gönnte.
Es herrschte eine Art Spannung, die jeder spürte, und die doch jeder zu ignorieren versuchte, und von der man nicht wusste, wie sie sich lösen würde; aber es war klar, dass dies hier nur der Anfang war, dazu kannten wir ihn zu genau. Wir hatten vor allem etwas Angst um Bert, der so unbeschwert glücklich war, weil er den Fünfkampf gewonnen hatte und an nichts anderes mehr denken konnte.
Erst als Dr. Brenner vom unteren Ende des Platzes heraufkam (er hatte sich von dem letzten, entscheidenden Wurf Berts persönlich überzeugt), wirkten alle ein bisschen gelöster.
„Großartig", sagte er, „Riedel, das haben Sie großartig gemacht", und er schüttelte Bert die Hand. Und dann gingen wir alle hin und schüttelten ihm die Hand, klopften ihm auf die Schulter und sagten „prima" oder „fabelhaft hast du das hingekriegt, alter Junge", wie man das so sagt mit siebzehn, achtzehn. „Dannwitz", sagte Dr. Brenner, „gehen Sie hin und gratulieren Sie ihm!"
Dannwitz blieb stehen und rührte sich nicht, den kräftigen, muskulösen Oberkörper nach vorn geneigt, mit unruhig hin und her pendelnden Armen stand er da und rührte sich nicht, tat keinen Schritt, und als Bert von sich aus auf ihn zuging, drehte er sich um, zeigte sein breites Kreuz und zog sich umständlich die Trainingsjacke über den Kopf.
Vielleicht hatte der Lehrer es nicht bemerkt; er tat jedenfalls so, zog den Notizblock hervor und rechnete die Punkte noch einmal zusammen. Außerdem hatte er es eilig, er musste die Siegerurkunden ausschreiben, denn heute Abend war Schulfest, und da sollten sie verteilt werden. Wir hatten geduscht und fühlten uns wunderbar erfrischt und dachten im Augenblick an nichts anderes mehr als an den kommenden Abend.
Wir gingen über den sonnenbeschienenen Platz, hatten die Trainings-

blusen über dem Arm, und Bert ging in der Mitte, zwischen Bruno und mir. „Wie hast du das nur gemacht?", fragte Bruno.
„Es war Technik", sagte Bert, „ich habe viel geübt, und vor allem habe ich mir genau angesehen, wie es die Diskus- und Speerwerfer machen. Jeder von euch kann das ebenso gut."
„Na, na", sagte Bruno, „und Dannwitz, hast du den gesehen?"
„Der ist viel stärker als ich", sagte Bert, „aber er macht es eben nur mit der rohen Kraft, wenn der noch die richtige Technik beherrschte, wäre er nicht zu schlagen." Die Straßen waren kühl und mittagsleer, aber wir gingen am Rande der Stadt entlang zum Fluss hinunter, den Weg, der von Büschen und einem hüfthohen Zaun umsäumt war und über den Ameisen und blitzende kleine Käfer liefen. Wir hatten es gar nicht bemerkt, dass er uns gefolgt war, denn wir sprachen über den Abend und über das Fest und über das Mädchen, das jeder von uns eingeladen hatte. Mit einem Mal war er plötzlich da. Sein Schatten lag breit und gefährlich vor unseren Füßen. Wir standen wie auf Kommando still. Sein Atem ging keuchend, und wir froren, als wir ihm ins Gesicht sahen. Der Weg lief hier in eine Wiese hinein, durch die ein kleines Gewässer plätschernd zum Fluss hinunterglitt. Eine Ziege lag in der Wiese, starr, wie ein weißer Fleck. Bert hatte gerade gesagt: „Sie hat mir versprochen, dass sie kommt."
Dannwitz' Adamsapfel ging auf und nieder, sein Gesicht war schweißnass, und die Haare hingen ihm wie Fransen in die Stirn. „Ihr seid doch drei", sagte er kaum hörbar, „kommt, ihr seid doch drei ..." Niemand antwortete.
Nach einer Weile sagte Bert: „Geht man, geht man nach Hause, ich will nicht, dass ihr da hineingezogen werdet." Er schob uns zur Seite und stellte sich mit hängenden Armen hin. „Nun fang an", sagte er flüsternd. „Ich wehre mich nicht einmal, ich weiß, dass es keinen Zweck hat, sich zu wehren, also, fang an ..."
Die Glocken der Michaeliskirche läuteten plötzlich über den Mittag hin. Die Ziege erhob sich träge und kam langsam an den Weg heran. Dannwitz stand da, mit geballten Fäusten und einem flackernden Licht in den Augen, das aber langsam erlosch. Sein Unterkiefer fiel herab, was seinem Gesicht einen merkwürdig hilflosen Ausdruck verlieh, seine breiten Schultern sackten zusammen, die Fäuste lösten sich, und wahrhaftig, er weinte.

Wir sahen es fassungslos.

Und dann, so plötzlich, wie er gekommen war, drehte er sich auf dem Absatz herum und trabte davon mit schwankenden Schritten, wie ein großer, verwundeter Bär.

„Er hat geweint", sagte ich zu Hause bei Tisch. „Nie hätten wir so etwas für möglich gehalten."

„Seit wann ist er bei euch?", fragte der Vater.

„Ich glaube, seit anderthalb Jahren, aber wir mochten ihn nicht, von Anfang an mochten wir ihn nicht, ganz besonders nicht, als er anfing, seine Kräfte auszuspielen."

„Womit hätte er euch sonst imponieren sollen?"

„Imponieren?"

„Na ja, was sonst", sagte mein Vater. „Ihr seid doch eine Clique, nicht wahr, ihr kennt euch seit zehn und mehr Jahren. Er kam dazu, ein Fremder, einer, der neu war, ist es nicht so?"

Ich schwieg.

Es war Abend und der Abend war mild und weich. Sie hatten bunte Lampions aufgehängt, die Musiker waren schon da, und ich freute mich auf jeden und auf alles. Und da sah ich ihn stehen, er stand unter den Buchen, nicht vom Licht des Festplatzes getroffen, er stand da, wesenlos, wie ein Schatten, und ich erkannte nur die Konturen seines Gesichtes. Ich ging schweigend an ihm vorbei, aber mein Herz schlug mir im Halse. Hatte ich etwa Angst? Nein, Angst war es nicht, was mir die Kehle zuschnürte.

Bert rief mich an. „Die Mädchen sind da", sagte er. Die anderen kamen hinzu, der Kreis war geschlossen. Ich blickte verstohlen zu den dunklen Buchen hin. Ich ging fort und setzte mich an einen Tisch, über dem ein roter Mond baumelte. Ich stieß den Mond mit dem Finger an, und er schaukelte hin und her. „Was ist?", fragte Bert, und er setzte sich neben mich.

Ich zuckte mit den Schultern. „Er steht da", sagte ich nach einer Weile und wies mit dem Kopf in die Richtung der Buchen. „Du kannst seinen Schatten sehen, mehr nicht, er steht da, als ob er nicht zu uns gehörte." Wir schwiegen beide. Der Mond über uns schwang hin und her. „Ich würde es versuchen", sagte ich dann, „aber ich kann es nicht, deinetwegen."

„Was soll ich denn tun?"

„Hör zu, Bert, wir haben ihm niemals eine Chance gegeben, niemals, ich glaube, das ist es!"
„Gut", sagte Bert und stand auf.
„Falls du es vergessen haben solltest", rief ich ihm nach, „er heißt Werner." Ich weiß nicht, was sie miteinander gesprochen haben, ich will es auch nicht wissen. Aber sie kamen zusammen zwischen den Bäumen hervor, lässig gingen sie nebeneinander, als sei es schon immer so gewesen, und ich dachte, wer von ihnen hat nun eigentlich heute gewonnen?
Der Mond über mir stand still. Ich gab ihm noch einen kräftigen Schubs. Als wir zu dritt den Festplatz erreichten, begann die Musik zu spielen.

Lösungsbeispiel
1. In der Kurzgeschichte *Der Sieger* von E. Junge geht es um das Dazugehören oder Ausgeschlossensein. Es wird von einem Sportwettkampf erzählt, den überraschenderweise nicht der Stärkste der Jungen gewinnt, sondern ein anderer. Dadurch entsteht eine schwierige Situation, da der sehr ehrgeizige Werner Dannwitz Bert Riedel den Sieg nicht gönnt. Die Freunde von Bert rechnen mit der Rache von Dannwitz, doch dieser wendet sich bloß weinend und völlig gebrochen ab. Einer der Jungen berichtet den Vorfall zu Hause, wo sein Vater darauf hinweist, dass sie als Gruppe den neu in die Klasse gekommenen Dannwitz nicht aufgenommen haben. Auf dem Weg zu dem am Abend stattfindenden Fest, holt Bert den allein gebliebenen Dannwitz in die Gruppe, und gemeinsam gehen sie auf das Fest.

2. Der Gruppe der Jungen mit dem Ich-Erzähler, Bert Riedel und Bruno steht Werner Dannwitz gegenüber. Werner ist neu in die Klasse gekommen und hat offensichtlich versucht, seine körperliche Stärke zu nutzen, um den Jungen zu imponieren. Dennoch hat dies nicht dazu geführt, dass er in die Gruppe aufgenommen worden wäre. Er bleibt weiterhin allein, und um dieses Defizit hinsichtlich des Dazugehörens auszugleichen, hat er körperliche Gewalt gewählt. Als dies nicht mehr gelingt, macht sich Hilflosigkeit breit, die hier durch das Weinen deutlich gemacht wird. Als Werner den Wettkampf verliert, verliert er auch die Grundlage, auf der er seine Position in der Klasse und gegenüber der Gruppe der Jungen aufgebaut hatte.

Als er dies erkennen muss, bricht seine auf körperliche Kraft gebaute Persönlichkeit gleichsam zusammen. Seine Schwäche, die er nun zeigt, ist in der Geschichte der Auslöser, dass die Jungen über ihr Verhältnis zu Werner und ihr eigenes Verhalten nachdenken. Eine Schlüsselstelle dafür ist der Satz „… und ich dachte, wer von ihnen hat nun eigentlich gewonnen?" Die Geschichte zeigt, dass Konflikte durch Einfühlung gelöst werden können. Solche Lösungen kennen keine Verlierer.

Das Gespräch des Ich-Erzählers mit seinem Vater fördert dieses Nachdenken und das Eindenken und Einfühlen in den anderen und dessen Sicht der Dinge (Empathie). Der Vater führt durch seine Fragen den Sohn zu der Einsicht, dass Werner Dannwitz auf die körperlichen Leistungen setzt, weil er seinen sozialen Stellenwert in der Klasse sichern will, um das Ausgeschlossensein durch die Klassengemeinschaft als soziale Gruppe zu kompensieren. Zunächst schweigt der Sohn, was ein Zeichen dafür ist, dass ihm die Fragen des Vaters zu denken geben. Dass er sich entschlossen hat, auf Werner Dannwitz zuzugehen, deutet sich dort an, wo er auf dem Weg zum Fest auf Werner trifft: „Ich ging schweigend an ihm vorbei, aber mein Herz schlug mir im Halse. Hatte ich etwa Angst? Nein, Angst war es nicht, was mir die Kehle zuschnürte." Diesen Entschluss setzt er in die Tat um. Bemerkenswert ist, dass jetzt erst der Vorname „Werner" erwähnt wird. Vorher ist nur von „Dannwitz" die Rede.

Erzählt wird dieses Geschehen aus der Sicht eines Ich-Erzählers, der selbst an dem Geschehen beteiligt ist. Die Erzählung setzt unmittelbar ein, ohne besondere Einführung wird sogleich die Situation nach dem entscheidenden Wurf von Bert Riedel erzählt. Nachdem Bert am Abend Werner in die Gruppe geholt hat, endet die Erzählung ebenso unvermittelt. Damit werden besondere Eigenschaften von Kurzgeschichten deutlich, die in der Regel auch eine entscheidende Situation oder Wendung im Leben der erzählten Figuren darstellen. Dies ist auch hier der Fall: Die Jungen beziehen nun Werner Dannwitz, vor dem sie zunächst nur Angst und den sie bisher ausgeschlossen hatten, in ihre Gruppe ein.

Die Gliederung des Textes ist dreiteilig: Nach der Konfrontation der Jungen mit Werner Dannwitz auf dem Sportplatz und dem Weg nach Hause folgt das Gespräch in der Familie des Ich-Erzählers, den Schluss bildet die Lösung auf dem Weg zu dem Schulfest.

Besonders wichtig sind dabei das innere Geschehen und die innere Entwicklung des Ich-Erzählers. Der Wendepunkt in der Geschichte ist das Gespräch des Ich-Erzählers mit seinem Vater, in dem dieser dem Sohn Fragen stellt, die zum Nachdenken und schließlich zu der Lösung des Konflikts führen.

Das innere Geschehen wird einmal durch die Gedanken des Ich-Erzählers dargestellt. An vielen Stellen wird es zudem durch die Beschreibung des Verhaltens der anderen Figuren deutlich, vor allem dort, wo die nichtsprachliche Kommunikation beschrieben wird, z. B.: „Dannwitz blieb stehen und rührte sich nicht, den kräftigen, muskulösen Oberkörper nach vorn geneigt, mit unruhig hin und her pendelnden Armen stand er da und rührte sich nicht, tat keinen Schritt, und als Bert von sich aus auf ihn zuging, drehte er sich um, zeigte sein breites Kreuz und zog sich umständlich die Trainingsjacke über den Kopf."

3. Die Geschichte behandelt das Verhältnis von Einzelnen zu einer Gruppe. Werner Dannwitz gilt zwar als gefürchteter Starker, doch er bleibt von der Gemeinschaft der Gruppe ausgeschlossen. So wird deutlich, dass sein Verhalten auch mit dieser Ablehnung oder sogar Isolation zu tun hat. Andere Möglichkeiten, als mit seiner körperlichen Stärke den anderen zu imponieren, hat er offensichtlich nicht. In dem Moment, in dem er mit dieser Strategie erfolglos bleibt (Verlieren des Wettkampfes), bricht seine ganze Persönlichkeit zusammen. Nun ist er der Schwächere und die anderen könnten über ihn triumphieren. Doch ist diese Entwicklung für sie so überraschend, dass der Ich-Erzähler beginnt, über die Beziehung zwischen ihnen als Gruppe und dem Außenseiter gebliebenen Werner nachzudenken.
Nachdem Werner vor der Gruppe seine Schwäche gezeigt hat, ist dies die zweite wichtige Voraussetzung für die Entwicklung der Lösung. Absehen von Gewalt und Verzicht darauf, die Schwäche eines anderen auszunutzen, sind die wichtigsten Aspekte dabei. Ohne das Gespräch des Ich-Erzählers jedoch, das dieser mit Bert führt, der schließlich auf Werner zugeht, mit ihm spricht und in die Gruppe aufnimmt, wäre die Lösung des Konflikts nie möglich geworden. Also das Gespräch und den Austausch zu suchen sind damit weitere Voraussetzungen. Die Geschichte führt diese ideale Entwicklung vor, in der Realität sind oft andere zu beobachten, da die genannten Voraussetzungen nicht erfüllt sind.

Sachtexte: Lesestrategien und -methoden

Lesestrategien erleichtern die Erarbeitung von Sachtexten und fiktionalen Texten. Lesetechniken sind Verfahren, die du anwendest, um das zentrale Thema, die zentralen Gedanken, den Aufbau und die Machart eines Textes festzustellen. Lesestrategien kannst du erlernen und einüben und mit ein bisschen Übung bei Klassenarbeiten, Tests, den *Zentralen Prüfungen* und bei der eigenständigen Erschließung von Texten z. B. für Referate und Facharbeiten erfolgreich einsetzen.

Aufgabenstellungen lesen und klären
Was soll ich bzw. was will ich machen? Wenn du dich mit einem fremden Text auseinandersetzt, hast du meist ein bestimmtes Leseinteresse. Du willst aus einem Text Informationen zu einem bestimmten Thema gewinnen, du willst wissen, wie die Autorin argumentiert, du willst herausfinden, mit Hilfe welcher sprachlichen Mittel der Autor sein Thema gestaltet und veranschaulicht.
Die Aufgabenstellung bei Klassenarbeiten, Tests, Referaten usw. gibt zumeist ein konkretes Leseziel vor, an dem du dich bei der Bearbeitung der Texte orientieren kannst.

Häufig lautet der Arbeitsauftrag: **Analysiere den Text**. Dieser Arbeitsauftrag bedeutet, du sollst einem fremden Leser darlegen,
– worum es in dem Text geht (Thema),
– welche Position der Autor/die Autorin vertritt,
– wie der Text aufgebaut ist bzw. seine Argumentation verläuft.
Der fremde Leser soll so über den Inhalt und die Machart des Textes informiert werden, dass er ihn selbst nicht mehr lesen muss.

Zumeist wird die Aufgabenstellung jedoch noch weiter präzisiert und du erhältst einen Leitfaden für deine Textanalyse. Diese ergänzenden Formulierungen können sich sowohl auf das Thema beziehen, das besonders in den Blick genommen werden soll, als auch auf das methodische Vorgehen.

Immer wieder verwendete Formulierungen, die das Augenmerk auf einen bestimmten thematischen Schwerpunkt legen, sind z. B.
Analysiere den Text unter besonderer Berücksichtigung von ...
Analysiere den Text im Hinblick auf ...
Analysiere den Text, gehe dabei insbesondere auf ... ein.

Darüber hinaus zeigen dir Handlungsanweisungen in Form von Verben, was du methodisch machen sollst. Diese Handlungsanweisungen nennt man **Operatoren** (→ S. 20 f.).

1 Lies die folgenden Aufgabenstellungen und erkläre mit deinen eigenen Worten, was die einzelne Aufgabe jeweils von dir verlangt.

Beispiel 1:
Analysiere den Text.
Weise dabei nach, wie der Verfasser zu der These steht: „Ausländer seien um ein Vielfaches krimineller als Deutsche". Achte auch auf die sprachlichen Besonderheiten.

Beispiel 2:
Benenne die Argumente, mit denen der Autor die These „Ausländer seien um ein Vielfaches krimineller als Deutsche" zurückweist.
Nimm auf dem Hintergrund deiner Kenntnisse aus dem Unterricht zu seinen Argumenten Stellung.

Beispiel 3:
Gib die zentralen Aussagen des Textes im Hinblick auf die Ausländerkriminalität wieder.
Vergleiche die Aussagen des Autors mit anderen dir aus dem Unterricht bekannten Materialien über Ausländerkriminalität.

Die folgenden **Lesemethoden** (→ S. 168 f.) helfen bei der Erschließung von Sachtexten. Führe bei der Analyse von Sachtexten die einzelnen Schritte zunächst systematisch der Reihe nach aus. Bei mehr Routine gehen sie automatisch ineinander über.

Die 6-Schritt-Lesemethode

1. Schritt	**antizipierendes Lesen** Sieh dir Überschrift und – falls vorhanden – Zwischenüberschriften des Textes an. – Was weißt du bereits über das Thema, mit dem sich Text und Aufgabenstellung beschäftigen? *Ziel:* Klärung des Vorwissens, Einordnung der neuen Informationen in vorhandenes Wissen
2. Schritt	**überfliegendes Lesen** Überfliege den Text. – Welche Hinweise geben die äußeren Textmerkmale im Hinblick auf Thema und Intention des Textes? – Welche Informationen geben die innertextlichen Signale wie Überschrift, Untertitel, Anfang und Ende des Textes sowie der jeweils erste Satz eines Absatzes über Inhalt, Thema und Intention des Textes? – Welcher Zusammenhang besteht zwischen dem Text und der Aufgabenstellung? *Ziel:* erste Orientierung über Inhalt, Thema und Intention des Textes mit Blick auf die Aufgabenstellung
3. Schritt	**klärendes Lesen** Lies dir den Text durch, unterstreiche die Wörter und Formulierungen, die du nicht verstehst und kläre sie, indem du – im Wörterbuch nachschlägst, – sie aus dem Zusammenhang selbst erschließt oder – Mitschüler/-innen oder die Lehrperson fragst. *Ziel:* Textverständnis klären
4. Schritt	**konzentriertes Lesen** Lies den Text mit Blick auf die Aufgabenstellung konzentriert durch. Welches sind die zentralen Aussagen des Textes bezogen auf die Aufgabenstellung? – Markiere dabei die Aussagen, Formulierungen und zentralen Begriffe (Wörter und Wortgruppen), die für die Beantwortung der Aufgabenstellung bzw. dein Leseinteresse wichtig sind. – Gehe mit den Markierungen sparsam um. Darüber hinaus kannst du die Markierungen mit Symbolen (Ausrufezeichen, Pfeilen, Sternen etc.) am Rand des Textes ergänzen. *Ziel:* Erarbeitung des Informationsgehalts des Textes mit Blick auf die Aufgabenstellung bzw. das Leseinteresse

5. Schritt	**zusammenfassendes Lesen** Lies den Text mit Blick auf seinen gedanklichen Aufbau. – Aus welchen Abschnitten besteht der Text, wie bauen sie aufeinander auf? Gliedere den Text in Sinnabschnitte und notiere dir am Rand zu jedem Sinnabschnitt eine Zwischenüberschrift in Form von Stichwörtern oder kurzen Sätzen. Oft ist die bestehende Einteilung des Textes in Absätze hilfreich. *Ziel:* Erkennen des Sinnzusammenhangs der einzelnen Abschnitte und damit des Textaufbaus
6. Schritt	**Lesen** im Hinblick auf **sprachliche Besonderheiten** Lies den Text erneut und markiere dabei sprachliche Besonderheiten, die dir auffallen: Satzbau, Wortwahl, rhetorische Figuren etc. – Welche sprachlichen Mittel werden verwendet, um die inhaltliche Aussage zu stützen? – Welche Aspekte des Layouts verstärken die Textaussage? (Bilder, Tabellen, Grafiken, Schriftbild etc.) *Ziel:* Erkennen der sprachlichen Machart eines Textes

Durch das immer wieder neue Lesen des Textes unter anderen Gesichtspunkten erschließt du dir die verschiedenen Aussageebenen.

Übungen

zu den einzelnen Schritten der 6-Schritt-Lesemethode

Schritt 1: antizipierendes Lesen
– Beantworte stichwortartig folgende Fragen:
  1. Zu welcher Unterrichtseinheit passen das Thema des Textes und die Aufgabenstellung?
  2. Was weißt du bereits über Kriminalität von Ausländern und Jugendlichen?
  3. Was erwartest du von einem Text zum Thema „Ausländerfeindlichkeit", der von der Bundeszentrale für politische Bildung herausgegeben worden ist?
– Aufgabenstellung: Analysiere den Text. Weise dabei nach, wie der Verfasser zu der These steht: „Ausländer seien um ein Vielfaches krimineller als Deutsche". Achte auch auf die sprachlichen Besonderheiten.
– Text: Wolfgang Benz, *Ausländerfeindlichkeit* (S. 77 f.)

Schritt 2: überfliegendes Lesen

– Welche Hinweise geben die *äußeren Textmerkmale* im Hinblick auf Thema und Intention des Textes? Unter äußeren Textmerkmalen versteht man Angaben zu folgenden Punkten:

Äußere Textmerkmale	Angaben zu dem vorgegebenen Artikel	mögliche Schlussfolgerungen
Autor/Autorin	Wolfgang Benz	
Titel des Textes	Ausländerfeindlichkeit. Aus: Benz, Wolfgang: Argumente gegen rechtsextreme Vorurteile. Bonn: Bundeszentrale für politische Bildung 2001 (Informationen zur politischen Bildung aktuell)	offizielle Schriftenreihe der Bundesregierung; Erwartung einer sachlichen Argumentation
Textsorte	Kommentar	Argumentation
Erscheinungsjahr	2001	Frage nach der Aktualität?
Erscheinungsort	Bonn	
Adressaten	politisch interessierte Bürgerinnen und Bürger	sachlicher, allgemein verständlicher Sprachgebrauch
Thema	der Umgang mit Ausländerkriminalität als Zeichen für Ausländerfeindlichkeit	mögliche Intention: Stellungnahme gegen Ausländerfeindlichkeit auf der Basis von Statistiken zur Ausländerkriminalität

❶ Welche Informationen geben die innertextlichen Signale wie Überschrift, Untertitel, Anfang und Ende des Textes sowie der jeweils erste Satz eines Absatzes über Inhalt, Thema und Intention des Textes?

❷ Sieh dir den folgenden Text an. Er ist auf die für das überfliegende Lesen wichtigen Teile reduziert. Welche Hinweise erhältst du für die Lösung der Aufgabenstellung?

Ausländerfeindlichkeit *Wolfgang Benz*

– Die Behauptung, Ausländer seien um ein Vielfaches krimineller als Deutsche, gehört zum Repertoire rechtsradikaler Propaganda, aber auch einiger konservativer Politiker, die damit die Forderung nach geschlossenen Grenzen untermauern.

– Um ein richtiges Bild zu bekommen, muss man zunächst die Delikte in der Kriminalstatistik gesondert betrachten, die nur Ausländer begehen können, weil sie mit ihrer besonderen Lage in Verbindung stehen.

– Irreführend in der Kriminalstatistik ist zweitens die fehlende Unterscheidung zwischen Ausländern, die zur Wohnbevölkerung in Deutschland gehören (und die mit dem Vorwurf besonderer Kriminalität diskriminiert werden sollen), und illegalen, durchreisenden, vorübergehend in Deutschland lebenden Personen.

– Weiterhin muss beachtet werden, dass Ausländer (ohne Rücksicht darauf, ob sie Arbeitsmigranten, Touristen, Grenzgänger, Bandenkriminelle sind) generell schneller unter Tatverdacht geraten als Deutsche („Tatverdachteffekt"), unter anderem, weil die Anzeigefreudigkeit der Bevölkerung gegenüber „Ausländern" größer ist als gegenüber Deutschen („Anzeigeeffekt").

– Experten verweisen außerdem darauf, dass Kriminalstatistiken nur aussagefähig sind, wenn das Sozialprofil der Täter bzw. Tatverdächtigen in die Betrachtung einbezogen wird.

– Eine Tatsache steht freilich fest: Auch in einer bereinigten Kriminalstatistik, die nach Statusgruppen unterscheidet, sind jugendliche Ausländer, insbesondere 14- bis 17-Jährige, im Vergleich zu deutschen Altersgenossen mit mehr Straftaten (Eigentums- und Gewaltdelikten) vertreten.

– Das hat verschiedene Gründe, zu denen unter anderem wirtschaftliche Probleme, mangelnde Integrationshilfen, unzureichende Sprachkenntnisse und fehlende Chancen auf dem Arbeitsmarkt gehören. Jugendkriminalität ist, bei Ausländern wie bei Deutschen, nicht zuletzt eine Folge der Bildungsmisere.

– Überschrift, Einleitung, die ersten Sätze der Absatzanfänge und der Schlusssatz geben einen ersten Überblick über den Inhalt und den Gedankengang eines Textes.

- Die Überschrift – häufig in Titel und Untertitel aufgespalten – nennt meist das Thema und den Blickwinkel, den/die Autorin/der Autor bezogen auf das Thema einnimmt. Daraus lässt sich häufig die These der Autorin/des Autors ableiten.
- Die ersten Sätze eines Textes oder Abschnitts informieren oft über die zentralen Gedanken/Unterthemen des Textes. Der Schlusssatz kann eine Zusammenfassung bzw. Schlussfolgerung enthalten.
- *Eyecatcher* wie Bilder oder Grafiken oder andere grafisch besonders hervorgehobenen Einzelheiten wie Fett- oder Kursivgedrucktes geben weitere Informationen über den Textinhalt.

Schritt 3: klärendes Lesen vgl. *Mit dem Wörterbuch umgehen* (→ S. 223)

Schritt 4: konzentriertes Lesen und
Schritt 5: zusammenfassendes Lesen
- Aufgabenstellung: Analysiere den Text. Weise dabei nach, wie der Verfasser zu der These steht: „Ausländer seien um ein Vielfaches krimineller als Deutsche". Achte auch auf die sprachlichen Besonderheiten.

Text mit Markierungen im Hinblick auf die Aufgabenstellung	Randbemerkungen
Ausländerfeindlichkeit *Wolfgang Benz* Die Behauptung, Ausländer seien um ein Vielfaches krimineller als Deutsche, gehört zum Repertoire rechtsradikaler Propaganda, aber auch einiger konservativer Politiker, die damit die Forderung nach geschlossenen Grenzen untermauern. Zum Beweis wird die Kriminalstatistik, die angeblich dokumentiert, dass nahezu ein Drittel aller von der Polizei ermittelten Tatverdächtigen einen ausländischen Pass hätten, während aber höchstens neun Prozent der Wohnbevölkerung in Deutschland „Ausländer" sind. Jugendliche Ausländer gar seien in Großstädten viermal so häufig wie junge Deutsche als Tatverdächtige oder Täter auffällig. Solchen simplen Behauptungen steht eine vielfältigere Wirklichkeit gegenüber. Um ein richtiges Bild zu bekommen, muss man zunächst die Delikte in der Kriminalstatistik gesondert betrachten, die nur Ausländer begehen können, weil sie mit ihrer besonderen Lage in Verbindung stehen: Meldevergehen, falsche Angaben über die Herkunft oder die Einreisewege, illegaler Grenzübertritt. (…)	**These rechtsextremer Propaganda:** Ausländer sind krimineller als Deutsche **Argument:** auf Kriminalstatistiken **Antithese des Autors:** Die Behauptung ‚Ausländer seien krimineller als Deutsche' ist eine falsche Vereinfachung. Angaben der Kriminalstatistiken werden falsch gelesen **Argument 1:** Art der Delikte

172

Schritt 6: Lesen im Hinblick auf sprachliche Besonderheiten

Inhaltliche Aussagen und die Machart eines Textes sind eng miteinander vernetzt. Durch sprachliche Gestaltung kann der Autor das Thema und die Intention seines Textes besonders deutlich machen. Bei der Untersuchung der sprachlichen Besonderheiten eines Textes konzentrierst du dich auf folgende Aspekte:

- **Satzbau:** Aneinanderreihung von Hauptsätzen (Parataxe), Wechsel von Haupt- und Nebensätzen (Hypotaxe), unvollständige Syntax, Verwendung bestimmter Satzarten: Fragesätze, Ausrufesätze etc.
- **Wortwahl:** Verwendung von Schlüsselwörtern, Fachvokabular, ausdrucksstarken Adjektiven und Verben, umgangssprachlichen Formulierungen
- **Rhetorische Figuren:** Wiederholungen von einzelnen Wörtern oder Satzbaumustern, Darstellung von Gegensätzen, rhetorische Fragen, Vergleiche, Verallgemeinerungen (z. B. *wir* statt *ich*) etc. (→ S. 196)

Wichtig ist, dass du die stilistischen Gestaltungselemente nicht nur benennst, sondern ihre Funktion für die inhaltliche Aussage des Textes in den Blick nimmst.

Beispiel für eine Texterschließung
unter Berücksichtigung sprachlicher Besonderheiten:

Text	Sprachliche Gestaltungsmittel	Funktion
Weiterhin muss beachtet werden, dass Ausländer (ohne Rücksicht darauf, ob sie Arbeitsmigranten, Touristen, Grenzgänger, Bandenkriminelle sind) generell schneller unter Tatverdacht geraten als Deutsche („Tatverdachteffekt"), unter anderem, weil die Anzeigefreudigkeit der Bevölkerung gegenüber „Ausländern" größer ist als gegenüber Deutschen („Anzeigeeffekt"). Zur Verzerrung des Bildes trägt zusätzlich bei, dass die Kriminalstatistik Tatverdächtige aufführt, die nicht notwendigerweise auch Täter sein müssen.	Verwendung von Fachvokabular Verwendung von Anführungszeichen Wertung Verwendung strukturierender Formulierungen (Konjunktoren)	Autor als Kenner des Themas Kritik an dieser Einstellung (alle Ausländer werden gleich gesetzt)

Experten verweisen **außerdem** darauf, dass Kriminalstatistiken nur aussagefähig sind, wenn das **Sozialprofil** der Täter bzw. Tatverdächtigen in die Betrachtung einbezogen wird. Als Ergebnis einer **differenzierenden** Auswertung der Kriminalstatistik ergibt sich, dass die Kriminalität der ausländischen Wohnbevölkerung (Arbeitsmigranten) gegenüber vergleichbaren deutschen sozialen Gruppen geringer ist. Ausländer, die ständig in Deutschland leben, sind also gesetzestreuer als Deutsche in gleicher sozialer Position. (…)	vereinzelter Gebrauch von Adjektiven Verwendung von strukturierenden Formulierungen (Konjunktoren) insgesamt überschaubare Syntax (zumeist Hauptsatz-Nebensatz/ keine Bandwurmsätze)	Beurteilung der anderen Position; Hervorhebung der besonderen Bedeutung der Aussage Erleichterung des Leseprozesses mit Blick auf den Adressatenkreis

Neben den sprachlichen Besonderheiten solltest du auch das → Layout des Textes in den Blick nehmen: z. B. die Veranschaulichung durch Bilder und Grafiken, die leserfreundliche Gestaltung des Textes etc.

Weitere Lesemethoden

Neben der 6-Schritt-Lesemethode gibt es noch weitere Lesestrategien, die bei der Texterschließung hilfreich sein können, z. B.

Fragen an den Text stellen:
- Wer hat den Text wann und zu welchem Zweck verfasst?
- An wen wendet sich der Text?
- Worum geht es in dem Text? (Thema)
- Welches sind die wichtigsten Aussagen des Textes bezogen auf das Thema und die Aussageabsicht?
- Wie ist der Text aufgebaut?
- Mit welchen sprachlichen und formalen Mitteln macht der Autor seine Aussageabsicht deutlich?

Texte in eine andere Darstellungsform übertragen:
- Mind-Map
- Zeichnung/Bild
- Filmleiste: Text in Einzelbilder auflösen
- Strukturdiagramm/ Flussdiagramm

Einen Sachtext analysieren

Unter Sachtexten versteht man alle Texte, die keinen fiktionalen Charakter haben, d. h. deren Inhalt nicht erfunden ist. Sie beziehen sich direkt auf einen bestimmten Wirklichkeitsausschnitt: der *Reisebericht* auf das Land, von dem er berichtet, die *Gebrauchsanweisung* auf dem Gegenstand, den sie erklärt, der *Kommentar*, auf das Geschehen, zu dem er Stellung nimmt, das *Diagramm* auf die Umfragedaten, die es veranschaulicht.

Man kann Sachtexte nach den Funktionen, die sie in erster Linie erfüllen, unterscheiden.

Informierende Funktion: Hier geht es in erster Linie um Informationsvermittlung. Hierzu zählen u. a *Nachricht, Bericht, Grafik, Lexikonartikel, Gesetzestext*.

Argumentierende Funktion: Es geht darum, zu einem bestimmten Sachverhalt Position zu beziehen. Diese kann z. B. in Form eines sachlichen *Kommentars*, einer unterhaltsam aufgemachten *Glosse*, einer ironisierenden *Karikatur* geschehen.

Appellierende Funktion: Texte, bei denen diese Funktion im Vordergrund steht, wollen eine Verhaltensänderung bei ihren Adressaten herbeiführen. Typische Textsorten sind das *politische Flugblatt* oder die *öffentliche Rede*, aber auch die *Werbeanzeige* oder der *Werbespot*, die den Adressaten zum Kauf einer bestimmten Ware animieren wollen.

Die Analyse eines Sachtextes umfasst mehrere Schritte:
– Texterschließung mit Hilfe geeigneter Lesemethoden (→ S. 168 ff.),
– Erstellen eines Schreibplans (→ S. 176),
– Gliederung der erarbeiteten Ergebnisse (→ S. 176),
– Verfassen der Analyse (→ S. 179 ff.),
– Überarbeitung des eigenen Textes (→ S. 183)

Einen Schreibplan erstellen

Ein Schreibplan hilft dir, Zweck und Ziel deines Schreibvorhabens zu klären. Auf diesem Hintergrund kannst du mit Hilfe von Schreibstrategien Klassenarbeiten und Klausuren gezielt vorbereiten.

Grundmuster eines Schreibplans – insbesondere vor Klassenarbeiten und Klausuren[1]

- Für welche Personen schreibe ich? (Adressatenbezug)
- Mit welchem Ziel schreibe ich? (Information, Analyse, Unterhaltung …)
- Welche Texterschließungsmethoden (Lesemethoden) und Schreibstrategien wende ich an?
- Was muss unbedingt in meinem Text stehen? (Bezugnahme zur Themen- bzw. Aufgabenstellung, Schwerpunkte)
- Welche ist die angemessene Textsorte für meinen Text? (Inhaltsangabe, Analyse, Stellungnahme …)
- Wie soll mein Text geschrieben werden (ausführlich/kurz; sachlich/anschaulich; informativ/unterhaltsam …)?
- Wie viel Zeit habe ich? (z. B. zwei Unterrichtsstunden)

Arbeitsergebnisse gliedern

Bevor du mit der Ausformulierung der Erschließungsergebnisse beginnst, empfiehlt es sich, die Teilergebnisse zu gliedern. Die Gliederung hängt dabei von der Textsorte ab, die du verfassen willst.

Bei einer → **Inhaltsangabe** geht es nur darum, die zentralen Aussagen des Textes bezogen auf das Thema zusammenzufassen. Die argumentative Struktur des Textes sowie die sprachlichen Besonderheiten werden hier nicht berücksichtigt. Auch arbeitet man hier zumeist nicht mit Textbelegen.

Bei einer → **Textanalyse** muss man die inhaltlichen Aussagen des Textes, seinen gedanklichen Aufbau sowie seine Gestaltung durch formale und sprachliche Mittel in den Blick nehmen.

Bei einer → **Stellungnahme** muss man bezogen auf einzelne Aussagen des Textes eigene Argumente entfalten und eine eigenständige Position entwickeln.

---

[1] In Anlehnung an: Schreibstrategien und Schreibprozesse. Förderung der Schreibkompetenz. Materialien für Unterricht und Lehrerbildung. Erprobungsfassung. Hrsg. v. Landesinstitut für Schule und Weiterbildung. Bönen: Verlag für Schule und Weiterbildung 2001

Bei der **Gliederung einer Textanalyse** machst du dir am besten die Makro- und die Mikrostruktur des Textes klar:

Die *Makrostruktur* zeigt die zentralen Sinnabschnitte des Textes und ihre jeweilige Funktion für den Textaufbau auf. Dadurch wird der rote Faden des Textes deutlich.

Die *Mikrostruktur* geht detailliert auf die inhaltlichen Aussagen der einzelnen Sinnabschnitte ein.

Die damit verbundene *Analyse der sprachlichen Gestaltungsmittel* konzentriert sich auf die sprachliche Machart des Textes: Besonderheiten des Satzbaus, die Wortwahl des Textes, die Verwendung poetischer und rhetorischer Mittel, das Aufgreifen von Zitaten etc. Dabei ist es wichtig, die Funktion der sprachlichen Gestaltungsmittel (→ S. 178) für die Textaussage zu erläutern.

In der folgenden Tabelle findest du ausgewähltes Fachvokabular zur Kennzeichnung der Funktion einzelner Textabschnitte für das Textganze:

Aufhänger	Hinführung zum Thema, Aufriss des Problems
These	Behauptung, Standpunkt, den der Autor vertritt
Antithese	der These entgegengesetzte Behauptung
Argument	Begründung/Angabe eines Grundes
Gegenargument	Nennung eines Grundes, der gegen eine Aussage spricht
Beispiel	Veranschaulichung durch ein konkretes Geschehen
Schlussfolgerung	Zusammenfassung der Ergebnisse
Weiterführung	Ausblick auf mögliche weitere Entwicklungen
Exkurs	Verweis auf etwas, was nicht direkt mit dem Thema zusammenhängt

Bei der Gliederung einer Sachtextanalyse kannst du dich an folgendem Schema (S. 178) orientieren:

Die Ausführungen beziehen sich auf *Ausländerfeindlichkeit* (S. 77 f.)

Zeilen	Makrostruktur: Gliederung des Textes in Sinnabschnitte und Kennzeichnung ihrer Funktion	Mikrostruktur: Detailaussagen der Sinnabschnitte	Mikrostruktur: Sprachliche und formale Besonderheiten und ihre jeweilige Funktion
Z. 1–2	These rechtsextremer Propaganda: Ausländer sind krimineller als Deutsche		
Z. 4–8	Argument: Kriminalstatistiken	Verhältnis von straffälligen Ausländern und ihr Anteil an der Bevölkerung	Infragestellung der Argumentation durch die Verwendung von wertenden Füllwörtern (*angeblich, gar* …)
Z. 10	Antithese des Autors: Die These rechtsextremer Propaganda vereinfacht und ist falsch		Abwertung der These durch das Aufstellen von Gegensätzen (*simpel – vielfältig*)
Z. 12–14	Argument 1: Art der Delikte	Beispiele: Meldevergehen, illegaler Grenzübertritt	Aufzählung, um die Vielzahl der Delikte deutlich zu machen, die nur Ausländer begehen können
Z. (x–x)	…	…	…

Sprachliche Gestaltungsmittel

Häufig verwendete sprachliche Gestaltungsmittel, die die Aussagen eines Textes unterstützen, findest du in der folgenden Aufstellung:

Sprachliche Gestaltungsmittel	
bezogen auf einzelne Wörter: – Wortwiederholungen – Verwendung von veranschaulichenden Verben oder Adjektiven – Wörter aus einer Fachsprache – Wörter aus der Umgangssprache	**bezogen auf Satzkonstruktionen:** – Rhetorische Fragen – Ausrufe – Verkürzte Syntax – Verwendung von Hauptsätzen – Verwendung von Haupt- und Nebensatzkonstruktionen – Vergleiche

Die Sachtextanalyse ausformulieren

Ausgehend vom Schreibplan und der Gliederung erfolgt die Ausformulierung der Sachtextanalyse. Die Sachtextanalyse gliedert sich in drei Teile:

Arbeitsteile	Inhalte/Arbeitsschritte
Einleitung	– die äußeren Textmerkmale bestimmen – Thema und These bzw. den Standpunkt des Autors formulieren
Hauptteil	– Informationen zusammenfassen – den Aufbau eines Textes darlegen – die Sprache eines Textes beschreiben und ihre Funktion aufzeigen
Schluss	– Ergebnisse zusammenfassen – evtl. Stellung beziehen zu inhaltlichen oder formalen Aspekten des Textes (häufig in einer eigenen Aufgabenstellung formuliert)

Einleitung schreiben
Die Einleitung in deine Textanalyse dient dem Leser als Orientierungshilfe. Er will den Text einordnen können und wissen, worum es geht. Dementsprechend sollte die Einleitung möglichst knapp gehalten werden und noch keine Details enthalten.

- Äußere Textmerkmale
  Bei der Formulierung der Einleitung gehst du von den äußeren Textmerkmalen aus und bestimmst das Thema und – wenn vorhanden – die aufgestellte These.
  – Wer hat den Text verfasst? (Autor)
  – Welchen Titel hat der Text? (Überschrift)
  – Was für ein Text liegt vor? (Textsorte)
  – Wann ist der Text erschienen? (Zeit der Veröffentlichung)
  – Wo ist der Text erschienen? (Ort der Veröffentlichung)
  – An wen wendet sich der Text? (Adressaten)

Angaben zu den äußeren Textmerkmalen findest du in den Quellenangaben des Textes. Diese stehen zumeist unter dem Text.

- **Thema und Standpunkt des Autors**
  Thema und Aussageabsicht eines Textes lassen sich zumeist mit Hilfe des überfliegenden Lesens bestimmen (→ S. 170). Das Thema musst du dir wie eine „Käseglocke" vorstellen, unter die sich alle anderen Aussagen des Textes unterordnen lassen. Den Standpunkt des Autors, seine These, kannst du mit Hilfe folgender Frage ermitteln:
  Welche Haltung hat der Autor zum Thema, das er behandelt?

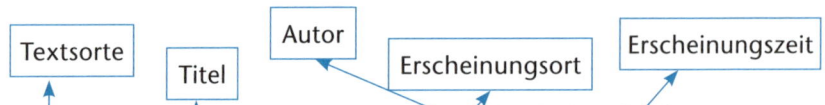

- Beispiel für eine Einleitung (Bezugstext Ausländerfeindlichkeit):
  Der Kommentar „Ausländerfeindlichkeit" von Wolfgang Benz stammt aus einer Informationsschrift der Bundesregierung zum Thema „Argumente gegen rechtsextreme Vorurteile" aus dem Jahr 2001.
  Thema des Textes ist eine bestimmte Form von „Ausländerfeindlichkeit", wie sie in der Auslegung der Kriminalstatistiken durch rechtsextreme Gruppen deutlich wird.
  Der Autor stellt die These auf, dass die Kriminalstatistiken zur Ausländerkriminalität vereinfachend sind und damit falsch ausgelegt werden.

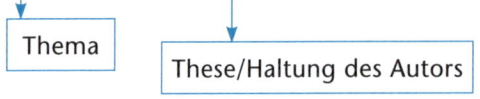

Viele Schreiber formulieren Thema und These erst, *nachdem* sie die Arbeit fertig gestellt haben, weil sie dann einen besseren Überblick über die Aussagen des Textes haben und Thema und These präziser formulieren können.

Hauptteil formulieren
Im Hauptteil gibst du mit Blick auf die Aufgabenstellung bzw. die Teilaufgaben die zentralen Gedanken des Textes wieder und zeigst den Textaufbau bzw. den Argumentationsgang sowie seine sprachliche Gestaltung auf.
Du formulierst deine Teilergebnisse, die du in Form des Gliederungsrasters (→ S. 178) festgehalten hast, aus.
Dabei musst du darauf achten, dass du die → indirekte Rede, d. h. den → Konjunktiv I und/oder entsprechende *Redeeinleitungen*, verwendest, wenn du die Äußerungen des Autors/der Autorin wiedergibst.

Wiederholen und Üben | Lesen – Umgang mit Texten | Sachtexte

Beispiel für die Formulierung einer **Textanalyse** (Auszug).
Bezug: Text *Ausländerfeindlichkeit* (S. 77 f.)

Der Autor stellt zu Beginn seines Kommentars die These rechtsextremer Gruppierungen vor: „Ausländer seien krimineller als Deutsche." (Z. 1–2). Er verweist darauf, dass diese Gruppierungen ihre These aus den Zahlen der Kriminalstatistik ableiten, aus denen vordergründig abzulesen ist, dass die Ausländer mehr Straftaten als Deutsche begehen (Z. 2–6). Dabei macht er jedoch schon in den ersten Sätzen durch Wörter wie „angeblich" (Z. 3) oder „gar" (Z. 5) deutlich, dass er diese Auffassung nicht teilt. Dementsprechend stellt er anschließend der These eine Antithese gegenüber: Die Auslegung der Kriminalstatistiken durch rechtsextreme Gruppierungen sei vereinfachend und von daher treffe es nicht zu, dass die Ausländerkriminalität grundsätzlich höher sei als die deutscher Bürger (Z. 6). Als erstes Argument für seine Auffassung geht er auf die Art der Vergehen ein, die nur Ausländer begehen können. Er nennt als Beispiele „Meldevergehen, falsche Angaben über die Herkunft oder die Einreisewege, illegaler Grenzübertritt" (Z. 7–9). Durch die Aufzählung der Delikte betont er die vereinfachende Auslegung der Kriminalstatistiken, wenn man nur die Zahlen betrachtet …

■ : Überleitungen als Strukturierungshilfen für den eigenen Text
■ : Formulierungshilfen, die die Absicht des Autors/der Autorin den Lesern verdeutlichen

Um die gedanklichen Zusammenhänge in einem Text deutlich zu machen, ist es wichtig, dass du mit **Überleitungen** arbeitest, die deine Gedankenführung deutlich machen. Der Text wird auf diese Weise verständlicher und lässt sich flüssiger lesen. Beispiele für Überleitungen zwischen einzelnen Gedanken sind hier aufgeführt:

Funktion der Überleitungen	Beispiele
Aneinanderreihung von Aussagen oder Argumenten	*zunächst einmal, darüber hinaus, weiterhin, ergänzend, diese unterstützend, ferner …*
Verweise auf Gegenargumente; Einschränkungen	*andererseits, im Gegensatz dazu, demgegenüber ist zu bedenken, auf der anderen Seite, zwar … aber*
Schlussfolgerungen; Sicherung von Ergebnissen	*zusammenfassend, aus alle dem ist zu ersehen, man kann also festhalten*

- **Formulierungshilfen**, die die Absicht des Autors/der Autorin den Lesern verdeutlichen:
  - Verdeutlichung der Darstellung des Sachverhalts durch die Autorin/den Autor:
    Die Autorin, der Autor erklärt, betont, weist darauf hin, erläutert, hebt hervor, verdeutlicht, führt an, benennt, erklärt, spricht von, führt an …
  - Verdeutlichung der kritisch-ablehnenden Haltung der Autorin/ des Autors gegenüber einem Sachverhalt:
    Die Autorin/ der Autor widerspricht, sagt im Gegensatz dazu, begründet seine ablehnende Haltung damit, bemängelt, kritisiert, erhebt den Vorwurf, bestreitet …
  - Verdeutlichung der beeinflussenden Haltung der Autorin/des Autors:
    Die Autorin/ der Autor möchte den Leser dazu bewegen, fordert die Leser dazu auf, will erreichen, warnt deutlich, zieht die Leser auf ihre Seite dadurch, dass …

Schlussteil verfassen

Der Schlussteil hat die Funktion, die Ergebnisse der Textanalyse kurz zusammenzufassen und je nach Aufgabenstellung ein eigenes begründetes Urteil zu formulieren. Hierzu gibt es oft eine direkte Aufgabenstellung.

- Ergebnisse zusammenfassen
  Hierbei geht es nicht darum, alle Ergebnisse deiner Textanalyse noch einmal zu wiederholen. Vielmehr ist es wichtig, dass du mit Blick auf das Thema und die Haltung des Autors zu diesem Thema nur die wichtigsten Ergebnisse deiner Untersuchung darlegst.

- Stellung beziehen
  In diesem Teil ist deine persönliche Meinung gefragt. Je nach Aufgabenstellung sollst du eine Position zu dem Thema des Textes oder zu einzelnen Aussagen des Textes beziehen. Auch hier ist wichtig, dass du deinen Standpunkt mit eigenen Argumenten und Beispielen untermauerst.

Checkliste:
Worauf ich beim Schreiben einer Sachtextanalyse achten muss

- Aufgabenstellung im Blick behalten
- Schreibplan aufstellen
- Arbeitsergebnisse gliedern
- Arbeit in Einleitung, Hauptteil und Schluss aufteilen
- sachlichen Sprachstil verwenden (auf unnötige Ausschmückungen z. B. durch Adjektive und Füllwörter wie *also, nämlich* ... verzichten)
- klaren Satzbau verwenden – keine Bandwurmsätze
- logische Zusammenhänge aufzeigen – Überleitungen nutzen
- Aussageabsicht des Autors durch entsprechende Formulierungen deutlich machen
- Gliederung optisch kennzeichnen: Absätze bilden
- im Präsens schreiben
- indirekte Rede (Konjunktiv I) zur Wiedergabe der Aussagen anderer Personen nutzen und/oder entsprechende Redeeinleitungen verwenden
- eigene Wortwahl benutzen – sich von der Textvorlage lösen
- Aussagen am Text belegen durch Zitate und Zeilenverweise

Informationen aus Grafiken entnehmen und auswerten

Grafiken in Form von Tabellen und Diagrammen ergänzen häufig die Aussagen von Sachtexten. Dabei stellen sie bestimmte Sachverhalte und Themen visuell mit Hilfe von Daten dar. Daten, die in Tabellen und Diagrammen verwendet werden, werden z. B. in Umfragen erhoben. Eine bestimmte Anzahl von Personen wird zu einem bestimmten Sachgebiet befragt, die Daten werden aufgearbeitet und in Form von Tabellen, Diagrammen oder Schaubildern präsentiert.

In einer **Tabelle** werden einzelnen inhaltlichen Bereichen konkrete Zahlen, die Erhebungsdaten, zugeordnet. Eine zusätzliche Veranschaulichung erfolgt nicht. Die Zahl der Befragten wird häufig in folgender Form angegeben: N = 100. Das heißt, es sind 100 Personen befragt worden. Häufig werden jedoch keine realen Zahlenangaben sondern Prozentangaben gemacht.

Aufgabenbeispiel (Lärm, vgl. Tabelle 3, S. 70)

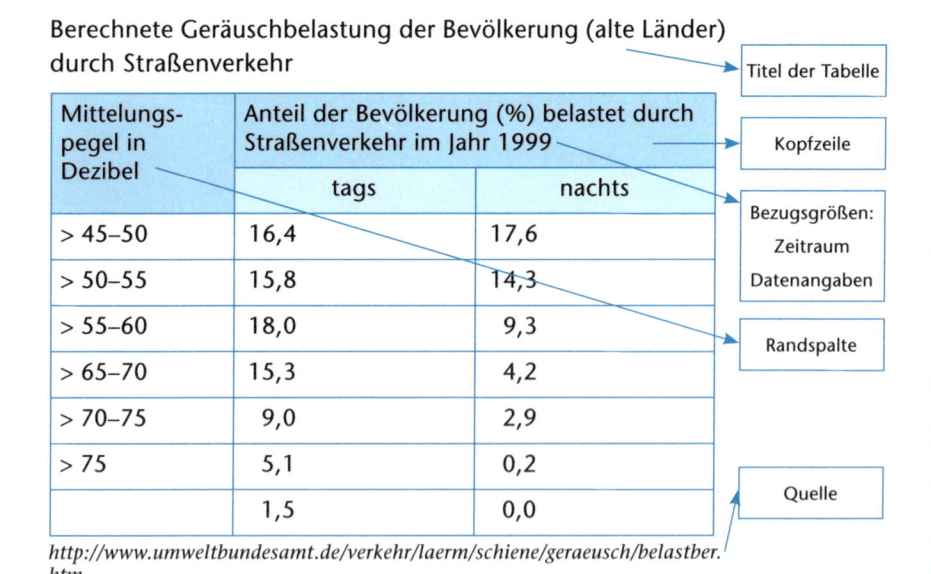

Berechnete Geräuschbelastung der Bevölkerung (alte Länder) durch Straßenverkehr

Mittelungspegel in Dezibel	Anteil der Bevölkerung (%) belastet durch Straßenverkehr im Jahr 1999	
	tags	nachts
> 45–50	16,4	17,6
> 50–55	15,8	14,3
> 55–60	18,0	9,3
> 65–70	15,3	4,2
> 70–75	9,0	2,9
> 75	5,1	0,2
	1,5	0,0

http://www.umweltbundesamt.de/verkehr/laerm/schiene/geraeusch/belastber.htm

(Anmerkungen: Titel der Tabelle, Kopfzeile, Bezugsgrößen: Zeitraum, Datenangaben, Randspalte, Quelle)

Checkliste für die Informationsentnahme aus Tabellen

Arbeitsschritt 1 – Tabelle beschreiben – Überblick gewinnen

Titel/Überschrift beachten	Worüber informiert die Tabelle?
Quellenangabe berücksichtigen	Wer hat die Tabelle erstellt?
Kopfzeile ansehen	Worauf beziehen sich die Daten in der Tabelle?
Randspalten lesen	Zu welchen Bereichen wurden Daten erhoben?
Zeilen und Spalten in Beziehung setzen	Welche Daten liegen zu den einzelnen Teilbereichen vor?
Fußnoten beachten	Welche zusätzlichen Erklärungen sind für das Verständnis einzelner Daten wichtig?

Arbeitsschritt 2 – Tabelle auswerten – detaillierte Informationen entnehmen

Aufgabenstellungen ansehen	Was soll mit Hilfe der Tabelle herausgefunden werden?
Informationen entnehmen	Welche Informationen zu der Frage enthält die Tabelle?
Informationen festhalten	Welche Teilergebnisse halte ich für meine Arbeit fest?

Diagramme stellen die erhobenen Werte in einem Koordinatensystem dar. Bei Diagrammen steht – anders als bei Tabellen – die Anschaulichkeit im Vordergrund.

- *Säulendiagramme* stellen die Erhebungswerte in Form von senkrechten Säulen in einem Koordinatensystem dar. Durch die Anordnung von Säulen verschiedener Größe wird die Bedeutung einzelner Elemente für eine Fragestellung deutlich.

- *Balkendiagramme* ordnen die Ergebnisse in waagerechten Balken an.

Beispiel für ein Säulendiagramm:

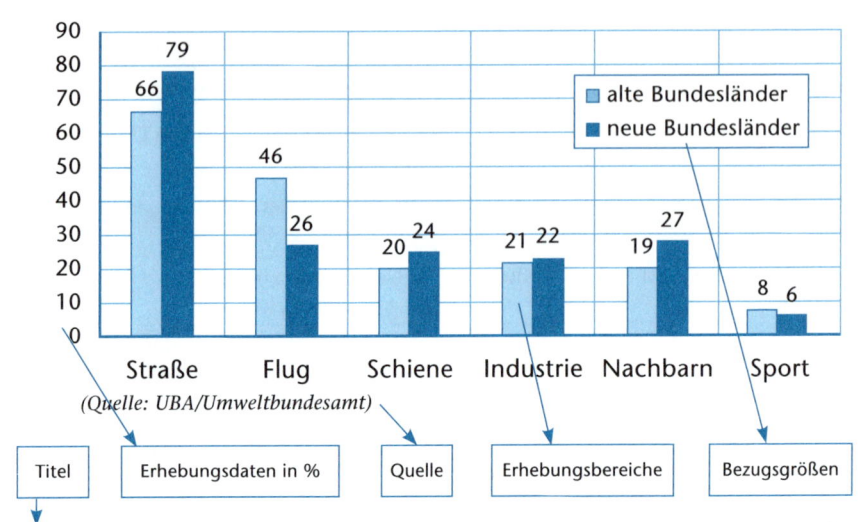

[Säulendiagramm: Lärmbelästigung alte/neue Bundesländer]
- Straße: 66 / 79
- Flug: 46 / 26
- Schiene: 20 / 24
- Industrie: 21 / 22
- Nachbarn: 19 / 27
- Sport: 8 / 6

(Quelle: UBA/Umweltbundesamt)

Beschriftungen: Titel | Erhebungsdaten in % | Quelle | Erhebungsbereiche | Bezugsgrößen

Lärmbelästigte Bürger (alte und neue Bundesländer in Prozent im Jahr 1999)

- *Kreisdiagramme* setzen die einzelnen Ergebnisse wie Tortenstücke zu einem Kreis zusammen. Kreisdiagramme zeigen, wie sich die einzelnen Teile zu einem Ganzen verhalten.

Beispiel für ein Kreisdiagramm:

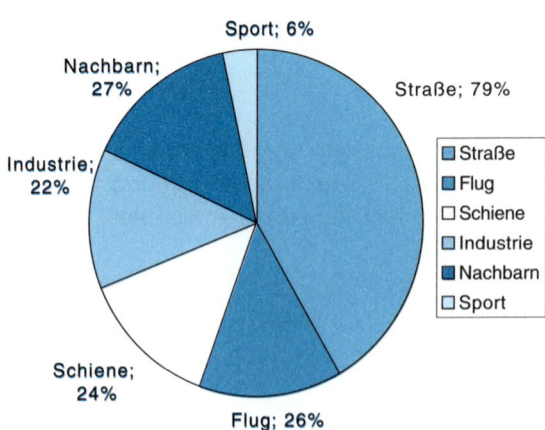

[Kreisdiagramm:]
- Straße: 79%
- Flug: 26%
- Schiene: 24%
- Industrie: 22%
- Nachbarn: 27%
- Sport: 6%

- *Verlaufsdiagramme* zeigen die Entwicklung von bestimmten Faktoren über einen bestimmten Zeitraum an. Diese werden zumeist in Form einer Verlaufskurve aufgezeigt. Als Bezugsgröße dient ein Koordinatensystem: Auf der x-Achse sind dabei die Zeiteinheiten eingetragen und auf der y-Achse die Mengenangaben.

Beispiel für ein Verlaufsdiagramm

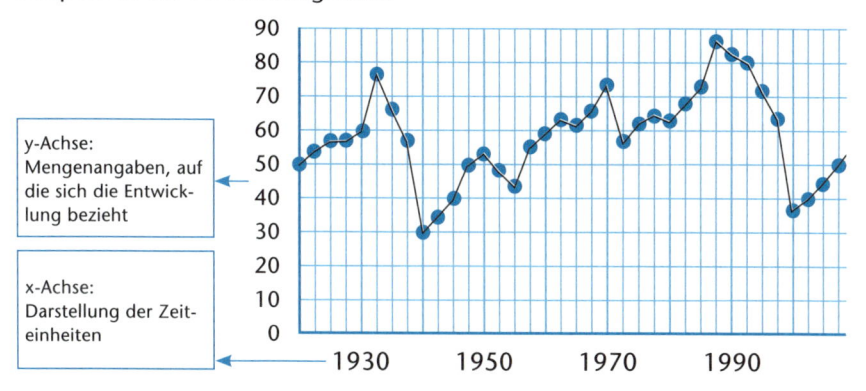

y-Achse: Mengenangaben, auf die sich die Entwicklung bezieht

x-Achse: Darstellung der Zeiteinheiten

Checkliste für die Erarbeitung von Diagrammen

Arbeitsschritt 1 – Diagramm beschreiben

Titel/Überschrift beachten	Was ist das Thema des Diagramms?
Quellenangabe berücksichtigen	Wer hat das Diagramm erstellt?
Diagrammtyp bestimmen	Was soll das Diagramm veranschaulichen?
Erhebungsbereiche ansehen	Zu welchen Inhalten gibt das Diagramm Auskunft?
Darstellung der Erhebungsdaten klären	Welche Bezugsgrößen liegen für die Erhebungsdaten vor?

Arbeitsschritt 2 – Diagramm auswerten – Informationen entnehmen

Aufgabenstellungen ansehen	Wozu sollen Informationen entnommen werden?
Informationen entnehmen	Welche Informationen enthält das Diagramm?
Informationen festhalten	Welche Teilergebnisse halte ich für meine Arbeit fest?

Wiederholen und Üben | Lesen – Umgang mit Texten | Mediale Texte

Mediale Texte

Eine Aufgabe in der *Zentralen Prüfung* zu den medialen Texten im Zusammenhang mit dem Rahmenthema *Lebensraum Stadt im 20. Jahrhundert* könnte lauten: Einen medialen Text analysieren und interpretieren.

Aufgaben

1 Analysiere die gegenüberliegende Werbeanzeige.
 – Beschreibe den Bildaufbau,
 – untersuche und deute die Sprache der Bildelemente,
 – erfasse und erkläre die Text-Bild-Beziehung.

2 Beurteile die Qualität der Werbeanzeige vor dem Hintergrund des Stadt-Land-Kontrastes.

Was sind mediale Texte?

Zu den medialen Texten gehören alle Texte, die über die Medien (Rundfunk, Fernsehen, Internet und Presse) massenhaft verbreitet werden. Dazu gehören Zeitungstexte und Werbeanzeigen ebenso wie Werbespots oder Internetseiten. Da das Internet und das Fernsehen die bedeutsamsten Massenmedien der Gegenwart sind, werden bestimmte Veröffentlichungen dort zu den medialen Texten gezählt. Die Seite einer Homepage z. B., die aus einer Text-Bild-Kombination – eventuell ergänzt durch interaktive Elemente – besteht, ist in der Grundstruktur mit einem Artikel in einer Illustrierten zu vergleichen, auch wenn Publikationsform und Adressatenkreis anders sind. Da Auszüge aus Internetseiten, wenn sie nicht in Textform vorliegen, oder Beiträge aus dem Fernsehen im Rahmen der *Zentralen Prüfung* sich nur schlecht präsentieren lassen und deshalb wahrscheinlich nicht ausgewählt werden, konzentriert sich *Finale* hier auf mediale Texte aus Zeitungen/Illustrierten und dabei speziell auf Werbeanzeigen.

Folgende Kompetenzen sollst du hier erwerben:
– Kenntnisse zur Informationsvermittlung und Meinungsbildung in Texten der Massenmedien erwerben,
– Verfahren der Text- und Bildanalyse beherrschen lernen,
– medienkritische Positionen beurteilen und selbst vertreten,
– Sicherheit im Umgang mit notwendigen Fachbegriffen erlangen.

Wiederholen und Üben | Lesen – Umgang mit Texten | Mediale Texte

Raus
Schlagen Sie neue Seiten auf!

Urlaub - die wichtigste Zeit im Jahr.
Verlassen Sie einmal den Stress des Alltags. Buchen Sie die Ruhe und saubere Luft auf dem Land.

HL Reisen

Analyse von Werbeanzeigen

Da es sich bei Werbeanzeigen um eine Sonderform der Sachtexte handelt, gilt für die Bearbeitung im Wesentlichen das, was im vorherigen Kapitel *Sachtexte* (→ S. 175 ff.) über die Informationsentnahme und Analyse gesagt wurde. Das Spezifische an Werbeanzeigen ist, dass Aussage und Wirkung aus der unmittelbaren Kombination von Text und Bild entstehen. Anders als bei den → diskontinuierlichen Sachtexten stellt das Bild in der Regel nicht nur eine Ergänzung zum Text dar, sondern bestimmt besonders in solchen Anzeigen, in denen der Bildanteil groß ist, Aussage und Wirkung des gesamten medialen Textes. Da die methodischen Schritte zur Analyse von Sachtexten im oben genannten Kapitel ausführlich besprochen worden sind, wird sich im Folgenden in erster Linie auf die Bildanalyse und dabei auf die Auswertung und Deutung der spezifischen → Bild-Text-Kombination konzentriert.

❶ Beschreibe die Bild-Text-Kombination der abgedruckten Anzeige (HL-Reisen S. 189) und versuche sie zu deuten.

❷ Suche in Zeitschriften und Illustrierten nach Werbeanzeigen, bei denen die Bild-Text-Kombination unterschiedlich gestaltet ist.

Bildanalyse

Das eigentliche Lockmittel der Werbung ist in der Regel das Produkt selbst. Gezielt werden Bilder als zusätzliche Mittel eingesetzt, um die Aufmerksamkeit auf das Produkt zu lenken und das Angebot zu unterstützen.

Reine Textanzeigen sind auf Grund der modernen Drucktechnik fast vollständig aus der Werbung verschwunden. Auf Grund der hohen Qualität der Bildelemente wird dem Textteil heute häufig nur eine sekundäre Funktion zugewiesen. Die Funktion, Aufmerksamkeit zu wecken (A in der AIDA-Formel), soll heute meistens durch die Bilder der Werbeanzeigen und das Layout der gesamten Anzeige realisiert werden.

> Die **AIDA-Formel** bezeichnet mit den Anfangsbuchstaben die vier wichtigsten Ziele der Werbung:
>
> 1. Erweckung von Aufmerksamkeit (attention),
> 2. die Steuerung des Interesses (interest);
> 3. die Weckung von Konsumwünschen (desire) und
> 4. die Veranlassung einer Kaufhandlung (action).

Eine Bildanalyse sollte folgende Aspekte berücksichtigen:

- Bildbeschreibung
  - Gesamteindruck (Größe/Format, Farbe, Text-Bild-Verhältnis)
  - Beschreibung des Bildmittelpunktes (evtl. Produkt)
  - Gegliederte Beschreibung weiterer Bilddetails (sprunghafte Darstellungen bzw. Aufzählungen sind zu vermeiden: auf mögliche Übergänge achten)
  - Besonderheiten des Bildes (Darstellung des Produktes, Logos etc.)
- Deutung des Bildes
  - Sprache des Bildes und der Bildelemente
  - Deutungsansätze vor dem Hintergrund der Bild-Text-Kombination

Bildbeschreibung
Ausgangspunkt der Beschreibung sollte der Gesamteindruck sein, indem Format, Art des Bildes (Zeichnung, Foto usw.), Farbgebung und inhaltlicher Schwerpunkt bestimmt werden, bevor der Blick auf Einzelelemente gerichtet wird. Besondere Aufmerksamkeit bei der Beschreibung der Einzelelemente ist dem *Bildmittelpunkt* zu widmen. In vielen Anzeigen bildet das präsentierte Produkt diesen Mittelpunkt. Formulierungen wie „im Zentrum des Bildes" oder „im Vordergrund" betonen die Bedeutsamkeit dieser Bildelemente.
Insgesamt ist darauf zu achten, dass die Beschreibung der Bildelemente nicht sprunghaft verläuft, sondern klar gegliedert wird, indem die *Einzelelemente* nacheinander besprochen werden, wobei die Reihenfolge einer festen Richtung folgen sollte (von rechts nach links, von oben nach unten oder im Uhrzeigersinn). In diesem Teil der Analyse kommt es ganz besonders auf die sprachliche Präzision an, damit auch ein Leser, der die Anzeige nicht direkt vor sich hat, eine Vorstellung entwickeln kann, wie das Werbebild aussieht.

Deutung des Bildes
Die Bilder der Werbeanzeigen haben häufig folgende Funktionen, von denen die eine oder andere im Vordergrund stehen kann:

- *Darbietung und Belebung bestimmter Werbestrategien* – ein Produkt wird über eine längere Zeit in einem festen Zusammenhang dargestellt: z. B. ein Mineralwasser bei sportlichen Veranstaltungen.
- *Darstellung idealer Verwendungssituationen* – die Anwendung des Produktes wird so gezeigt, das allgemein hoch besetzte Werte damit verbunden sind: Jugend, Reichtum, Urlaub usw.
- *Abbildung von Sekundärsendern* – das Produkt wird direkt oder indirekt in Verbindung gebracht mit anderen positiv besetzten Dingen: z. B. Wohlstand, Abenteuer, Glück usw.
- *Bildhafte Aufforderung zum Warenkonsum* – das Produkt wird so dargestellt, dass man fast zugreifen kann.
- *Darstellung des Produktes* – das Produkt selbst wird abgebildet.

Die *Bildelemente* von Werbeanzeigen besitzen eine eigene Bildsprache, die den rhetorischen Figuren (→ S. 196) der geschriebenen Sprache durchaus ähnlich ist. Bei der Deutung der Bildsprache sind verschiedene *Ebenen* zu berücksichtigen, die das Bild als Ganzes oder mehr die Einzelelemente betreffen:

- **symbolische Ebene**, die mit festen Vorstellungen (Konnotationen) verbunden ist, wobei grundsätzlich zwei Typen zu unterscheiden sind
  - historische Bildzeichenebene = Bedeutungen, die mit der Vergangenheit verbunden werden (*historische Kostüme, antike Orte usw.*)
  - publizistische Bildzeichenebene = Bedeutungen, die mit der Gegenwart verbunden sind (*moderne Autos, Fotomodelle, neue Medien usw.*)

- **bildliche Figuren**, die wie bei den rhetorischen Figuren der Sprache Bildkombinationen und Bedeutungsfiguren verwenden, um die Aussagewirkung zu steigern. In Werbeanzeigen häufig verwendete bildliche Figuren sind:

Bildliche Metapher	Die Anordnung einzelner Bildelemente veranschaulicht einen übergeordneten Aspekt, indem z. B. Kerzen, silbernes Besteck und gut gekleidete Menschen auf eine luxuriöse Umgebung und angenehme Atmosphäre verweisen.
Bildliche Metonymie (pars pro toto)	Ein Ganzes wird durch die Darstellung eines Teils ausgedrückt: z. B. wird durch die Darstellung gesunder Kühe auf grüner Wiese für eine bestimmte Milch geworben.
Bildliche Personifikation	Dargestellte Gegenstände werden vermenschlicht, indem sie z. B. mit Sprechblasen versehen werden oder sich bewegen können.
Bildliche Hyperbel	Übertreibung, die z. B. dadurch entsteht, dass ein Gegenstand oder Produkt im Vergleich zu anderen Gegenständen überdimensional dargestellt wird.
Bildliche Antonomasie	Das Allgemeine wird dargestellt durch ein Einzelnes, wenn Einzelbilder auf die Gattung verweisen. So kann z. B. eine Frau, die ein bestimmtes Getränk trinkt, auf alle Frauen verweisen.
Bildlicher Vergleich	Durch das Nebeneinanderstellen einzelner Bildelemente werden sie miteinander in Beziehung gebracht: z. B. eine moderne Uhr, die neben einer Sanduhr abgebildet wird.

- **topische Bildebene**, bei der die Bedeutung weniger von der Darstellungsweise als viel mehr vom Darstellungsinhalt ausgeht. Allgemeingültige bzw. überlieferte Wert- oder Moralvorstellungen werden durch die Auswahl bestimmter Bildelemente angesprochen: z. B. das Schönheitsideal durch die Darstellung junger Frauen, das Männlichkeitsideal durch die Darstellung „harter Männer" oder die Jugend als Ideal durch die Abbildung überwiegend junger Menschen.

- **grafische Bildebene**, die durch den Gebrauch ausgewählter grafischer Möglichkeiten (Drucktypen, Bildwiedergabe, Farbgestaltung usw.) eine eigene Wirkung hat, die die gesamte Werbung beeinflussen kann. Ein Schwarz-Weiß-Bild z. B. kann auf die lange Tradition eines Produktes verweisen.

> **INFO**
>
> Die → Ersatz- oder Austauschprobe ist ein geeignetes Mittel, um die Wirkung einzelner Bildelemente zu erfassen. Dazu werden in der eigenen Vorstellung die in der Anzeige gewählten Bildelemente durch andere ersetzt, um zu überprüfen, was sich dadurch ändern würde. So macht es z. B. schon einen erheblichen Unterschied, ob in einer Anzeige für Milchprodukte mit Kühen auf einer grünen Bergwiese oder im Stall geworben wird.

Folgende Fragen solltest du dir stellen, um Gestaltung und Wirkung des Bildes zu erschließen:
– Welchen Gesamteindruck vermittelt das Bild?
– Welche Bildelemente enthält die Anzeige?
– Welche Bildelemente werden hervorgehoben?
– Gibt es Bildelemente, die gezielt ausgespart werden?
– Gibt es im Bild einen Blickfang?
– Wie wird das Produkt im Bild dargestellt und in welchem Bezug stehen die Bildelemente zum Produkt?
– Welche Assoziationen können mit den Bildern verbunden werden?
– In welchem Verhältnis stehen Bild und Werbetext?
– Wie wirkt die grafische Gestaltung des Bildes?

3 Beschreibe möglichst genau das Bild der Anzeige (HL-Reisen S. 189).

4 Bestimme die Funktion des Bildes und erläutere, mit welchen bildsprachlichen Mitteln diese Funktion erzielt werden soll.

5 Übe die Analyse von Werbebildern an selbst ausgewählten Beispielen.

Analyse des Anzeigentextes

Für die Analyse von Werbetexten gilt im Wesentlichen das, was an anderen Stellen von *Finale* zur Analyse von Sachtexten (→ S. 175 ff.) oder literarischen Texten (→ S. 120 ff/138 ff.) gesagt worden ist. Bei der Analyse der meistens eher kurzen Textpassagen der Werbeanzeigen solltest du auf folgende Aspekte achten: Layout des Textes, Satzbau, Wortwahl, rhetorische Mittel, semantische Aufwertung (z. B. durch Steigerung und Schlüsselwörter).

Layout des Textes

Werbeanzeigen in Zeitschriften und Illustrierten bestehen in der Regel aus vier Elementen, die ganz unterschiedlich über die Seite verteilt sein können: Schlagzeile, Slogan, Produktname, Werbetext.

Folgende Fragen solltest du dir stellen, um das Layout einer Anzeige zu erfassen:
– Ist die Anzeige textreich oder textarm?
– Gibt es nur einen oder mehrere Textteile?
  Wie sind die Textteile aufeinander bezogen?
– Sind die Textteile stärker auf den Adressaten, mehr auf den Hersteller oder das Produkt ausgerichtet?
– Will der Text eher informieren oder stärker durch suggerierende Anreize zum Kauf verlocken?
– Welche Aufgaben erfüllen Schlagzeile bzw. Slogan?
  Wie sind sie grafisch und sprachlich gestaltet?
– Wie und wo ist der Produktname abgebildet und wie wirkt er?

Satzbau

Werbetexte sind in der Regel sehr kurz und komprimiert, da sie ganz eindeutig auf einen Zweck ausgerichtet sind: Anreiz zum Kauf des Produktes schaffen. Das wirkt sich auch deutlich auf den Satzbau aus, der meist sehr einfach gestaltet ist, da Werbetexte schnell zu lesen und einfach zu verstehen sein sollen. Längere Satzgefüge sind von daher eher die Seltenheit. Es dominieren einfache Hauptsätze oder → Satzreihen. Von den → Satzarten spielt der Aufforderungssatz auf Grund des Appellcharakters der Werbung eine wichtige Rolle. Besonders der Slogan oder die Schlagzeile bestehen häufig aus unvollständigen Kurzsätzen (Ellipsen).

Wortwahl

Da Werbetexte mit der Weckung der Aufmerksamkeit und dem Anpreisen eines Produktes eindeutige Ziele verfolgen, ist die Wortwahl sehr durchdacht. *Substantive/Nomen* kommen als Wortart am häufigsten vor (Nominalstil), da durch sie die Produkte, die Eigenschaften und die Umwelt benannt werden können. An zweiter Stelle der Häufigkeit rangieren die *Adjektive*, da sich durch ihre charakterisierende und wertende Funktion die Vorzüge von Produkten besonders anpreisen lassen. Erst an dritter Stelle folgen die *Verben*, die in Aufforderungen zum Kauf oder zur Beschreibung der Funktion und Wirkungsweise von Produkten verwendet werden.

Rhetorische Figuren

Speziell im Slogan oder der Schlagzeile, aber auch im übrigen Werbetext finden sich in Anzeigen viele rhetorische Figuren, die durch Originalität die Aufmerksamkeit wecken sollen und besonders einprägsam gestaltet sind. Ein gutes Beispiel dafür ist der seit Jahren bekannte Slogan „Geiz ist geil". Hier eine kleine Auswahl von rhetorischen Figuren, die besonders häufig in Werbeanzeigen verwendet werden:

Figur	Erklärung	Beispiel
Alliteration	mehrere Wörter in unmittelbarer Abfolge beginnen mit demselben Anfangsbuchstaben	*Milch macht müde Männer munter.*
Anapher	Wiederholung des Anfangswortes in aufeinanderfolgenden Sätzen, Satzteilen oder Zeilenanfängen in Gedichten	*Alles wird gut! Alles wird besser! Alles wird sich bestimmt zum besten wenden.*
Antithese	Gegenüberstellung von Gegensätzen	*Krieg und Frieden*
Ellipse	verkürzter, unvollständiger Satz	*Geld oder Leben!*
Euphemismus	ein eher negativer Sachverhalt wird beschönigend dargestellt	*Entsorgungspark* für *Müllkippe*
Hyperbel	Übertreibung	*dünn wie eine Bohnenstange*
Klimax	Steigerung	*Ich kam, sah und siegte.*
Litotes	Verneinung des Gegenteils	*nicht übel* statt *gut*
Metapher	bildhafter Ausdruck; Übertragung	*Redefluss; Wolkenmeer*
Personifikation	Belebung von Tieren, Dingen oder eines Abstraktums	*Der Herbst lehnt am Gartenzaun.*
Rhetorische Frage	Scheinfrage, auf die keine Antwort erwartet wird	*Möchten Sie gern mehr Geld?*
Symbol	konkretes Zeichen für etwas	*Taube als Friedenssymbol*
Vergleich	bildhafte Verbindung zweier Bereiche	*Jason kämpft wie ein Löwe.*

Semantische Aufwertung

Neben den rhetorischen Figuren, die in den kurzen und kompakten Werbetexten manchmal in gehäufter Form vorkommen, spielt die semantische Aufwertung eine besondere Rolle. Durch die Verwendung von Superlativen und Komparativen (→ S. 208) soll die Qualität bzw. Einmaligkeit eines Produktes hervorgehoben werden:
XY – Das <u>beste</u> Auto aller Zeiten
Nie hatten sie einen <u>schnelleren</u> Zugriff auf das Internet.
Bestimmte Wörter, deren Inhalte mit klaren Wert- oder Zielvorstellungen verbunden sind, werden als **Schlüsselwörter** oder Reizwörter verwendet. Hier eine kleine Auswahl gängiger Schlüsselwörter in Werbeanzeigen:
frei, Freiheit, bequem, Bequemlichkeit, biologisch, deutsch, erfahren, Erfahrung, Europa, europäisch, Forschung, Fortschritt, frisch, erfrischen, Genuss, genießen, gesund, Gesundheit, global, Globalisierung, Heim, jung, Kenner, leisten, Leistung, modern, Natur, natürlich, persönlich, rein, Reinheit, schön, Schönheit, schützen, Schutz, vernetzt, Vernunft, vernünftig, Vitamin, Welt, Wert, wertvoll, Wissenschaft, wissenschaftlich.

Folgende Fragen solltest du dir stellen, um die Sprache des Werbetextes zu erschließen:
– Ist der Text klar und verständlich?
– Kommen Fremdwörter, Fachwörter oder Wortneuschöpfungen vor?
– Ist die Sprache auf eine bestimmte Zielgruppe ausgerichtet?
– Sind die Sätze eher kurz oder lang? Gibt es unvollständige Sätze?
– Welchen Eindruck erzeugt die Wortwahl? Gibt es bestimmte Wortarten, die besonders häufig oder gar nicht verwendet werden?
– Gibt es im Text Schlüsselwörter? Welche Wirkung wollen sie erzeugen?
– Wie sind Schlagzeile, Slogan und der Produktname gebildet? Welche Wirkung geht von ihnen aus?

Analyse der Bild-Text-Kombination

Werbeanzeigen in Zeitschriften und Illustrierten bestehen meistens aus einer Kombination aus Bild und Text. Text- und Bildanteile können dabei recht unterschiedlich gestaltet sein. Grundsätzlich lassen sich Anzeigen unterscheiden, bei denen
– die Bildelemente dominant sind,
– die Textelemente dominant sind,
– Bild- und Textelemente in einem ausgewogenen Verhältnis stehen.

Zudem kann der Bezug, der in einer Anzeige zwischen Bildelementen und Textelementen besteht, unterschiedlich ausfallen. Es lassen sich Anzeigen finden, bei denen
- ein enger Bezug zwischen Werbetext und Bildelementen besteht (das Bild bringt konkret zum Ausdruck, was im Text angesprochen wird),
- der Bezug zwischen Text und Bild sehr locker ist (das Bild visualisiert nur einen Teilaspekt der im Werbetext angesprochen wird,
- kein direkter Bezug zwischen Bild und Text zu erkennen ist (das im Text beworbene Produkt hat nichts mit dem zu tun, was im Bild dargestellt wird. Die Wirkung des Bildes soll vom Betrachter auf das Produkt übertragen werden).

Folgende Fragen solltest du dir stellen, um die Bild-Text-Kombination zu erschließen:
- Welchen Gesamteindruck vermittelt die Anzeige?
  Wie wirkt die Anzeige auf dich?
- Wie hoch ist der Bild- bzw. Textanteil?
- In welcher Form sind Bild- und Textteile aufeinander bezogen?
- Für welches Produkt wird mit welcher Werbestrategie geworben?
- Wie beurteilst du Gestaltung und Wirkung der gesamten Anzeige?

6 Beschreibe die Gestaltung der Bild-Text-Kombination in der Anzeige (HL-Reisen, S. 189) und deute sie.

7 Suche in Zeitschriften und Illustrierten nach Werbeanzeigen, bei denen die Bild-Text-Kombination unterschiedlich gestaltet ist.

Das Schreiben der Werbeanalyse

Bei der schriftlichen Analyse musst du unbedingt darauf achten, dass du die Teilaufgaben, die mit der Aufgabenstellung gegeben werden, beantwortest. Das Stellen solcher Teilaufgaben bedeutet eine Schwerpunktbildung, damit nicht alle Aspekte mit gleicher Ausführlichkeit bearbeitet werden müssen. Folgende Grobgliederung bietet sich für die schriftliche Analyse einer Werbeanzeige an:

Einleitung
Art der Werbung, Fundort, grobe Gestaltung der Anzeige, erster Gesamteindruck, Besonderheiten, erster kurzer Hinweis auf die Werbestrategie
Hauptteil
1. Analyse der Bildelemente
2. Analyse der Textelemente
3. Analyse der Bild-Text-Kombination

Schluss
Eigene Bewertung der Qualität, der Gestaltung und Wirkung

Die zweite Aufgabe zur Analyse von Texten in den *Zentralen Prüfungen* fordert häufig das ein, was der Schlussteil leisten soll: Beurteilung, Bewertung und Entwicklung eines eigenen Standpunktes.
Da auch die Analyse einer Werbeanzeige immer einem der beiden Rahmenthemen der *Zentralen Prüfung* zugeordnet ist, solltest du bei deiner Bewertung gezielt darauf eingehen. Folgende Aspekte könnten dabei angesprochen werden:
– Welcher Bezug der Werbeanzeige besteht zum Rahmenthema?
– Welcher Aspekt des Rahmenthemas wird durch die Anzeige angesprochen bzw. welche Aspekte werden nur wenig oder gar nicht berührt.
– Werden die angesprochenen Aspekte differenziert oder eher verkürzt und klischeehaft dargestellt?
– Welche Werbestrategie steht im Vordergrund?
  Soll eher informiert oder manipuliert werden?
– Handelt es sich um eine Werbeanzeige, die typisch für viele andere ist oder stellt sie in ihrer Art eine Besonderheit dar?

Beispielanalyse für die Überarbeitung

Die eine DIN-A4-Seite große, überwiegend farbig gestaltete Anzeige von HL-Reisen ist einer Illustrierten entnommen. Die Anzeige fordert den Leser dazu auf, einmal seinen Urlaub auf dem Land zu verbringen.
Den größten Teil der Seite nimmt das farbige Bild eines alten, aber ge-
5 pflegten Bauernhofes ein, der hinter einer grünen Wiese im Vordergrund und einem Rapsfeld liegt. Hinter der linken Ecke, die so dargestellt ist, als würde sie gerade aufgeblättert, ist aus der leichten Vogelperspektive eine Großstadt zu erkennen. Felder, Fachwerk-Bauernhaus und grüne Bäume werden als bildliche Metaphern für ein ruhiges Landleben verwendet. In
10 Form eines bildlichen Vergleichs wird diese idyllische Landschaft unmittelbar neben dem Ausschnitt einer Stadtansicht präsentiert, um den Gegensatz

hervorzuheben. Die Schlagzeile besteht aus dem groß- und fettgedruckten Wort „Raus", das in einer etwas kleiner gedruckten Zeile durch den Aufforderungssatz „Schlagen Sie neue Seiten auf!" ergänzt wird. Der knappe, nur dreizeilige Haupttext ist in der rechten unteren Ecke platziert und wird durch die fettgedruckte Überschrift „Urlaub – die wichtigste Zeit im Jahr" eingeleitet. Darunter befindet sich das Logo der Reisegesellschaft. Die zweizeilige Schlagzeile wird erst durch den Werbetext in ihrer Aussage verständlich. Die beiden Aufforderungssätze machen indirekt deutlich, dass vor allem die Menschen als Adressaten angesprochen werden, die in Großstädten leben. Sie werden aufgefordert, den „Stress des Alltags" im Urlaub zu verlassen und „Ruhe" und „saubere Luft auf dem Land" bei ihrer anstehenden Urlaubsreise zu buchen. Das Rahmenthema *Lebensraum Stadt im 20. Jahrhundert* wird mit dieser Werbeanzeige behandelt, weil der Kontrast zwischen dem Land- und Stadtleben zu Werbezwecken verwendet wird. Während, wie oben gezeigt, der Werbetext diesen Kontrast nur indirekt durch Anspielungen anspricht, wird er durch die Bildelemente eindeutig in den Mittelpunkt der Werbestrategie gestellt. Die in Farbe präsentierte Weite und Idylle der Landschaft steht grafisch im krassen Gegensatz zur Enge und Eintönigkeit der abgebildeten Großstadt. Die Werbeanzeige ist dabei sehr einseitig und klischeehaft, da dem Leben in der Stadt durch den Text und vor allem die Bildelemente nur negative Attribute zugewiesen werden: Städte sind eng, eintönig, farblos, stressig, laut und die Luft in ihnen ist verschmutzt. Ich selbst wohne auch in einer großen Stadt und meine, dass man diesen Kontrast nicht so überzogen darstellen sollte, denn es gibt durchaus auch in den Städten Grünbereiche, in denen man Ruhe findet und sich erholen kann.

8 Diese Beispielanalyse ist bereits ganz gut gelungen, enthält aber noch einige Stellen, die inhaltlich und sprachlich verbessert werden könnten. Überarbeite den Text und verwende dabei auch Absätze, um die Gliederung deutlich werden zu lassen.

9 Suche dir aus Zeitungen und Illustrierten Werbungen heraus, die ebenfalls einen Bezug zu den beiden möglichen Rahmenthemen der *Zentralen Prüfung* haben und fertige zu einzelnen eine schriftliche Analyse an.

Analyse von Zeitungstexten

Die Analyse von Zeitungstexten entspricht im Wesentlichen dem, was im Kapitel *Sachtexte* (→ S. 175 ff.) erläutert und geübt wird. Folgende Fragen solltest du dir stellen, um einen Zeitungstext zu erschließen:
- Um welche → journalistische Stilform handelt es sich? Woran wird diese Stilform deutlich?
- Wo und wann ist der Text erschienen? Lassen sich daraus Rückschlüsse auf den Adressaten ziehen?
- Wie ist der Sprachstil des Textes? Ist er eher leicht zu verstehen oder anspruchsvoller? Werden Fachbegriffe und Fremdwörter verwendet?
- Lassen sich aus dem Ort der Veröffentlichung und/oder der Sprache Rückschlüsse auf den Adressaten ziehen?
- Was ist das zentrale Thema des Textes? Welche Kernaussage wird zum Thema getroffen und wo lässt diese sich genau im Text lokalisieren?
- Welche Argumente werden eingebracht? Sind die Argumente logisch verknüpft und werden sie begründet sowie durch Beispiele belegt?
- In welchem Bezug steht das Thema des Textes zum Rahmenthema?
- Wie bewertest du die Position, die im Text vertreten wird?

Gliederung einer schriftlichen Analyse

Einleitung	Nennung der Schlagzeile, des Orts und des Datums der Veröffentlichung, der journalistischen Stilform und knappe Bestimmung des Themas
Hauptteil	1. Beschreibung des formalen Aufbaus (Länge, Anzahl der Spalten, Zwischenüberschriften, Schriftart, Zusatzmaterial ...) 2. Gedankliche Gliederung, zentrale Aussagen in den einzelnen Abschnitten, Kernaussage des gesamten Textes 3. Erläuterung der Argumentation (Welche Argumente werden gebracht, wie werden sie begründet und durch welche Beispiele werden sie belegt?), Erklärung ausgewählter Textstellen durch gründliche Textarbeit (Satzbau, Wortwahl, sprachliche Figuren usw.)
Schluss	Bewertung der Schlüssigkeit der Argumentation, Darstellung der eigenen Position in Anlehnung oder Abgrenzung zum Text mit gründlicher Begründung; kritische Reflexion des Bezugs zum Rahmenthema

❶ Suche aus Zeitungen Texte mit unterschiedlichen journalistischen Stilformen aus. Begründe die jeweilige Zuordnung und schreibe eine Analyse.

Basiswissen Grammatik

Eis (Original)
Ein junger Mann geht durch eine Grünanlage. In einer Hand trägt er ein Eis. Er lutscht. Das Eis schmilzt. Das Eis rutscht an dem Stiel hin und her. Der junge Mann lutscht heftig, er bleibt vor einer Bank stehen. Auf der Bank sitzt ein Herr und liest eine Zeitung. Der junge Mann bleibt vor dem Herrn stehen und lutscht.
Der Herr sieht von seiner Zeitung auf. Das Eis fällt in den Sand.
Der junge Mann sagt, was denken Sie jetzt von mir?

Eis (Variante 1)
Durch eine sehr gepflegte Grünanlage geht ein junger, lässig angezogener Mann. In seiner Hand, der rechten, trägt er vorsichtig ein schnell schmelzendes Eis, das langsam aber stetig am hölzernen Stil hin und her rutscht. Während er vor einer Bank, auf der ein sehr elegant gekleideter älterer Herr seine akkurat aufgefaltete Zeitung liest, stehen bleibt, lutscht er noch heftiger. – In den schmutzigen Sand fällt das leckere Eis. – Der Herr sieht langsam von seiner Zeitung auf. – Der jetzt nervöse junge Mann fragt sich, was der Herr wohl von ihm denkt.

Eis (Variante 2)
Ein junger Mann, der durch eine Grünanlage ging, trug in einer Hand ein Eis. Er hatte heftig gelutscht, aber es rutschte am Stil hin und her, weil das Eis schmolz. Vor einer Bank, auf der ein Herr saß und Zeitung las, blieb der junge Mann stehen und lutschte weiter. Als der Mann von der Zeitung aufsieht, fällt das Eis in den Sand. Der junge Mann fragt, was der Herr jetzt von ihm denke.

Eis (Variante 3)
Wenn einmal ein junger Mann durch eine Grünanlage gehen wird, trägt er vielleicht ein Eis. Soll er heftig lutschen, wenn das Eis schmilzt und am Stil hin und her rutscht? „Halt! Bleib stehen!", wird er sich sagen, wenn er einen Herrn trifft, der auf einer Bank sitzt und Zeitung liest. Wenn dann das Eis in den Sand fällt und der Herr von der Zeitung aufsieht, wird der junge Mann wissen wollen, was der Herr denkt.

Wiederholen und Üben | Reflexion über Sprache | Basiswissen Grammatik

Bei den kurzen Texten auf S. 202 handelt es sich um drei Varianten des Originalanfangs der Kurzgeschichte *Eis* von Helga M. Novak, (→ S. 138 f.). Beim Lesen wirst du sicher schnell festgestellt haben, dass die Texte auf Grund der vorgenommenen Veränderungen sehr unterschiedlich wirken. Schwieriger ist sicherlich, die *sprachlichen Veränderungen* genau zu beschreiben, um die *unterschiedliche Wirkung* zu erklären. Überprüfe dazu auch die abgedruckten Beispielaufgaben zum Teil I der *Zentralen Prüfung* im Kapitel *Leseverstehen/Reflexion über Sprache* (→ S. 24 ff.)

Hier findest du zur Wiederholung und Vertiefung eine Zusammenstellung des wichtigsten Basiswissens zur Grammatik, das zur Bewältigung solcher Aufgaben sehr hilfreich ist. Dabei handelt es sich nur um eine Auswahl, die unter folgenden Gesichtspunkten vorgenommen wurde:

– Wiederholung der bis zum Ende der Klasse 10 eingeführten Fachterminologie im Bereich Grammatik
– Bedeutung der dargestellten grammatischen Phänomene für die Bewältigung möglicher Prüfungsaufgaben speziell im Lernbereich *Reflexion über Sprache*
– Grad der Funktionalität für die Analyse von Texten

Wiederholen und Üben | Reflexion über Sprache | Basiswissen Grammatik

Wortarten

		Bezeichnung	Grundform	Beispiel
flektierend	konjugierend	Verb	spielen haben singen klingen	ich spiele du hast gespielt er sang es hat geklungen
	deklinierend	Substantiv/Nomen	Ball	Bälle (mit) Bällen
		Adjektiv	rund	(mit) <u>runden</u> Bällen
		Artikel	der, die, das einer, eine, eines	<u>die</u> runden Bälle (mit) <u>einem</u> runden Ball
		Pronomen	ich, mein, welche ...	mir, meines, welchem ...
nicht flektierend		Präposition	an, auf, mit, zwischen ...	zwischen den Stühlen sitzen
		Konjunktion	und, oder, weil, dass ...	...und weil ich müde bin.
		Adverb	sehr, oft, abends ...	oft gehe ich abends ...
		Partikel	halt, eh, ziemlich ...	Das ist halt ziemlich schade.
		Negationswort	nein, nicht, kein ...	Nein, ich will nicht.

Die Wörter der deutschen Sprache werden auf Grund ihrer Merkmale in Gruppen gegliedert. Diese Gruppen werden als Wortarten bezeichnet. Einige **Wortarten** können in der Form verändert werden (flektiert), andere nicht (unflektiert).
Für die schriftliche Analyse von Texten jeglicher Art ist es wichtig, unterschiedliche Wortarten erkennen und präzise benennen zu können. Bei der Beschreibung von Texten sollte man auch auf die **Wortwahl** eingehen und sich folgende Frage beantworten:
– Gibt es Wortarten, die in Teilen des Textes oder im gesamten Text besonders häufig oder gar nicht vorkommen?
Zu erwähnen und für die Analyse auszuwerten sind in erster Linie besondere Auffälligkeiten:

- Im Text werden deutlich mehr Substantive/Nomen als Verben verwendet (**Nominalstil**): *(Die Stadt – überall Häuser, Geschäfte, Autos und Menschen)* statischer Eindruck
- Im Text werden deutlich mehr Verben als Substantive/Nomen verwendet (**Verbalstil**): *(Die Stadt – jeder rennt, hastet, ruft und gestikuliert wild)* dynamischer Eindruck
- Im Text werden viele Adjektive verwendet: Veranschaulichung, Genauigkeit im Detail
- Im Text wird weitgehend auf Adjektive verzichtet: Bewusster Verzicht auf Details, Konzentration auf das Wesentliche
- Im Text werden gehäuft Substantive/Nomen aus bestimmten **Wortfeldern** verwendet (z. B. aus dem Bereich Natur, Technik usw.): Betonung bzw. Hervorhebung dieser Bereiche

1 Vergleiche unter dem Aspekt der Wortwahl den Originalanfang der Kurzgeschichte *Eis* mit dem Anfang der Variante 1 (→ S. 202)

2 Formuliere deine Beobachtungen zur Übung schriftlich und versuche dabei die Wortwahl als bewusst verwendetes Stilmittel zu deuten.

Flektierbare Wortarten – Verb

Von allen Wortarten hat das Verb die wichtigste Aufgabe und den größten Formenbestand. Kaum ein Satz kann ohne Verb gebildet werden. Mit Verben lassen sich Handlungen und Vorgänge (dynamisch) bzw. Zustände (statisch) ausdrücken.

Die infiniten Verbformen lassen sich nicht konjugieren:

Infinitiv (Grundform): *gehen, schmelzen, sitzen*
Partizip I (Mittelwort der Gegenwart): *gehend, schmelzend, sitzend*
Partizip II (Mittelwort der Vergangenheit): *gegangen, geschmolzen, gesessen*

| Wiederholen und Üben | Reflexion über Sprache | Basiswissen Grammatik |

Die finiten Verbformen sind konjugiert, ihnen lassen sich fünf Informationen entnehmen:

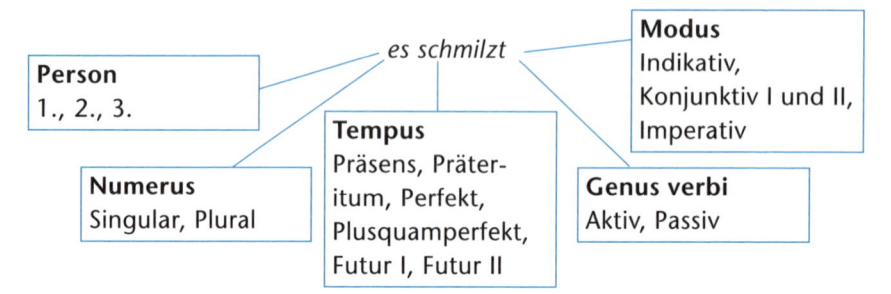

es schmilzt

Person
1., 2., 3.

Numerus
Singular, Plural

Tempus
Präsens, Präteritum, Perfekt, Plusquamperfekt, Futur I, Futur II

Modus
Indikativ, Konjunktiv I und II, Imperativ

Genus verbi
Aktiv, Passiv

es schmilzt → 3. Person Singular Präsens Aktiv Indikativ
sie wurden geschmolzen → 3. Person Plural Präteritum Passiv Indikativ

Das Tempus des Verbs gibt die zeitliche Zuordnung an. Die grammatischen Tempora (Zeitformen) haben keine eindeutige Zuordnung zu realen Zeitverhältnissen. Zeitbezüge können auch durch andere Mittel (*im Jahr 1952, bald, morgen* usw.) ausgedrückt werden.

Zeitstufen / Tempora	Vergangenheit	Gegenwart	Zukunft
Präsens	Ein junger Mann geht im Jahr 1952 durch den Park	Er isst ein Eis.	Bald schmilzt das Eis.
Futur I		Er wird jetzt vor einer Bank stehen bleiben.	Das Eis wird gleich herunterfallen.
Präteritum	Er lutschte am Eis.		
Perfekt	Er ist losgegangen.	Er ist stehen geblieben. (jetzt steht er).	Morgen ist alles vergessen.
Plusquamperfekt	Er war gegangen.		
Futur II			In 3 Stunden wird er losgegangen sein.

Konjunktiv – Indirekte Rede

Folgende Formen des Konjunktivs werden unterschieden und haben unterschiedliche Funktionen:

Konjunktiv I	Konjunktiv II
– in der indirekten Rede: *Der Kommissar sagte, er löse den Fall sicherlich bald.*	– um die Irrealität des Vorgestellten zu zeigen: *Es wäre schön, wenn ich kommen könnte.*
– in Wunsch- und Ausrufesätzen: *Lange möge sie leben!*	– um Zweifel am Gesagten auszudrücken: *Solltest du Recht haben?*
– in bestimmten Redewendungen: *Man nehme 6 Eier, 250 g Zucker, 250 g Butter, 500 g Mehl ...*	– um zu verdeutlichen, dass etwas wenig wahrscheinlich ist: *Wenn ich Glück hätte, gewänne ich.*
	Außerdem wird der Konjunktiv II gebraucht, wenn die Form des Konjunktivs I mit der des Indikativs identisch ist. (siehe unten)

So werden die Formen gebildet:

Zeitstufe	Indikativ	Konjunktiv I	Konjunktiv II
Vergangenheit	*er hat/hatte geschrieben* *er schrieb* *sie sind/waren gekommen* *sie kamen*	*er habe geschrieben* *sie seien gekommen*	*er hätte geschrieben* *sie wären gekommen*
Gegenwart	*er schreibt* *sie kommen*	*er schreibe* *sie kommen*	*er schriebe/würde schreiben* *sie kämen/würden kommen*
Zukunft	*er wird schreiben* *sie werden kommen*	*er werde schreiben* *sie werden kommen*	*er würde schreiben* *sie würden kommen*

Die **indirekte Rede** wird verwendet, um ganz deutlich werden zu lassen, dass eine Aussage, die man wiedergibt, nicht die eigene, sondern die wörtliche eines anderen ist: *Der junge Mann fragte, was der Mann jetzt denke.*

Die Verwendung der indirekten Rede ist bei der Textwiedergabe zu Sachtexten, speziell zu meinungsäußernden Texten (*Kommentar, Bericht* etc.) von besonderer Bedeutung, um die eigene Meinung von der des Verfassers abzugrenzen. *Inhaltsangabe – Textwiedergabe* (→ S. 94 ff.)
Die indirekte Rede wird mit den Formen des Konjunktivs I (Präsens und Perfekt) gebildet. Wenn dabei eine Übereinstimmung mit der Indikativform vorliegt, werden Formen des Konjunktivs II (Präteritum und Plusquamperfekt) verwendet.

So nicht!	Sondern so!
Im ersten Teil seiner Rede fordert der Vorsitzende, dass künftig mehr Geld für den Umweltschutz bereitgestellt werden muss. Ein größeres finanzielles Engagement ist heute so wichtig wie nie zuvor. Wirtschaft und Forschung müssen gemeinsam neue Wege finden.	*Im ersten Teil seiner Rede fordert der Vorsitzende, dass künftig mehr Geld für den Umweltschutz bereitgestellt werden <u>müsse</u>. Ein größeres finanzielles Engagement sei heute so wichtig wie nie zuvor. Wirtschaft und Forschung <u>müssten</u> gemeinsam neue Wege finden.*

Flektierbare Wortarten – Adjektiv

Adjektive nennen Eigenschaften und Merkmale von Lebewesen, Dingen, Sachverhalten oder Vorgängen. Sie treten in der Regel an zwei Stellen im Satz auf:

Der <u>junge</u> Mann lutscht ein Eis. → attributiver Gebrauch
Der Mann ist <u>jung</u>. → prädikativer Gebrauch

Die meisten Adjektive können *gesteigert* werden, wodurch unterschiedliche Grade einer Eigenschaft bezeichnet werden:

Grundstufe	**Positiv**	*hoch, tief*
1. Vergleichsstufe (Höherstufe)	**Komparativ**	*höher, tiefer*
2. Vergleichsstufe (Höchststufe)	**Superlativ**	*am höchsten, am tiefsten*

Bei einigen Adjektiven ist die Steigerung unregelmäßig. Die Formen unterscheiden sich, je nachdem, ob sie *eingliedrig* oder *zweigliedrig* oder *zusammengesetzt* sind:

Positiv	Komparativ	Superlativ
gut	*besser*	*am besten*
nah(e)	*näher*	*am nächsten*

INFO

Einige Adjektive sind nicht steigerbar. Dazu gehören Adjektive, deren Bedeutung die Bildung von Vergleichformen ausschließen: *rund, ledig, absolut, maximal, schwanger, leblos* usw.

Der Wortbaustein *-mäßig* (Suffix) ist z.B. bei der Adjektivbildung in Mode gekommen: *turbomäßig, spaßmäßig* ... Vor allem in geschriebenen Texten sollte man solche Formen vermeiden, da sie als stilistisch unangemessen gelten. Das gilt nicht für Adjektive mit dem Suffix *-mäßig*, die zum festen Bestand der deutschen Sprache gehören: z. B. *verhältnismäßig, behelfsmäßig, unmäßig* usw.

Flektierbare Wortarten – Pronomen

Pronomen (Fürwörter) sind Stellvertreter für ein Substantiv/Nomen. Folgende Pronomen lassen sich auf Grund ihrer Funktion unterscheiden:

Personalpronomen	*ich, du, er, sie, es, wir ...*	Personalpronomen stellen Beziehungen zu Personen her.
Reflexivpronomen	*Er wäscht sich. Ich schäme mich.*	Reflexivpronomen haben rückweisende Funktion und beziehen sich in der Regel auf das Subjekt des Satzes.
Possessivpronomen	*mein, dein, sein, ihr, unser, euer ...*	Possessivpronomen zeigen Besitzverhältnisse oder allgemein die Zugehörigkeit zu etwas an.

Demonstrativpronomen	dieser, diese, dieses; jene, jener, jenes … *Diese* Bank ist besetzt, *jene* dort drüben nicht.	Demonstrativpronomen verweisen mit Nachdruck auf eine Person oder Sache. Sie werden wie die Artikel als *Begleiter* eines Substantivs/Nomens verwendet oder wie ein Pronomen als *Stellvertreter* eines Substantivs/Nomens.
Relativpronomen	der, die, das; welcher, welche, welches; wer, was … Der ältere Herr, *der* ruhig auf der Bank sitzt, wird gestört.	Relativpronomen leiten Relativsätze ein.
Interrogativpronomen	wer, was, wem, wen, welcher, welche, welches …	Interrogativpronomen leiten Fragen ein.
Indefinitpronomen	einige, etwas, jemand, kein, niemand, ein wenig, ein paar, jeder, jedermann …	Indefinitpronomen werden verwendet, wenn Personen oder Sachen nicht näher bezeichnet oder wenn Mengen und Maße unbestimmt ausgedrückt werden sollen.

Pronomen tragen zur Ökonomie und damit zur Qualität des Stils bei, weil durch ihre Verwendung häufig Wiederholungen vermieden werden können.

Statt: *Ein junger Mann geht durch eine Grünanlage. In einer Hand trägt der junge Mann ein Eis. Der junge Mann lutscht.*

Besser: *Ein junger Mann geht durch eine Grünanlage. In einer Hand trägt er ein Eis. Er lutscht (oder …an dem er lutscht.)*

Pronomen sollten in der Regel dann verwendet werden, wenn ein Bezug zu Personen, Dingen oder Sachverhalten hergestellt wird, über die bereits vorher gesprochen wurde.

TIPP

Viele Fehler in Arbeiten, die in der Regel mit Bz (für *Beziehungsfehler*) am Rand angestrichen werden, lassen sich vermeiden, wenn überprüft wird, ob bei der Verwendung eines Pronomens der Bezug eindeutig ist.
Der junge Mann trägt ein buntes Hemd und lutscht ein Eis. In der Sonne schimmert es grünlich. → Schimmert das Hemd oder das Eis grünlich?
Besonders häufig treten solche Fehler bei Relativsätzen auf. Dieser Fehler lässt sich vermeiden, wenn das Relativpronomen unmittelbar hinter dem Bezugswort steht.
Also nicht: *Der junge Mann trägt ein buntes Hemd und lutscht ein Eis, das vorne schon Flecken hat.*
Sondern: *Der junge Mann trägt ein buntes Hemd, das vorne schon Flecken hat, und lutscht ein Eis.*

Unflektierbare Wortarten – Konjunktionen

Konjunktionen verbinden Wörter oder Sätze miteinander. Von nebenordnenden Konjunktionen spricht man, wenn Wörter oder Sätze gleichrangig miteinander verknüpft werden. Unterordnende Konjunktionen leiten Nebensätze ein (Satzgefüge → S. 215).

Konjunktionen

nebenordnend	reihend (kopulativ)	und, oder, sowohl, sowie …	Der ältere Herr liest eine Zeitung <u>und</u> der junge Mann stört ihn.
	ausschließend (disjunktiv)	oder …	Regt sich der Herr auf <u>oder</u> bleibt er ruhig?
	einschränkend (restriktiv)	aber, obwohl …	Jung, <u>aber</u> schon frech.
	entgegengesetzt (adversativ)	aber, allein, doch, nur …	Der Herr würde gerne in Ruhe lesen, <u>aber</u> der junge Mann verhindert das.
	begründend (kausal)	denn (verbindet Hauptsätze)	Der junge Mann benimmt sich frech, <u>denn</u> er ist nicht gut erzogen.

unterordnend	zeitlich (temporal)	als, bis, ehe, nachdem, sobald, während, wenn …	Der Herr schaut auf, <u>als</u> das Eis in den Sand fällt.
	die Art und Weise betreffend (modal)	als, wie, insofern …	Der junge Mann wirkt, <u>als</u> suche er Kontakt.
	begründend (kausal)	da, obwohl, weil, wenn …	Er spricht nicht, <u>weil</u> er seine Ruhe haben will.
	die Folge betreffend (konsekutiv)	dass, sodass, als dass …	Er spricht schnell, <u>sodass</u> der Herr ihn kaum unterbrechen kann.
	die Bedingung betreffend (konditional)	falls, sofern, soweit, wenn …	Er kann erst etwas sagen, <u>wenn</u> der junge Mann eine Pause macht.
	einräumend (konzessiv)	obwohl, obgleich, wiewohl …	Der Herr versucht ruhig zu bleiben, <u>obwohl</u> er gestört wird.
	den Zweck, die Absicht betreffend (final)	dass, damit …	Der junge Mann spricht so schnell, <u>damit</u> er nicht unterbrochen werden kann.

Die Auswahl der richtigen Konjunktion ist besonders in argumentativen Texten von großer Bedeutung, weil durch sie logische Verknüpfungen hergestellt werden.

Der ältere Herr liest ganz ruhig in seiner Zeitung, → *aber er wird gestört.*
obwohl er gestört wird.
als er gestört wird.

INFO

Der sprachliche Stil und damit die Qualität der → Darstellungsleistung (speziell in Erörterungen oder Stellungnahmen) kann erheblich dadurch verbessert werden, dass anstatt der einfachen Reihung von Einzelaussagen durch die Verwendung neben- oder unterordnender Konjunktionen aussagekräftige Bezüge zwischen den Sätzen hergestellt werden. Sichere Kenntnisse bezüglich der Konjunktionen tragen auch dazu bei, Fehler in der Zeichensetzung zu vermeiden (→ S. 230 ff.)

Wiederholen und Üben | Reflexion über Sprache | Basiswissen Grammatik

Satz

Satzglieder und Satzgliedteile (Attribute)

- **Sätze** sind sprachliche Einheiten, aus denen sich Texte zusammensetzen. Sätze lassen sich in weitere Einheiten unterteilen, die Satzglieder.
- **Satzglieder** sind relativ selbstständige Einheiten im Satz, die regelhaft gebaut sind. Satzglieder können aus einem Einzelwort oder einer Wortgruppe bestehen und lassen sich durch die Umstell- bzw. Ersatzprobe bestimmen, da sie nur gemeinsam umgestellt oder ersetzt werden können.

Umstellprobe (→ S. 34)	Ein älterer Herr / sitzt / auf einer grünen Bank / im Park. Auf einer grünen Bank / sitzt / ein älterer Herr / im Park. Im Park / sitzt / auf einer grünen Bank / ein älterer Herr.
Ersatzprobe (→ S. 35)	Das Eis / fällt / in den Sand. Das Eis / tropft / in den Sand. Das Eis / schmilzt / am Stiel.

- **Satzgliedteile** oder **Attribute** sind Beifügungen. Sie bestimmen Substantive/Nomen oder Pronomen näher. Sie sind nur Teile von Satzgliedern und daher auch keine eigenständigen Satzglieder.

Satzglieder	Beispiel	Erkennungsfrage
Subjekt (Satzgegenstand)	*Der Mond* scheint.	Wer oder was scheint?
Prädikat (Satzaussage)	Der Mond *scheint*.	Was tut der Mond?
Objekte (Satzergänzungen)		
– Genitivobjekt	Katzen bedürfen *der Zuneigung*.	Wessen bedürfen die Katzen?
– Dativobjekt	Die Katze hilft *dem Hund*.	Wem hilft die Katze?
– Akkusativobjekt	Die Katze frisst *den Vogel*.	Wen oder was frisst die Katze?
– Präpositionalobjekt	Die Katze spielt *mit dem Goldfisch*.	Mit wem spielt die Katze?

prädikative Ergänzung	Die Katze ist reinlich. Die Katze wird ein Monster.	Was? Wie?
Adverbiale (Umstandsbestimmungen)		
– temporal	Die Katze schläft <u>tagsüber/drei Stunden</u>.	Wann? Wie lange?
– lokal	Die Katze liegt <u>im Korb</u>.	Wo? Wohin?
– modal	Die Katze schnurrt <u>zufrieden</u>.	Wie?
– kausal	Der Löwe brüllt <u>vor Angst</u>.	Warum? Aus welchem Grund?
– final	<u>Zum Umbau der Hütte</u> nahm er sich viel Zeit.	Wozu? Zu welchem Zweck?
– konzessiv	<u>Trotz der Größe des Hundes</u> hatte die Katze keine Angst.	Trotz welchen Umstands?
– konsekutiv	Den Futtertrog füllte sie <u>zur Zufriedenheit der Katze</u>.	Mit welcher Folge?
– konditional	<u>Nur durch Schnelligkeit</u> konnte die Katze entkommen.	Unter welcher Bedingung?
Satzgliedteile (Attribute)		
– Adjektivattribut	Der <u>zahme</u> Wolf heißt Ede.	Wie? Was? Wessen? ...
– Genitivattribut	Das sind die Zähne <u>des Wolfs</u>.	
– Präpositionalattribut	Dort ist der Wolf <u>aus dem Wald</u>.	
– ...		

Satzarten

Es lassen sich drei Satzarten auf Grund ihrer *Sprechabsicht* und der *Stellung der finiten Verbform* unterscheiden:

Satzart		Stellung der finiten Verbform
Aussagesatz	Der junge Mann *lutscht* ein Eis.	normalerweise an der zweiten Stelle im Satz
Fragesatz	*Möchten* sie etwas von mir? (Entscheidungsfrage)	an erster Stelle
	Was *denken* sie von mir? (Ergänzungsfrage)	an zweiter Stelle
Aufforderungssatz	*Geben* sie endlich Ruhe!	an erster Stelle

Satzreihe und Satzgefüge

Eine **Satzreihe** besteht aus zwei oder mehreren Hauptsätzen. Zwischen ihnen besteht ein bestimmter inhaltlicher Zusammenhang. Sie können durch → Komma voneinander getrennt oder durch → Konjunktionen miteinander verbunden werden.

Ein **Satzgefüge** besteht aus mindestens einem Haupt- und einem oder mehreren Nebensätzen. Zwischen den Sätzen eines Satzgefüges besteht ein Abhängigkeitsverhältnis, denn Nebensätze sind zwar vom Satzbau her auch vollständige Sätze, können aber *nicht allein* stehen, sondern sind vom Hauptsatz (oder einem anderen Nebensatz) abhängig und diesem untergeordnet.
Ein Nebensatz ist außerdem daran zu erkennen, dass in ihm die finite Verbform an letzter Stelle steht.

Es gibt verschiedene Möglichkeiten, Nebensätze einzuteilen, nämlich:

→ **funktional** als Satzglieder bzw. Satzgliedteile (Attribute).
Nur Nebensätze, die Satzglieder/Attribute ersetzen, sind Gliedsätze!

	Erläuterung	Beispiel
Gliedsatz	entspricht einem Satzglied.	
• Subjektsatz	entspricht dem Subjekt. *(wer oder was?)*	*Ob das Eis schmilzt*, ist völlig ungewiss. Wer oder was ist völlig ungewiss?
• Objektsatz	entspricht einem Genitiv-, *(wessen?)* Dativ-, *(wem?)* Akkusativ- *(wen?)* Präpositionalobjekt *(mit/von wem? ...)*	*Der Herr erwartet schon, dass das Eis schmilzt.* Wen oder was erwartet der Herr schon?
• Adverbialsatz – Temporalsatz – Lokalsatz – Modalsatz – Kausalsatz – Finalsatz – Konditionalsatz – Konzessivsatz – Konsekutivsatz	entspricht einem Adverbiale – der Zeit *(wann, wie lange, seit wann?)* – des Ortes *(wo, wohin, woher?)* – der Art und Weise *(wie?)* – des Grundes *(warum?)* – des Zwecks *(wozu?)* – der Bedingung *(unter welcher Voraussetzung?)* – der Einräumung *(trotz welchen Umstands?)* – der Folge *(welche Folge, welche Wirkung?)*	*Er schaute hinab, während das Eis herabtropfte.* Wann schaute er hinab? (Temporalsatz)
Attributsatz	entspricht einem Attribut (Satzgliedteil)	*Das Eis, das er gekauft hat, tropft herab.* Welches Eis tropft herab?

→ **formal** nach der Art der Einleitung zum Hauptsatz.

	Erläuterung	Beispiel
Konjunktionalsatz	wird durch eine unterordnende Konjunktion eingeleitet: *als, weil, obwohl, wenn, nachdem, während, sobald, dass ...*	Er wurde nervös, **weil** *das Eis herabtropfte*.
Relativsatz	wird durch ein Relativpronomen *(der, die, das, welche ...)* oder ein Fragewort in Relativfunktion *(was, wo ...?)* eingeleitet.	Das Eis, **das** *gerade herabtropft*, klebt an seinen Fingern.
uneingeleiteter Nebensatz	wird ohne Einleitewort konstruiert.	*Findet er es lecker*, möchte der Herr auch ein Eis.
satzwertige Infinitivgruppe	hat die Funktion eines Nebensatzes.	Er kaufte ein Eis, *um es dem Herrn zu schenken*.
satzwertige Partizipialgruppe	hat die Funktion eines Nebensatzes.	*Völlig verärgert*, verließ der Herr die Parkbank.
indirekter Fragesatz	wird durch die Konjunktion *ob* oder ein interrogatives W-Wort *(wer, was, wie, welche ...)* eingeleitet.	Der Herr fragte ihn, *wer er eigentlich sei*.

→ nach der **Stellung zum Hauptsatz**. Der Nebensatz ist

– vorangestellt	*Als das Eis herabtropfte*, wurde er nervös. Nebensatz Hauptsatz
– nachgestellt	Der Herr wurde ungeduldig, *weil das Eis ständig herabtropfte*. Hauptsatz Nebensatz
– eingeschoben	Er lutschte, *obwohl es herabtropfte*, nicht weiter am Eis. Hauptsatz Nebensatz Hauptsatz

→ nach dem **Grad der Abhängigkeit** vom Hauptsatz.	
Nebensatz gleichen Grades	*Der Herr fragt sich, <u>ob das Eis nur tropft oder ob es gleich ganz auf den Boden fällt</u>.*
Nebensatz 1. Grades	*Das Beispiel zeigt, <u>wie wichtig es ist,</u> …*
Nebensatz 2. Grades	*… dass man sein Eis in der Sonne schnell isst, …*
Nebensatz 3. Grades	*… damit es nicht schmilzt.*
…	

Für das Verstehen und Analysieren von literarischen Texten und von Sachtexten, ist es wichtig, die unterschiedlichen **Satzstrukturen** erkennen und präzise bestimmen zu können. Das ist so,
– weil die Wirkung eines Satzes, eines Textabschnittes oder auch eines ganzen Textes wesentlich von der Art der Sätze und dem Satzbau abhängig ist.
– weil besonders in argumentativen Texten die logische Verknüpfung von Aussagen und Gedanken durch Gestaltung der Satzgefüge und die Art der Adverbialsätze bestimmt wird.

Der junge Mann bleibt stehen,
    als sein Eis in den Sand fällt.
    weil sein Eis in den Sand fällt.
    obwohl sein Eis in den Sand fällt.

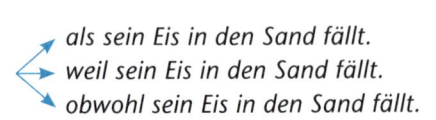

❸ Vergleiche die drei verschiedenen Varianten mit dem Originalanfang der Kurzgeschichte *Eis* (→ S. 202) unter dem Aspekt des Satzbaus.

❹ Beschreibe und erkläre die Besonderheiten der Überschrift *Eis* für die Kurzgeschichte von Helga M. Novak unter semantischen (inhaltlichen) und grammatikalischen Aspekten.

❺ Vergleiche schriftlich alle drei abgedruckten Varianten (→ S. 202) mit dem Originalanfang der Kurzgeschichte, indem du grammatikalische Besonderheiten beschreibst und für die Interpretation auswertest.

❻ Wähle andere Texte aus *Finale* aus, um sie unter Berücksichtigung der grammatikalischen Strukturen zu beschreiben und zu deuten.

Wiederholen und Üben | Reflexion über Sprache | Basiswissen Rechtschreiben

Selbstdiagnose: Rechtschreibung

Wenn du deine Rechtschreibung und Zeichensetzung verbessern willst, musst du wissen, wo deine Schwierigkeiten liegen. Denn häufig machen Schreibende gleichartige Fehler. Dementsprechend ist es sinnvoll, die Rechtschreib- und Zeichenfehler bestimmten Bereichen zuzuordnen, z.B. Groß- und Kleinschreibung, einfacher oder doppelter Konsonant usw. Wenn du diese Kennzeichnung der Fehler vorgenommen hast, kannst du gezielt trainieren, was du verbessern willst. So verringerst du auf Dauer die Zahl deiner Fehler immer weiter.

1 Lies den folgenden Text aufmerksam und streiche die Wörter durch, die für dein Sprachgefühl falsch geschrieben sind.

2 Vergleiche deine Lösung mit der Lösung auf Seite 229. Kennzeichne in den Fällen, in denen dein Sprachgefühl nicht den Regeln der Rechtschreibung entsprach, den entsprechenden Bereich in der Randspalte. Auf diese Weise erhältst du eine erste Übersicht über die Bereiche, an denen du arbeiten solltest.

Lebensraum Stadt – Wo zahlreiche Tierarten zu Hause sind	Kennzeichnung
Die meisten/meißten Städte verfügen über eine so große Vielfalt an Lebensräumen, dass man sie	s-Laut
5 in dieser Hinsicht/in dieser hinsicht sogar mit Korallenriffen und Regenwäldern vergleichen kann. In den letzten Jahrzehnten haben sich die natürlichen Lebensbedingungen vieler Wildtiere stark verschlechtert. Immermehr/Immer mehr	Groß- und Kleinschreibung
10 Tiere weichen in die Städte aus. Als Faustregel gilt: Je größer/grösser die Stadt, desto mehr Tierarten werden gesichtet. In Berlin zum Beispiel/ zum beispiel leben inzwischen 180 Vogelarten und 50 verschiedene Säugetiere. Mitten in der	Getrenntschreibung
	s-Laut
	...
15 Stadt kann einem/Einem schon mal ein Wildschwein oder ein Waschbär über den Weg laufen. Selbst der seltene Wanderfalke ist im Inneren	

der Stadt/im inneren der Stadt seit kurzem/seit Kurzem heimisch geworden. Wer heutzutage/heut zutage in New York City lebt, kann immer wieder Zeuge eines atemberaubenden/Atem beraubenden/atem beraubenden Schauspiels werden: Wanderfalken stürzen/stürtzen sich mit Geschwindigkeiten von bis zu 300 Kilometern pro Stunde von den Dächern der Wolkenkratzer in die Straßenschluchten hinab. Für andere gefiederte Stadtbewohner bedeutet das höchste Gefahr: Denn Wanderfalken fangen ihre Beute im Fluk/im Flug. Ganz oben/Oben auf ihrem Speisezettel stehen die Stadttauben. Großstädte bieten dem Wanderfalken geradezu/gerade zu paradiesische Lebensbedingungen: unerschöpfliche/unerschöffliche Nahrungsquellen, sichere Plätze für die Aufzucht der Jungen/jungen und keine natürlichen Feinde.

In Deutschland gehört der Wanderfalke zu den seltensten/seltendsten Tieren überhaupt/überhaupt. Bereits in den 70er Jahren stand er kurz vor dem Aussterben: Damals war das Pestizid/Pestizit DDT noch erlaubt, das/dass über die Nahrungskette von Insekten über Kleinvögel bis zu den Falken gelangte. Das DDT störte ihren Kalkhaushalt so stark, das/dass die Schalen ihrer Eier zu dünn wurden. Kaum eine Brut/Bruht war noch erfolgreich, da die Eierschalen meist früzeitig/frühzeitig/früh zeitig zerbrachen. Inzwischen gibt es wieder ungefähr 450 Brutpaare in Deutschland. Und es laufen viele Versuche, den Wanderfalken in deutschen Städten anzusiedeln.

Wenn in den Häusern seiner unfreiwilligen Mitbewohner die Lichter ausgehen, wird er munter: der Waschbär. Aus Löchern, die er ins Dach genagt hat, aus Kaminen/Kamienen oder Gartenlauben klettert er ins Freie/ins freie und

| Wiederholen und Üben | Reflexion über Sprache | Basiswissen Rechtschreiben |

geht auf Nahrungssuche. Waschbären sind sehr Anpassungs fähige/anpassungsfähige, neugierige und sympathische/sympatische Tiere. Außerdem sind sie Allesfresser/alles Fresser/Allesfreßer – eine gute Voraussetzung für das Leben in der Stadt. In Nordamerika sind die kleinen Bären längst zur Plage/plage geworden: Sie verwüsten Dächer, Gärten, Obst- und Gemüsepflanzungen. Mit Vorliebe durchwühlen sie Mülltonnen. Abgesehen von dem Lärm, den sie dabei veranstalten, hinterlassen sie den Anwohnern meist ein regelrechtes/Regel rechtes Schlachtfeld.

Um deine Rechtschreibung zu verbessern, musst du über folgende Kenntnisse und Fähigkeiten verfügen:

- **Rechtschreibstrategien**, um gezielt die richtige Rechtschreibung zu überprüfen, z. B. Stammprinzip, Verlängerung von Wörtern, Bedeutungen hinterfragen, Ableitungen von Fremdwörtern etc.

- **Umgang mit dem Wörterbuch**, insbesondere Nachschlagen, Nutzung der Rechtschreibüberprüfung am PC

- grundlegende **Rechtschreibkenntnisse** in folgenden Bereichen:
  – Groß- und Kleinschreibung
  – Getrennt- und Zusammenschreibung
  – Schreibung des s-Lauts
  – Schreibung nach kurzen Vokalen
  – Schreibung von Fremdwörtern

Rechtschreibstrategien kennen und anwenden

Rechtschreibstrategien helfen dir in Zweifelsfällen zu entscheiden, wie ein Wort richtig geschrieben wird. Folgende Rechtschreibstrategien solltest du kennen und anwenden:

- Wörter verlängern

Wenn du nicht sicher bist, wie ein Wort am Ende geschrieben wird, ist es oft hilfreich, das Wort zu verlängern, indem du

- ein Adjektiv vor ein Substantiv/Nomen setzt: *freiwillig, freiwillige Helfer*
- bei Verben den Infinitiv bildest: *das Schiff sinkt, sinken; gelang, gelingen*
- bei Substantiven/Nomen den Plural bildest: der Flug, die Flüge
- bei zusammengesetzten Wörtern das Wort in seine Teile zerlegst und die Teile entsprechend verlängerst: *frühzeitig = früher + zeitig*

- den Wortstamm überprüfen

Häufig kannst du die richtige Schreibweise aus Wörtern erschließen, die auf denselben Wortstamm zurückzuführen sind: *Brut, brüten, Brutplatz; stürzen, Sturz, gestürzt*

- Wortbedeutungen in den Blick nehmen

erwidern meint etwas einer Aussage entgegensetzen und nicht etwas wiederholen

- Fremdwörter ableiten
- Bei Wörtern, die aus dem Griechischen übernommen wurden, findest du häufig die Schreibweise *th* und *rh*: *Sympathie, These, Rhythmus*
- Fremdwörter erkennt man häufig an ihren Suffixen (Endsilben):
  ... -iv (*innovativ, aktiv*), ... -age (*Blamage, Spionage*), ...-eur/eurin (*Friseur/Friseurin*), ... -tion (*Kapitulation, Faszination*), ...ik (*Hektik, Akrobatik*), ...ine (*Vitamine, Apfelsine*), ...ur (*Tastatur, Registratur*), ...ie (*Philosophie, Theologie*)

Wiederholen und Üben | Reflexion über Sprache | Basiswissen Rechtschreiben

Mit dem Wörterbuch umgehen

Wörterbücher helfen dir, richtig zu schreiben. Dafür musst du dich im Umgang mit Wörterbüchern üben, um sie dann gezielt einsetzen zu können. Folgende Grundkenntnisse benötigst du dafür:
Die meisten Wörterbücher enthalten einen Regelteil und ein Wörterverzeichnis.

Im **Regelteil** findest du Hinweise zu allgemeinen Regeln der Rechtschreibung und Zeichensetzung. Hier kannst du unter bestimmten Stichwörtern nachsehen, wenn du ein Problem hast, welches sich durch das Nachschlagen eines Wortes allein nicht klären lässt, z. B.: *Wann schreibt man Adjektive groß? Werden zwei Verben, die aufeinanderfolgen immer auseinandergeschrieben?*

Im **Wörterverzeichnis** findest du die einzelnen Wörter in ihrer jeweils richtigen Schreibweise. Das Wörterverzeichnis ist alphabetisch sortiert. Darüber hinaus erhältst du hier Angaben zu folgenden Fragen:
– Wie funktioniert die Silbentrennung?
– Wie wird das Wort ausgesprochen?
– Wie wird der Plural gebildet?
– Wie werden einzelne Kasus (Fälle) gebildet?
– Welches Genus (Geschlecht) hat das Wort?
– Aus welcher Sprache stammt das Wort?

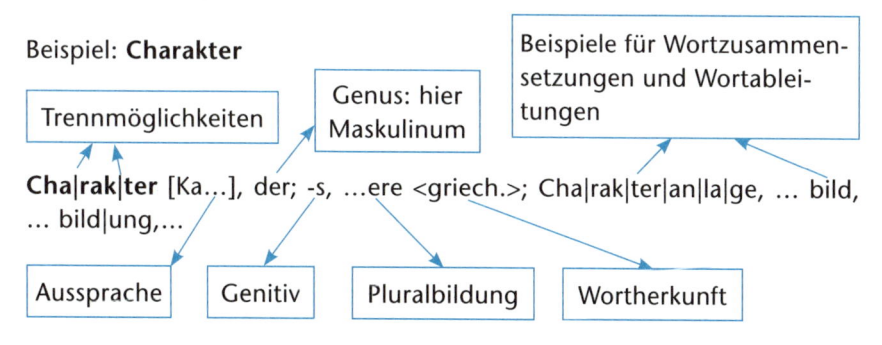

Beispiel: **Charakter**

| Trennmöglichkeiten | Genus: hier Maskulinum | Beispiele für Wortzusammensetzungen und Wortableitungen |

Cha|rak|ter [Ka...], der; -s, ...ere <griech.>; Cha|rak|ter|an|la|ge, ... bild, ... bild|ung,...

| Aussprache | Genitiv | Pluralbildung | Wortherkunft |

❶ Kläre, wie du folgende Wörter richtig schreibst. Schlage im Zweifelsfall in einem Wörterbuch nach:

Inventar/Inwentar, Rhythmus/Rythmus, die Jogurte/die Jogurths

223

| Wiederholen und Üben | Reflexion über Sprache | Basiswissen Rechtschreiben |

> **TIPP**
>
> Immer wenn du dir unsicher bist, wie ein Wort geschrieben wird, und die dir bekannten Rechtschreibstrategien nicht helfen, solltest du im Wörterbuch nachschlagen. Das fördert dein Sprachgefühl und du wirst mit der Zeit immer sicherer in der Rechtschreibung werden.

Die Rechtschreibung am PC überprüfen

Die gängigen Textverarbeitungsprogramme verfügen über Möglichkeiten zur Überprüfung der Rechtschreibung.
Wenn du am PC eine Arbeit anfertigst, solltest du die Rechtschreibüberprüfung aktivieren, um mögliche Fehler zu vermeiden bzw. direkt korrigieren zu können. In Zweifelsfällen, z. B. bei bestimmten Formen der Getrennt- und Zusammenschreibung und der Groß- und Kleinschreibung, solltest du aber nicht allein auf die Rechtschreibüberprüfung vertrauen, sondern weitere Rechtschreibstrategien oder ein Wörterbuch hinzuziehen.
Die digitale Rechtschreibüberprüfung kann z. B. nicht unterscheiden, ob es sich um *sitzenbleiben* in der Bedeutung von „nicht versetzt werden" oder *sitzen bleiben* im Sinne von „auf einem Stuhl sitzen bleiben" handelt.

Besonderheiten bei der Groß- und Kleinschreibung

Groß schreibst du:
- Substantive/Nomen, Namen
- das erste Wort am Satzanfang
- das erste Wort einer wörtlichen Rede
- nach Doppelpunkt, wenn ein vollständiger Satz folgt und nicht nur eine Aufzählung
- als Substantiv/Nomen gebrauchte Wortarten, z. B. substantivierte Verben, Adjektive und Numerale: *Ich komme heute später zum Essen. Das Schönste am Geburtstag sind für mich die Geschenke. Der Fünfte wurde mit einem Buch ausgezeichnet.*
- Bezeichnungen für Tageszeiten : *am nächsten Dienstag, morgen Vormittag, gestern Abend*
- Adjektive in feststehenden Namensbezeichnungen, in denen das Adjektiv seine ursprüngliche Bedeutung verloren hat: *Roter Faden, Schwarze Schafe, Schwarzes Brett*
- Bezeichnungen für etwas, das es nur einmal gibt: *Französische Revolution, Kölner Dom*

- Bestimmte feststehende Formulierungen: *im Allgemeinen, im Großen und Ganzen, dieses Hin und Her*
- Pronomen der Höflichkeit: z. B. in Briefen und Bewerbungen: *Sehr geehrte Damen und Herren, hiermit teile ich Ihnen mit* … Bei der Anredeform *Du* wird in persönlichen Schreiben die Großschreibung empfohlen: *Lieber Benedikt, danke für Deinen Brief.*

Klein schreibst du:
- alle Wortarten außer Substantive/Nomen
- Wortarten, die aus Substantiven/Nomen entstanden sind: z. B. Adverbien: *abends, rechtens, anfangs, teils* / Präpositionen: *kraft deiner Aussage, laut Angabe von, angesichts des Wetters* / unbestimmte Pronomen und Zahlwörter: *ein bisschen, ein paar* (wenn mehrere gemeint sind) / bestimmte mit *sein, bleiben* oder *werden* verbundene Adjektive: *uns wurde angst und bange; du bist schuld daran*

Lernstrategien – Groß- und Kleinschreibung
- Signalwörter einsetzen:

Vor Wörtern, die groß geschrieben werden, kannst du Signalwörter einsetzen. Signalwörter sind:
- bestimmte oder unbestimmte Artikel: <u>das</u> *Einmalige*, <u>ein</u> *Auserwählter*
- Pronomen: <u>dieses</u> *Lernen*, <u>jenes</u> *Nachdenken*
- Numerale (Zahlwörter): <u>fünf</u> *Reiche*, <u>allerlei</u> *Bedenken*, <u>kein</u> *Geringerer*
- Präpositionen mit und ohne Artikel: <u>im</u> *Allgemeinen*, <u>zum</u> *Beispiel*, <u>in dem</u> *Bereich*, <u>ohne</u> *Hilfe*
- Adjektive: <u>lautes</u> *Lachen*, <u>kurzes</u> *Aufschreien*, <u>sehnsüchtige</u> *Blicke*

- Grundregeln merken:
- Groß geschrieben werden Substantive/Nomen und alle Wörter, die wie Substantive gebraucht werden.

- Ausnahmen:
- Klein geschrieben werden grundsätzlich folgende Wörter: der, die, das eine, der die das andere sowie alle Formen von *viel* und *wenig*.

Besonderheiten bei der Getrennt- und Zusammenschreibung

Grundsätzliches: Bei der Getrennt- und Zusammenschreibung musst du zwischen Wortgruppen und Zusammensetzungen unterscheiden:
In **Wortgruppen** behält jedes einzelne Wort seine ursprüngliche Bedeutung. Somit schreibst du Bestandteile von Wortgruppen auseinander.
In **Zusammensetzungen** entsteht durch das Zusammenfügen von Wörtern eine neue Bedeutung, die über die Bedeutung der einzelnen Wörter hinausgeht. Dementsprechend schreibst du Zusammensetzungen zusammen.

- Beispiele für eine Wortgruppe: *auf den Berg steigen* (einen Berg erklimmen), *sitzen bleiben* (auf einem Stuhl sitzen bleiben)
- Beispiele für eine Zusammensetzung: *bergsteigen* (eine Sportart/ein Hobby), *sitzenbleiben* im Sinne von „nicht versetzt werden"

Getrennt- und Zusammenschreibung von Verben in Kombination mit anderen Wortarten schreibst du zusammen, wenn sie mit
- Partikeln, Präpositionen oder Adverbien zu einer Zusammensetzung verbunden werden: *durchlaufen, aufsteigen, zwischenlagern, auseinandersetzen, widersprechen, gegenüberstellen, umhergehen.*
- Adjektiven zu einer Zusammensetzung verbunden werden und damit eine neue Bedeutung entsteht: *krankschreiben* (= ein Attest ausstellen); *festnageln* (= festlegen), *heimlichtun* (= geheimnisvoll tun), *kaltstellen* (= jemanden – politisch – ausschalten), *kürzertreten* (= sich einschränken), *richtigstellen* (= berichtigen), *schwerfallen* (= Mühe verursachen).
- Substantiven/Nomen zu einer Zusammensetzung verbunden werden, in denen die Substantive/Nomen die Funktion selbstständiger Wörter weitgehend verloren haben: *eislaufen, kopfstehen, leidtun, nottun, standhalten, stattfinden, stattgeben, statthaben, teilhaben, teilnehmen.*
- den Verben *bleiben* und *lassen* zu einer Zusammensetzung verbunden werden und damit eine neue Bedeutung entsteht: *sitzenbleiben* im Sinne von „nicht versetzt werden", *stehenlassen* (sich abwenden), *liegenbleiben* (unerledigt sein).

Regeln für die Getrenntschreibung von Verben
Getrennt geschrieben werden
- die Verbindungen von zwei Verben: *laufen lernen, arbeiten kommen, baden gehen, lesen üben*
- Verben in Verbindungen mit *sein*: *da sein, dabei sein, beisammen sein*

Wiederholen und Üben | Reflexion über Sprache | Basiswissen Rechtschreiben

- die Kombinationen von Verben mit Substantiven, wenn das Substantiv eindeutig als solches auch benutzt wird: *Rad fahren* (mit dem Rad fahren), *Eis essen* (ein Eis essen).

Achtung:
- Bei Verbindungen mit *bleiben* und *lassen* als zweitem Bestandteil ist bei übertragener Bedeutung auch Zusammenschreibung möglich. Dasselbe gilt für *kennen lernen*.
- In manchen Fällen stehen Zusammensetzung und Wortgruppe nebeneinander, zum Beispiel: *danksagen/Dank sagen* (er sagt Dank), *gewährleisten/Gewähr leisten* (sie leistet Gewähr), *staubsaugen/Staub saugen* (er saugt Staub); *brustschwimmen/Brust schwimmen* (er schwimmt Brust), *delfinschwimmen/Delfin schwimmen* (sie schwimmt Delfin), *marathonlaufen/Marathon laufen* (jemand läuft Marathon).

Getrennt- und Zusammenschreibung von Adjektiven in Kombination mit anderen Wortarten schreibst du zusammen, wenn
- es sich um zwei gleichrangige Adjektive handelt: *blaugrau, bitterböse*.
- das Partizip des Verbs, das dem Adjektiv zugrunde liegt, zusammengeschrieben wird: *herunterfallend* (vgl. heruntergefallen); *teilnehmend* (vgl. teilgenommen).
- der erste oder der zweite Bestandteil in dieser Form nicht selbstständig vorkommt: *einfach, zweifach; letztmalig, redselig, schwerstbehindert, blauäugig, großspurig, kleinmütig, vieldeutig.*
- der erste Bestandteil bedeutungsverstärkend oder bedeutungsabschwächend ist: *bitter-* (bitterböse, bitterernst, bitterkalt), *brand-, erz-, extra-, gemein-, grund-, hyper-, lau-, minder-, stock-, super-, tod-, ultra-, ur-, voll-*

Regeln für die Getrenntschreibung von Adjektiven
Adjektive in Verbindung mit anderen Wortarten schreibst du getrennt,
- wenn der erste Bestandteil eines Adjektivs erweitert oder gesteigert ist: *besonders schwer verständlich, höchst erfreulich*

Achtung:
- Verbindungen von Substantiven, Adjektiven, Adverbien oder Partikeln mit adjektivisch gebrauchten Partizipien kann man zusammen und auseinanderschreiben: *die Rat suchenden/ratsuchenden Bürger, ein klein geschnittenes/kleingeschnittenes Radieschen, selbst gebackene/selbstgebackene Kekse.*
- Verbindungen mit einem einfachen unflektierten Adjektiv kann man zusammen und auseinanderschreiben: *schwer verständlich/schwerverständlich, halb fett/halbfett, schwer krank/schwerkrank.*

Lernstrategien: Getrennt- und Zusammenschreibung

- Grundregeln merken

Wenn die Wortzusammensetzung eine neue Bedeutung annimmt, die über die Bedeutung der einzelnen Wörter hinausgeht, handelt es sich zumeist um eine Zusammensetzung, die zusammengeschrieben wird.

- Fugenelemente erkennen

Bei Adjektiven kannst du viele Zusammensetzungen an der Verwendung eines Fugenelements erkennen, zum Beispiel: *altersschwach, sonnenarm, werbewirksam*.

Schreibung der s-Laute: s, ss und ß

Die Schreibung der s-Laute richtet sich nach dem vorangehenden Vokal oder Diphthong (Doppellaut). Nach kurzem Vokal/Diphthong schreibst du
- den s-Laut als **ss**: *er frisst, sie misst, das Teil passt, wässrig.*
- den *stimmlosen* s-Laut als **ß**, wenn im Wortstamm kein weiterer Konsonant folgt: *das Maß, reißen, außer, Gruß;* aber *meistens*.
- den stimmhaften s-Laut als **s**: *Glas, Gras, lesen, reisen.*

Achtung:
Die Endsilbe *-nis* wird mit einfachem s geschrieben: *Ergebnis, Zeugnis, Geheimnis*. Im Plural wird das s regelgerecht verdoppelt: *Ergebnisse …*
Ob du *das* oder *dass* schreibst, hängt von der Funktion des Wortes im Satz ab:
- Der Artikel *das* und das Pronomen *das* werden mit **s** geschrieben: *Das* (Artikel) *Buch, das* (Relativpronomen) *du verliehen hast.*
- Die Konjunktion *dass* schreibst du mit **ss**: *Er sagte, dass er morgen käme.*

Schreibung nach kurzem Vokal – Konsonantendopplung

- Auf einen kurz gesprochenen Vokal folgt eine Konsonantendopplung, wenn die nächste Silbe mit demselben Konsonanten beginnt: *schaf|fen, kom|men, Beklem|mung, Gat|tung.*
- Stoßen bei zusammengesetzten Wörtern drei Konsonanten aufeinander, werden alle drei Konsonanten auch geschrieben: *Schiff|fahrt, Klemm|material.*

Lösung von S. 219 f.:

Lebensraum Stadt – Wo zahlreiche Tierarten zu Hause sind

Die meisten Städte verfügen über eine so große Vielfalt an Lebensräumen, dass man sie in dieser Hinsicht sogar mit Korallenriffen und Regenwäldern vergleichen kann. In den letzten Jahrzehnten haben sich die natürlichen Lebensbedingungen vieler Wildtiere stark verschlechtert. Immer mehr Tiere weichen in die Städte aus. Als Faustregel gilt: Je größer die Stadt, desto mehr Tierarten werden gesichtet. In Berlin zum Beispiel leben inzwischen 180 Vogelarten und 50 verschiedene Säugetiere. Mitten in der Stadt kann einem schon mal ein Wildschwein oder ein Waschbär über den Weg laufen. Selbst der seltene Wanderfalke ist im Inneren der Stadt seit kurzem heimisch geworden. Wer heutzutage in New York City lebt, kann immer wieder Zeuge eines atemberaubenden Schauspiels werden: Wanderfalken stürzen sich mit Geschwindigkeiten von bis zu 300 Kilometern pro Stunde von den Dächern der Wolkenkratzer in die Straßenschluchten hinab. Für andere gefiederte Stadtbewohner bedeutet das höchste Gefahr: Denn Wanderfalken fangen ihre Beute im Flug. Ganz oben auf ihrem Speisezettel stehen die Stadttauben. Großstädte bieten dem Wanderfalken geradezu paradiesische Lebensbedingungen: unerschöpfliche Nahrungsquellen, sichere Plätze für die Aufzucht der Jungen und keine natürlichen Feinde.
In Deutschland gehört der Wanderfalke zu den seltensten Tieren überhaupt. Bereits in den 70er Jahren stand er kurz vor dem Aussterben: Damals war das Pestizid DDT noch erlaubt, das über die Nahrungskette von Insekten über Kleinvögeln bis zu den Falken gelangte. Das DDT störte ihren Kalkhaushalt so stark, dass die Schalen ihrer Eier zu dünn wurden. Kaum eine Brut war noch erfolgreich, da die Eierschalen meist frühzeitig zerbrachen. Inzwischen gibt es wieder ungefähr 450 Brutpaare in Deutschland. Und es laufen viele Versuche, den Wanderfalken in deutschen Städten anzusiedeln.
Wenn in den Häusern seiner unfreiwilligen Mitbewohner die Lichter ausgehen, wird er munter: der Waschbär. Aus Löchern, die er ins Dach genagt hat, aus Kaminen oder Gartenlauben klettert er ins Freie und geht auf Nahrungssuche. Waschbären sind sehr anpassungsfähige, neugierige und sympathische Tiere. Außerdem sind sie Allesfresser – eine gute Voraussetzung für das Leben in der Stadt. In Nordamerika sind die kleinen Bären längst zur Plage geworden: Sie verwüsten Dächer, Gärten, Obst- und Gemüsepflanzungen. Mit Vorliebe durchwühlen sie Mülltonnen. Abgesehen von dem Lärm, den sie dabei veranstalten, hinterlassen sie den Anwohnern meist ein regelrechtes Schlachtfeld.

Selbstdiagnose: Zeichensetzung

Lies den Text und markiere die Zeichenfehler.

Mein Leipzig. Liebeserklärung an eine besondere Stadt
In Anlehnung an Claudius Niefle

Wenn wir einen Tag richtig gut anfangen wollen hier in Leipzig dann gehen mein Hund ein zweijähriger Mischling und ich ins Cafe Grundmann. Ich trinke dann einen Milchkaffee und
5 ein Glas Quittenschorle mein Hund liegt unter dem Tisch den Kopf auf die Pfoten gelegt und wir beobachten das Cafehaus-Treiben. Max uns geht es doch richtig gut sage ich dann oft zu ihm und streichle ihm über den Kopf. Max liebt es
10 gestreichelt zu werden. Im Grundmann geht es schon morgens hoch her. Und wir sind nicht die Einzigen in Leipzig die das Wiener Cafehausambiente die flinke Bedienung das Frühstück die verschiedenen Kaffeesorten die leckeren Kuchen
15 und die kleinen Speisen zu schätzen wissen. Nirgendwo freut sich mein Hund so auf sein Wasser wie hier. Vom Grundmann kommen wir wenn wir einen kleinen Bogen gehen auf dem Weg zum Literaturinstitut durch den Clara-Zetkin-
20 Park. Mein Hund liebt den Park genauso wie ich. Vor Freude läuft er am liebsten ohne nach links und rechts zu schauen jedem Jogger vor die Füße. Der tut nix rufe ich dann und füge noch hinzu der will nur spielen. Auch bringt mein
25 Hund mir alle paar Augenblicke einen neuen Stock zum Werfen.
Mitten im Park liegt die alte Pferderennbahn Scheibenholz. Das Gebäude ist deutlich in die Jahre gekommen. Es hat seit dem Sommer einen
30 neuen Anstrich das Dachgerüst aus alten genieteten Stahlträgern und den hölzernen Bänken

strahlt aber immer noch einen Charme aus, der anderswo längst tot saniert worden ist. Zum Aufgalopp am 1. Mai werden wir hier Ferngläser vor die Augen pressend sitzen mit seltsamen englischen Kopfbedeckungen und im Tweedsakko um die Atmosphäre zu genießen. Wir werden keine Ahnung davon haben wie gut die Pferde eigentlich laufen oder wie Pferdewetten eigentlich funktionieren aber Rotkäppchen aus mitgebrachten Wassergläsern trinken. Wir gehen am Wasser entlang und sehen die alten Tatra-Straßenbahnen über eine der Brücken fahren. Wenn ich mal nicht zu Fuß gehe oder mit dem Rad fahre dann warte ich an der Haltestelle so lange bis so ein Ungetüm angerumpelt kommt. Mit den neuen Bahnen fahre ich nicht. Die haben keine Bremssandbehälter die so undicht sind dass das Innere des Wagens aussieht wie so ein neumodisches Strandcafe in Berlin-Mitte und sie rasseln auch nicht so schön mit richtigen Klingeln bevor die Türen zufallen. Meistens fahre ich vier Haltestellen bis zum Bahnhof. Der Bahnhof besonders der Bahnhof von Leipzig ist auch so ein Ding. Ich habe mal ein bisschen in Münster gewohnt und mir damals geschworen nur noch in einer Stadt zu wohnen die einen schönen Bahnhof hat. Alles andere ist ein Ding der Unmöglichkeit. Leipzig hat den größten Kopfbahnhof Europas. Manchmal setze ich mich mit so einem Pappbecher Kaffee auf den Bahnsteig um einfach nur zuzuschauen wie die Leute um mich herumwuseln. Manchmal muss ich auch selbst wuseln weil ich einen Zug nach hierhin oder dorthin erwischen muss. Leipzig ist die beste Homebase die es gibt. Man kann gut wegfahren und ist schnell überall. Und man kommt noch lieber wieder an. [...]

> Es gibt dort wo ich herkomme im Rheinland
> diese altbekannte Rivalität zwischen Köln und
> Düsseldorf. Wobei natürlich alle – das ist nur
> allzu verständlich – Köln ein bisschen lieber mö-
> gen als Düsseldorf auch die Düsseldorfer aber
> das geben die nur wirklich ungern zu. Hier in
> Sachsen verhält es sich ganz ähnlich. Da gibt es
> Leipzig und da gibt es Dresden. Und natürlich
> mögen alle Leipzig ein bisschen lieber. Aber das
> ist auch ganz in Ordnung so. Schließlich kann
> man sich hier auch als Rheinländer mehr als zu
> Hause fühlen sage ich zu meinem Hund.

❶ Vergleiche deine Lösung mit dem Original auf S. 235 f..

❷ Schreibe die Sätze, in denen du die Zeichenfehler nicht erkannt hast, mit richtiger Zeichensetzung auf kleine Karteikarten.

❸ Sortiere die Karten nach der Art der Zeichenfehler: Aufzählungen, Satzreihe (Hauptsatz/Hauptsatz), Satzgefüge (Hauptsatz/Nebensatz), Ergänzungen, Zeichenfehler bei der wörtlichen Rede etc.
Du kannst jetzt gezielt in den Bereichen üben, in denen du Zeichenfehler gemacht hast.

Funktion der Zeichensetzung
Satzzeichen haben die Funktion, einen geschriebenen Text übersichtlich zu gestalten und ihn dadurch für den Lesenden überschaubar zu machen. Darüber hinaus hast du mit den Satzzeichen die Möglichkeit, besondere Aussageabsichten hervorzuheben.
Grundsätzlich unterscheidet man Satzzeichen,
– die den Schluss von Ganzsätzen markieren:
   Punkt, Ausrufezeichen, Fragezeichen.
– die Sätze in sich gliedern:
   Komma, Semikolon, Doppelpunkt, Gedankenstrich, Klammern.
– die wörtliche Rede oder Textstellen bzw. Wörter besonders hervorheben:
   Anführungszeichen.

Zeichensetzung in Satzreihen
Die Sätze in einer Satzreihe werden durch Komma voneinander getrennt: **HS, HS.** (→ Satzreihe S. 215)
Bei der Reihung von selbstständigen Sätzen, die durch *und, oder, beziehungsweise* bzw. *entweder – oder, nicht – noch* oder durch *weder – noch* verbunden sind, kann man ein Komma setzen, um die Gliederung des Ganzsatzes deutlich zu machen:
Ich trinke dann einen Milchkaffee und ein Glas Quittenschorle, mein Hund liegt unter dem Tisch den Kopf auf den Pfoten(,) und wir beobachten das Cafehaus-Treiben.

Zeichensetzung in Satzgefügen
In einem Satzgefüge trennst du die einzelnen Sätze durch Komma voneinander ab. → Relativpronomen *(der, die, das, …)* und → Konjunktionen *(weil, obwohl, dass …)* können als Hinweise für die Zeichensetzung genutzt werden (→ Satzgefüge S. 215):
Leipzig ist die beste Homebase, die es gibt. Wenn ich mal nicht zu Fuß gehe oder mit dem Rad fahre, dann warte ich an der Haltestelle so lange, bis so ein Ungetüm angerumpelt kommt. Es gibt dort im Rheinland, wo ich herkomme, diese altbekannte Rivalität zwischen Köln und Düsseldorf.

Bei **formelhaften Nebensätzen** kannst du das Komma weglassen:
Wie bereits gesagt (,) verhält sich die Sache anders. Ich komme (,) wenn nötig (,) bei dir noch vorbei.

Zeichensetzung bei Aufzählungen
Aufzählungen werden durch Komma voneinander getrennt. Das gilt sowohl für die Aufzählung einzelner Wörter und Wortgruppen als auch für die Aufzählung gleichrangiger Teilsätze.
Sind die Bestandteile einer Aufzählung durch *und, oder, beziehungsweise/ bzw., sowie* (= und), *wie* (= und), *entweder – oder, nicht – noch, sowohl … als (auch), sowohl … wie (auch)* oder durch *weder – noch* verbunden, setzt du kein Komma:
Das Wiener Cafehausambiente, die flinke Bedienung, die verschiedenen Kaffeesorten, die leckeren Kuchen und die kleinen Speisen …
Achtung: Werden gleichrangige Wörter, Wortgruppen oder Sätze durch die Konjunktionen *aber, doch, jedoch* oder *sondern* voneinander abgegrenzt, wird ein Komma gesetzt:
Im Bahnhof war es zumeist laut, stickig und voll, aber nie uninteressant.

Zeichensetzung bei Ergänzungen

Ergänzungen in Form von Zusätzen oder Nachträgen, die den Fluss eines Satzes hemmen, grenzt du mit Komma ab. Dies betrifft u. a. Appositionen (Substantivgruppen als Nachträge), Anreden, Datumsangaben:
- **Apposition:** Mein Hund, *ein zweijähriger Mischling*, ...
- **Anrede:** „Max, uns geht es doch richtig gut!"
- **Nachgestellte Erläuterungen,** die mit *also, besonders, das heißt (d. h.), das ist (d. i.), genauer, insbesondere, nämlich, und das, und zwar, vor allem, zum Beispiel (z. B.)* eingeleitet werden, werden mit Komma abgetrennt: Der Bahnhof, *besonders der Bahnhof von Leipzig*, ...

Partizipialgruppen können, müssen aber nicht mit Komma abgetrennt werden:
Zum Aufgalopp am 1. Mai werden wir hier (,) Ferngläser vor die Augen pressend (,) sitzen ...

Zeichensetzung bei Infinitivgruppen

Infinitivgruppen grenzt du in folgenden Fällen mit Komma ab:
- Die Infinitivgruppe ist mit *um, ohne, statt, anstatt, außer, als* eingeleitet: *Manchmal setze ich mich mit so einem Pappbecher Kaffee auf den Bahnsteig, um einfach nur zuzuschauen.*
- Die Infinitivgruppe bezieht sich auf ein vorangehendes Substantiv/Nomen oder wird durch ein vorhergehendes Verweiswort angekündigt: *Max liebt es, gestreichelt zu werden. Max wartete darauf, eine Schüssel Wasser zu bekommen.*

Zeichensetzung bei wörtlicher Rede

Die wörtliche Rede wird in Anführungszeichen gesetzt. Dabei bekommt der Aussagesatz keinen Schlusspunkt, wenn ein Begleitsatz folgt:
„Mein Hund spielt gern", *sagte ich*.
Frage- und Ausrufezeichen bleiben aber erhalten:
„Der tut doch nichts?", fragte er. Der tut nix!", rief ich zurück.
Der eingeschobene Begleitsatz wird durch Kommas eingeschlossen:
„Der tut keinem etwas", *beruhigte ich ihn*, „besonders Freunden nicht."

Wiederholen und Üben | Reflexion über Sprache | Basiswissen Rechtschreiben

Lösung von S. 230 ff.:

Mein Leipzig. Liebeserklärung an eine besondere Stadt *In Anlehnung an Claudius Niefle*
Wenn wir einen Tag richtig gut anfangen wollen hier in Leipzig, dann gehen mein Hund, ein zweijähriger Mischling, und ich ins Cafe Grundmann. Ich trinke dann einen Milchkaffee und ein Glas Quittenschorle, mein Hund liegt unter dem Tisch (,) den Kopf auf die Pfoten gelegt, und wir beobachten das Cafehaus-Treiben.
„Max, uns geht es doch richtig gut", sage ich dann oft zu ihm und streichle ihm über den Kopf. Max liebt es, gestreichelt zu werden. Im Grundmann geht es schon morgens hoch her. Und wir sind nicht die Einzigen in Leipzig, die das Wiener Cafehausambiente, die flinke Bedienung, das Frühstück, die verschiedenen Kaffeesorten, die leckeren Kuchen und die kleinen Speisen zu schätzen wissen. Nirgendwo freut sich mein Hund so auf sein Wasser wie hier. Vom Grundmann kommen wir, wenn wir einen kleinen Bogen gehen, auf dem Weg zum Literaturinstitut durch den Clara-Zetkin-Park. Mein Hund liebt den Park genauso wie ich. Vor Freude läuft er am liebsten (,) ohne nach links und rechts zu schauen (,) jedem Jogger vor die Füße. „ Der tut nix!", rufe ich dann und füge noch hinzu, „der will nur spielen." Auch bringt mein Hund mir alle paar Augenblicke einen neuen Stock zum Werfen.
Mitten im Park liegt die alte Pferderennbahn Scheibenholz. Das Gebäude ist deutlich in die Jahre gekommen. Es hat seit dem Sommer einen neuen Anstrich, das Dachgerüst aus alten genieteten Stahlträgern und den hölzernen Bänken strahlt aber immer noch einen Charme aus, der anderswo längst tot saniert worden ist. Zum Aufgalopp am 1. Mai werden wir hier sitzen(,) Ferngläser vor die Augen pressend(,) mit seltsamen englischen Kopfbedeckungen und im Tweedsakko, um die Atmosphäre zu genießen. Wir werden keine Ahnung davon haben, wie gut die Pferde eigentlich laufen oder wie Pferdewetten eigentlich funktionieren, aber Rotkäppchen aus mitgebrachten Wassergläsern trinken. Wir gehen am Wasser entlang und sehen die alten Tatra-Straßenbahnen über eine der Brücken fahren. Wenn ich mal nicht zu Fuß gehe oder mit dem Rad fahre, dann warte ich an der Haltestelle so lange, bis so ein Ungetüm angerumpelt kommt. Mit den neuen Bahnen fahre ich nicht. Die haben keine Bremssandbehälter, die so undicht sind, dass das Innere des Wagens aussieht wie so ein neumodisches Strandcafe in Berlin-Mitte, und sie rasseln auch nicht so schön mit richtigen Klingeln, bevor die Türen zufallen. Meistens fahre ich vier Haltestellen bis zum Bahnhof. Der Bahnhof, besonders der Bahnhof von Leipzig, ist auch

so ein Ding. Ich habe mal ein bisschen in Münster gewohnt und mir damals geschworen, nur noch in einer Stadt zu wohnen, die einen schönen Bahnhof hat. Alles andere ist ein Ding der Unmöglichkeit. Leipzig hat den größten Kopfbahnhof Europas. Manchmal setze ich mich mit so einem Pappbecher Kaffee auf den Bahnsteig, um einfach nur zu zuschauen, wie die Leute um mich herumwuseln. Manchmal muss ich auch selbst wuseln, weil ich einen Zug nach hierhin oder dorthin erwischen muss. Leipzig ist die beste Homebase, die es gibt. Man kann gut wegfahren und ist schnell überall. Und man kommt noch lieber wieder an. [...]
Es gibt im Rheinland, wo ich herkomme, diese altbekannte Rivalität zwischen Köln und Düsseldorf. Wobei natürlich alle – das ist nur allzu verständlich – Köln ein bisschen lieber mögen als Düsseldorf, auch die Düsseldorfer, aber das geben die nur wirklich ungern zu. Hier in Sachsen verhält es sich ganz ähnlich. Da gibt es Leipzig und da gibt es Dresden. Und natürlich mögen alle Leipzig ein bisschen lieber. Aber das ist auch ganz in Ordnung so. „Schließlich kann man sich hier auch als Rheinländer mehr als zu Hause fühlen!", sage ich zu meinem Hund.

Register

Additum 7
Adjektiv 195, 204, 208 f.
Adverb 204
Adverbiale 214
AIDA-Formel 191
Alliteration 122, 196
Anapäst 122
Anapher 196
Anforderungsbereiche 14 f.
Anrede 234
Antithese 107, 177, 196
Antonomasie, bildliche 193
Anzeigentext 194 ff.
Apposition 234
Arbeitsorganisation 22 f.
Argument/argumentieren 41, 101 ff., 110 ff., 177
Artikel 204
Attribut 35, 213 f.
Attributsatz 30, 216
Aufgabenformate 7, 10, 24
Aufgabentypen 18
Aufhänger 177
Aufzählung 233

Basiskompetenzen 7, 24 f.
Bearbeitungszeit 8
Bedeutung 128 ff.
Begründung 41 f., 102 f.
Behauptung 41 f., 102 f.
Beispiel 41 f., 102 f., 177
Beispielarbeit 8 ff.
Beobachtungsbogen 135 f.
Bericht 39
Betonung 122 ff.
Bild, sprachliches 128 ff., 141
Bildanalyse 190 ff.
Bildebene 157, 192 f.
Bildelemente 192 ff.
Bild-Text-Kombination 197 f.

Charakterisierung 141

Daktylus 122
Darstellungsleistung 16
Diagramm 185 f.
Dialektik 102

Einleitung 105, 179 f., 199
Einleitungssatz 95
Ellipse 196
Enjambement 122, 126 f.
epische Texte 46 ff., 56 ff., 138 ff., 156 ff.
Ergänzungen 234
Ergänzungsprobe 34
erlebte Rede 141
Erörtern/Erörterung 101

Ersatzprobe 34, 194, 213
Erzählanalyse 140 ff., 147 ff.
Erzähler 140 f., 147 f.
Erzählerrede 141, 153
Erzählform 140, 150 f.
Erzählhaltung 140, 152
Erzählperspektive 140, 150 f., 156 f.
Erzählstandort 140
erzählte Zeit 141, 153
erzählter Raum 153
Erzählzeit 141, 153
Erzählverhalten 141
Euphemismus 196
Exkurs 177
Eyecatcher 172

Figuren, bildliche 192 f.
Figurenrede 141, 153
Formulierungshilfen 108, 182
Fugenelement 228
Fundamentum 7
Futur 206

Gedichtanalyse 121 ff., 132 ff.
Gedichtvergleich 134 ff.
Gegenargument 177
Genus 223
Genus verbi 206
Gesamtpunktzahl 13 ff.
Geschehen 142 ff., 147 f.
Gestaltungsmittel, sprachliche 178
Getrennt- und Zusammenschreibung 226 ff.
Gliederung 106 f., 114, 177 f., 199, 201
Gliedsatz 30, 216
Grafiken 184 ff.
Groß- und Kleinschreibung 224 f.

Hauptteil 97, 106 f., 180 f., 199
Hauptsatz 30, 215, 217 f.
Hebungen 122 ff.
Hyperbel 193, 196

Indikativ 207
Indirekte Rede 99, 207 f.
Infinitiv 205
Infinitivgruppe 234
Inhaltsangabe 94 ff., 142 f.
Innerer Monolog 141, 156 f.
Interview 40

Jambus 122 ff.
Journalistische Stilformen 39 ff.

Kasus 223
Klimax 196
Kommentar 40
Komparativ 208 f.
Konjunktion 204, 211 f.
Konjunktiv 207

237

Register

Konsonantendopplung 228
Kritik 40
Kurzgeschichte 156 f.

Layout 40 f., 195
Lesemethoden 168 ff.
Lesestrategien 166 f., 174
Leserbrief 91
Leseverstehen 24 ff.
Litotes 196
lyrische Texte 52 ff., 120 ff.
lyrisches Ich 123

Makrostruktur 177 f.
medialer Text 87 ff., 188 ff.
Meldung 39
Metapher 122, 128, 196
Metapher, bildliche 193
Metonymie, bildliche 193
Metrum 122 ff., 135
Mikrostruktur 177 f.
Modus 206

Nachricht 39
Nebenordnung 30, 155
Nebensatz 30, 215 ff.
Negationswort 204
Nominalstil 205
Novelle 157
Numerus 206

Objekt 213
Operatoren 13, 20 f.

Parabel 157
Partikel 204
Partizip 205
Perfekt 96, 206
Personifikation 122, 128, 196
Personifikation, bildliche 193
Plusquamperfekt 96, 206
Positiv 208 f.
Prädikat 34, 213
Prädikative Ergänzung 214
Präposition 204
Präsens 96, 206
Präteritum 96, 206
Pronomen 204, 209 ff.
Punktsystem 13 ff.

Rahmenthema 7
Rechtschreibung 219 ff.
Rechtschreibstrategien 222 ff.
Reim/Reimschema 121 ff., 127
Reportage 40
Rhetorische Figuren 173, 196
Rhetorische Frage 196
Rhythmus 124 f.
Roman 157

Sachtext (kontinuierlich, diskontinuierlich) 9, 18, 68 ff., 99 f., 166 ff.
Sachtextanalyse 77 ff., 175 ff., 183
Satire 157
Satzarten 215
Satzbau (parataktisch, hypotaktisch) 30, 155, 173, 195
Satzgefüge 30, 155, 215
Satzglied 34, 213 f.
Satzreihe 30, 215
Schluss 108, 182, 199
Schlüsselwörter 93, 197
Schreibplan 176
s-Laute 228
Sonett 131, 135
Stellungnahme 115
Stilformen (journalistische) 39 ff.
Strophe 121, 127
Subjekt 213
Substantiv/Nomen 195, 204
Superlativ 208 f.
Symbol 196
Synthese 108

Tabelle 184 f.
Tempus 206
Textanalyse 114, 175 ff., 194 ff.
Textsorte 18
Textwiedergabe 94 ff., 142 f.
These 41, 102, 107, 177
Trochäus 122 ff., 135

Überleitungen 181
Umstellprobe 34, 213
Unterordnung 30, 155

Verb 195, 204 ff.
Verbalstil 205
Vergleich 122, 193, 196
Vers/Versmaß 123 ff., 126 f.

Weglassprobe 34
Werbeanzeige/Werbeanalyse 190 ff.
Werbeanalyse 198 f.
Wortart 204 ff.
Wörterbuch 223
Wortfeld 205
Wörtliche Rede 234
Wortwahl 154 f., 173, 195, 204 f.

Zeichensetzung 230 ff.
Zeilensprung 122, 126 f.
Zeitform 96, 206
Zeitgestaltung 153
Zeitstufe 206
Zeitungstext 36 ff., 201
Zitat/Zitieren 92 f.

Quellenverzeichnis

8–12	www.learnline.nrw.de
12	Max Frisch, *Der andorranische Jude*; aus: Tagebuch 1946–1949, © Suhrkamp Verlag, Frankfurt a. M. 1950
26 f.	Michaela Seul, *Allmorgendlich*; aus: Abseits der Eitelkeiten. Hrsg. von Kristiane Allert-Wybranietz, Heyne Verlag, München 1987
30 f.	Detlef Marwig, *Rein äußerlich*; aus: Thomas Rother (Hrsg.), Schrauben haben Rechtsgewinde, © Pädagogischer Verlag Schwann, Düsseldorf 1971
36	*Jugendliche lernen Demokratie*; aus: Westdeutsche Allgemeine Zeitung (WAZ), 08.03.2006
41	*Bundesrat kippt Trittins Dosenpfand*; aus: Zeus. Zeitung und Schule. Journalistische Ruhr. Arbeitsblatt Nr. A-09
42 f.	*Alltäglicher Rassismus*; aus: Informationen zur politischen Bildung (Heft 271 – Vorurteile) hrsg. von der Bundeszentrale für politische Bildung, Bonn 2005
46 ff.	Theodor Weißenborn, *Der Hund im Thyssen-Kanal*; aus: Winfried Ulrich (Hrsg.), Deutsche Kurzgeschichten 9.–10. Schuljahr, Reclam, Stuttgart 2002, S. 66–69
52	Theodor Storm, *Die Stadt*; aus: Karl Otto Conrady (Hrsg.), Das große deutsche Gedichtbuch, Athenäum, Kronberg/Ts. 1977, S. 523 f.
53	Georg Heym, *Der Gott der Stadt*; aus: Peter Bekes (Hg.), Gedichte des Expressionismus, Reclam, Stuttgart 1991, S. 39
56 f.	Tülin Emircan, *Entfremdung*; aus: Irmgard Ackermann (Hg.), Als Fremder in Deutschland. © 1982 Deutscher Taschenbuch Verlag, München, S. 20
57 f.	Joseph von Eichendorff, *Aus dem Leben eines Taugenichts*, Deutscher Taschenbuch Verlag, München 1997
61 ff.	Federica de Cesco, *Spaghetti für zwei*; © Federica de Cesco
68 f.	*Lärm macht krank*; Link: www.gesundheit.de/krankheiten/hals-nasen-ohren/laerm-macht-krank/index.html; Copyright © gesundheit.de 2006
70	Tabelle 1 aus: www.you-move2.de/img/laerm.gif Copyright YOU-move.nrw. 2004 (Nordrhein-Westfälische Stiftung für Umwelt und Entwicklung) Tabelle 2 aus: www.gesundheit.de/krankheiten/hals-nasen-ohren/laerm-macht-krank/index.html; Copyright © gesundheit.de 2006
71	Tabelle 3 aus: www.umweltbundesamt.de/verkehr/laerm/schiene/geraeusch/belasber.htm
74 f.	Grafiken 1 und 2 aus: www.braunschweig.de/rat_verwaltung/ref0120/statistik/100jahre/bevoelk_grafiken.html veröffentlicht vor dem Hintergrund 100 Jahre Bevölkerungsstatistik in Braunschweig
77 f.	Wolfgang Benz, *Ausländerfeindlichkeit*; aus: Argumente gegen rechtsextreme Vorurteile, Informationen zur politischen Bildung aktuell, hrsg. von der Bundeszentrale für politische Bildung, Bonn 2001
81 f.	Werner Bergmann, *Was sind Vorurteile*; aus: Informationen zur politischen Bildung (Heft 271 – Vorurteile), hg. von der Bundeszentrale für politische Bildung, Bonn 2005
82 f.	Laura Cornelius, *Kein Eintritt für Ausländer*; aus: Kölner Stadt-Anzeiger vom 17.08.2005 (online-Ausgabe)
87 ff.	Karl Grobe, *Ist rechts, wer „Fremdarbeiter" sagt?*; aus: Frankfurter Rundschau online 2006, 02.07.2005
109	unbekannter Verfasser, *Graffiti*; aus: www.beepworld,de/members36/baggy-girl/hiphop.htm
112 f.	Franz-Josef Kniola, *Herabsetzung des Wahlalters auf 16 Jahre*; aus: http://www.learnline.de/angebote/kernlehrplaene/material/deutsch/AufgabenbeispieleDeutsch.pdf.
116 f.	Janos Burghardt, *Führerschein ab 16*; aus: www.yaez.de/yaez/artikel_129.htm
118 ff.	Unbekannter Autor, *Führerschein ab 16: Auf Quads und in Miniautos unterwegs*; aus: http://www.verbraucherzentrale-rlp.de/UNIQ115623233626713/link203412A.html.
120	Alfred Wolfenstein, *Städter*; aus: Peter Bekes (Hrsg.), Gedichte des Expressionismus, Reclam, Stuttgart 1991, S. 50
125	Novalis, *Walzer*; aus: Novalis. Werke in einem Band, hg. von Hans-Joachim Mähl und Richard Samuel, Hanser Verlag, München/Wien 1981, S. 108.

Quellenverzeichnis

126	Johann Wolfgang von Goethe, *Auf dem See*; aus: Goethes Werke, Hamburger Ausgabe, hg. v. Erich Trunz, Band 1, C. H. Beck, München 1986
126	Johann Wolfgang von Goethe, *Prometheus* (Auszug); aus: a. a. O.
127	Alfred Lichtenstein, *Die Stadt*; aus: Wilhelm Große (Hg.) Expressionismus – Lyrik, Klett, Stuttgart 1980, S. 32 f.
128	Matthias Claudius, *Abendlied*; aus: Matthias Claudius, Werke, hg. v. U. Roedl, 6. Aufl., Cotta, Stuttgart 1965
129	Conrad Ferdinand Meyer, *Zwei Segel*; aus: Sämtliche Werke, Bd. 1, hg. v. H. Zeller u. A. Zäch, Benteli, Bern 1963
130 f.	Bertolt Brecht, *Die Liebenden*; aus: Die Gedichte von Bertolt Brecht in einem Band, Suhrkamp, Frankfurt/Main 1981
133	Friedrich Rückert, *Du bist mein Mond*; aus: Gesammelte Gedichte von Friedrich Rückert, 4. Bd., Carl Heyder, Erlangen 1837, S. 399
134	Alfred Lichtenstein, *Der Winter*; aus: Gesammelte Gedichte, hg. v. K. Kanzog, Arche, Zürich 1962
135	Georg Trakl, *Ein Winterabend*; aus: Dichtungen und Briefe, hg. v. W. Killy u. H. Szklenar, Bd. 1, Otto Müller, Salzburg 1969
136	Eduard Mörike, *Um Mitternacht*; aus: Sämtliche Werke, Bd. 1, hg. v. J. Perfahl, Winkler, München 1967
136	Rose Ausländer, *Nachtzauber*; aus: dies., Und preise die kühlende Liebe der Luft. Gedichte 1983–1987. © S. Fischer Verlag, Frankfurt am Main 1988
137	Johann Wolfgang von Goethe, *Rastlose Liebe*; aus: Goethes Werke, Hamburger Ausgabe, hg. v. Erich Trunz, Band 1, C. H. Beck, München 1986
137	Sarah Kirsch, *Meine Worte gehorchen mir nicht*; aus: Sarah Kirsch, Sämtliche Gedichte. © 2005 Deutsche Verlags-Anstalt, München in der Verlagsgruppe Random House GmbH
138 f.	Helga M. Novak, *Eis*; aus: Aufenthalt in einem irren Haus. Gesammelte Prosa, Schöffling & Co, Frankfurt/Main 1995, S. 83 ff.
142	*Geschichte (Vergangenheit)*, Raymond Queneau, Stilübungen, Suhrkamp, Frankfurt/Main 1961
143 ff.	Kurt Kusenberg, *Ein verächtlicher Blick*; aus: Winfried Ulrich (Hg.), Deutsche Kurzgeschichten 9.–10. Schuljahr, Reclam, Stuttgart 2002, S. 33–37
148	*Jemand musste Josef K. verleumdet haben ...*; aus: Franz Kafka, Der Prozeß, Suhrkamp, Frankfurt/Main 2005
149	*Die Geschichte Hans Castorps ...*; aus: Thomas Mann, Der Zauberberg. © Fischer Verlag, Berlin 1924. Alle Rechte vorbehalten S. Fischer Verlag GmbH, Frankfurt am Main
149 f.	*Sie haben mir eine Strafarbeit gegeben ...*; aus: Siegfried Lenz, Deutschstunde, Copyright © 1968 by Hoffmann und Campe Verlag, Hamburg
150	Franz Hohler, *Eine kurze Geschichte*; aus: Theorie und Praxis des Erzählens, Stuttgart 1993, S. 78
151 f.	Heinrich Mann, *Abdankung*; aus: Klaus-Dieter Metz (Hg.), Schulgeschichten, Reclam, Stuttgart 1979, S. 13
160 ff.	Erich Junge, *Der Sieger*; aus: ders., Westermanns Monatshefte 5 (1958), Westermann, Braunschweig 1958
189	HL-Reisen: Collage Helmut Lindzus (Originalbeitrag)
219 ff.	*Lebensraum Stadt – Wo zahlreiche Tierarten zu Hause sind*; nach: www.weltderwunder.de/wdw/Tiere/WeltDerTire/LebensraumStadt/waschbaerendienachtaktivenbanditen.de
230 ff.	*Mein Leipzig. Liebeserklärung an eine besondere Stadt*; in Anlehnung an: Claudius Niefle; aus: Journal Leipziger Buchmesse, Friedrich Mediengestaltung, Seelze 2006, S. 10

Alle nicht genannten Texte sind allgemeine Redensarten, Volksgut oder Originalbeiträge der Verfasserin und der Verfasser.